INTERVENÇÃO COM CRIANÇAS, JOVENS E FAMÍLIAS

ESTUDOS E PRÁTICAS

Centro de Estudos da Criança
Universidade do Minho

INTERVENÇÃO COM CRIANÇAS, JOVENS E FAMÍLIAS
ESTUDOS E PRÁTICAS

ANA TOMÁS DE ALMEIDA/NATÁLIA FERNANDES

ALMEDINA

INTERVENÇÃO COM CRIANÇAS, JOVENS E FAMÍLIAS
ESTUDOS E PRÁTICAS

ORGANIZADORAS
ANA TOMÁS DE ALMEIDA / NATÁLIA FERNANDES

EDITOR
EDIÇÕES ALMEDINA, SA
Rua Fernandes Tomás n.ºs 76, 78, 80
3000-167 Coimbra
Tel.: 239 851 904
Fax: 239 851 901
www.almedina.net
editora@almedina.net

DESIGN DE CAPA
FBA

PRÉ-IMPRESSÃO | IMPRESSÃO | ACABAMENTO
G.C. – GRÁFICA DE COIMBRA, LDA.
Palheira – Assafarge
3001-453 Coimbra
producao@graficadecoimbra.pt

Dezembro, 2010

DEPÓSITO LEGAL
321359/10

Os dados e as opiniões inseridos na presente publicação
são da exclusiva responsabilidade do(s) seu(s) autor(es).

Toda a reprodução desta obra, por fotocópia ou outro qualquer
processo, sem prévia autorização escrita do Editor, é ilícita
e passível de procedimento judicial contra o infractor.

Biblioteca Nacional de Portugal – Catalogação na Publicação

CONGRESSO INTERNACIONAL INTERVENÇÃO COM CRIANÇAS,
JOVENS E FAMÍLIAS, 1, Braga, 2007

Intervenção com crianças, jovens e famílias : estudos e
práticas / I Congresso Internacional Intervenção... ; [org.]
Centro de Estudos da Criança Universidade do Minho ;
[org.] Ana Tomás de Almeida, Natália Fernandes. – (CESC)
ISBN 978-972-40-4458-3

I - UNIVERSIDADE DO MINHO. Centro de Estudos da Criança
II – ALMEIDA, Ana Tomás de
III - FERNANDES, Natália

CDU 364
316
159

ÍNDICE

Prefácio 7
Ana Tomás de Almeida e Natália Fernandes

Intervenção com Crianças, Jovens e Famílias: pensar as práticas centradas
em direitos.. 13
Ana Tomás de Almeida e Natália Fernandes

Concepções de parentalidade: O ponto de vista das crianças 27
Orlanda Cruz, Susana Custódio e Diana Alves

Quando a participação das crianças faz parte do processo de intervenção:
O caso do Movimento Nacional de Meninos e Meninas de Rua 45
Verônica Müller e Catarina Tomás

Intervir, Investigar, Informar: Desafios no Trabalho com Crianças, Jovens
e Famílias em Situação de Vulnerabilidade Social e Pessoal no Brasil   61
Sílvia H. Koller

Juventude e Risco 89
Maria João Leote de Carvalho

Tipologia do Delinquente Juvenil Urbano: Estudo Exploratório na cidade
de Lisboa.. 109
Matilde Fernandes

As múltiplas faces da institucionalização de crianças e jovens: risco e/ou
oportunidade?.. 125
Luísa Ribeiro Trigo e Isabel Alberto

O Papel do Educador Social na Intervenção com Menores – alguns mode-
los de intervenção sócio-educativa 145
Cristina Maria Ferreira da Costa Ribeiro Maia

6 *Intervenção com Crianças, Jovens e Famílias*

Therapeutic Alliance and Re-ED: Research on building positive relationships with youth 159
Mary E. Rauktis, Ana Regina Andrade e Ann Doucette

La resiliencia parental en situaciones de riesgo psicosocial: Implicaciones para el trabajo profesional 185
Maria José Rodrigo López

Educação parental e prevenção do risco na infância: Resposta milagre ou desafio incitador? 207
Maria Filomena Ribeiro da Fonseca Gaspar

Propostas de intervenção familiar para crianças em risco.................... 225
Maria Teresa Brandão

As teorias implícitas de agentes sociais sobre famílias pobres: intervir com foco na resiliência em família.................... 247
Maria Angela Mattar Yunes

Família e mudança Social: Recomposição dos contextos sócio-familiares da adopção 265
Isabel Dias

Adopción: Recuperación tras la adversidad inicial 273
*Jesús Palacios, Yolanda Sánchez-Sandoval, Esperanza León
e Maite Román*

O Acolhimento Familiar em Portugal: Conceitos, Práticas e (In)definições 287
Paulo Delgado

La Intervención de los Profesionales en el Acogimento Familiar 307
Pere Amorós Marti

PREFÁCIO

A obra que agora se apresenta, que decorre de um conjunto de trabalhos apresentados no ano de 2008, no âmbito do I Congresso Internacional Intervenção com Crianças, Jovens e Famílias, pretende interpelar-nos sobre os caminhos traçados pela intervenção social, mas principalmente pelo seu futuro. Apresentamos, a este propósito, uma compilação de textos de acordo com uma estrutura que permita ao leitor encontrar reflexões que debatem os desafios e as oportunidades para a intervenção psicossocial, quando o objecto de estudo e da prática dos profissionais é a criança e o jovem, a família e a comunidade.

A selecção de textos reúne um conjunto de trabalhos, que encerram em si uma riqueza assinalável que decorre, quer de enfoques teóricos diversos, que vão da Sociologia da Família, à Sociologia da Infância, à Psicologia Comunitária, à Psicologia do Desenvolvimento, bem como as interfaces que decorrem entre as mesmas; quer, ainda, da própria dimensão territorial[1], uma vez que podemos aqui encontrar trabalhos que nos remetem para contextos geográficos tão distintos, como é o caso de Portugal, Espanha, EUA ou Brasil, mas que nos interpelam a pensar nos desafios que a intervenção com crianças, jovens e famílias coloca às práticas sociais respeitadoras do exercício pleno de direitos de todos os sujeitos envolvidos nestas dinâmicas.

A organização da obra pretende dar conta de uma lógica agregadora dos textos por afinidades geracionais, ou seja, encontramos um primeiro conjunto de textos que discutem as questões do risco e a protecção com crianças e jovens e um segundo conjunto de textos que discutem as mesmas questões com as famílias, sendo que a intenção de os apresentar separadamente decorre da necessidade de promover um olhar mais detalhado acerca das especificidades que cada um destes grupos geracionais se confronta no exercício dos seus direitos.

---

[1] Foram mantidas as línguas específicas de cada país.

Apresentamos, agora, sumariamente os diferentes textos que constituem a obra, iniciando um conjunto de textos que discutem as questões do risco e da protecção na infância e juventude.

O texto de Ana Tomás de Almeida e Natália Fernandes, "Intervenção com crianças, jovens e famílias: pensar as práticas centradas em direitos", discute a forma como a modernidade tem vindo a tematizar a intervenção social com crianças, jovens e famílias, destacando as influências percebidas neste campo de acção que, na opinião das autoras, têm promovido dinâmicas de mudança nos modos de pensar e fazer intervenção com esses mesmos sujeitos.

O texto de Orlanda Cruz, Susana Custódio e Diana Alves, intitulado "Concepções de parentalidade: O ponto de vista das crianças" traz-nos a perspectiva de crianças em idade escolar sobre a família. No pressuposto de que as crianças são construtores activos da relação, a investigação realizada vai à procura das relações recíprocas que se estabelecem entre as cognições das crianças acerca das figuras parentais, as interacções experienciadas no contexto da família, e o modo como as mesmas se traduzem na interpretação que a criança faz de estímulos emocionais e na forma como interage socialmente.

O texto de Verónica Muller e Catarina Tomás, "Quando a participação das crianças faz parte do processo de intervenção: O caso do Movimento Nacional de Meninos e Meninas de Rua", convida-nos, a partir das vozes de meninos de rua, a reflectir sobre a participação das crianças nas práticas sociais desenvolvidas com elas, direccionando o olhar para os movimentos sociais de crianças e abordando, mais especificamente, o Movimento Nacional de Meninos e Meninas de Rua (MNMMR) do Brasil, como ilustração do elo entre a teoria e a prática.

O texto de Silvia Koller, "Intervir, Investigar, Informar: Desafios no Trabalho com Crianças, Jovens e Famílias em Situação de Vulnerabilidade Social e Pessoal no Brasil", permite-nos compreender a partir do campo da Psicologia, os significados que a intervenção psicossocial tem vindo a assumir no contexto brasileiro, considerando sempre a tríade intervir, investigar, informar.

O texto de Maria João Leote de Carvalho, quando discute a "Juventude e risco", remete-nos para a ideia de que a juventude moderna é uma categoria revisitada, revalorizada como objecto de interesse, marcada pelo levantamento de maiores interrogações sobre o seu espaço social e os seus limites.

Prefácio 9

A proposta de Matilde Fernandes com o texto "Tipologia do delinquente juvenil urbano – estudo exploratório na cidade de Lisboa", permite-nos conhecer com detalhe a população de delinquentes juvenis, da cidade de Lisboa, que foi alvo de avaliação ou intervenção pelo sistema de justiça de menores no ano de 2001.

A proposta de Luísa Ribeiro Trigo e Isabel Alberto, quando discutem "As múltiplas faces da institucionalização de crianças e jovens: risco e/ou oportunidade?" levanta uma série de questões extremamente pertinentes para reconceptualizar os direitos das crianças institucionalizadas em Portugal, questionando a natureza das funções das instituições de acolhimento e as respostas asseguradas às crianças nestas instituições.

Finalmente, encerra-se este enfoque sobre as crianças e os jovens com uma visão sobre os profissionais. O texto de Cristina Maia, "O Papel do Educador Social na Intervenção com Menores" – alguns modelos de intervenção sócio-educativa, discute o perfil, funções e competências do Educador Social no âmbito do trabalho com crianças e jovens institucionalizados, tentando demonstrar a importância do trabalho destes profissionais no âmbito de intervenções multidisciplinares. Por último, pondo em destaque que o trabalho com crianças e jovens em instituições de reeducação se desenvolve no contexto de uma relação, para a qual concorrem as competências do cuidador mais próximo da criança ou do jovem, a investigação apresentada por Mary Rauktis, Ana Regina Andrade e Ann Doucette analisam-nas, no âmbito de um programa de intervenção de 4 anos, sob a direcção da Pressley Ridge nos Estados Unidos da América. Com base no estudo realizado em dois contextos diferentes de reeducação, um serviço escolar e outro residencial, no capítulo "Therapeutic Alliance and Re-ED: Research on building positive relationships with youth", as autoras concluem que, independentemente do modelo de intervenção que for adoptado, a avaliação da aliança terapêutica corrobora a ideia de que a relação se constitui como um catalisador capaz de influenciar, facilitar e dar sentido à mudança.

Um segundo conjunto de textos discute as questões do risco e da protecção com famílias. A leitura que se propõe tem início numa reflexão sobre os factores de risco e de protecção do sistema familiar, na continuação da qual se perspectivam diferentes respostas, e a partir das mesmas se interpela a multiplicidade de desafios próprios da intervenção com famílias a nível comunitário.

A parentalidade e as fontes de stresse múltiplas, que são susceptíveis de produzir um aumento do nível de risco psicossocial, e que competem com a atenção e o envolvimento que exige a educação dos filhos, são o foco do texto de Maria José Rodrigo – "La resiliencia parental en situaciones de riesgo psicosocial: Implicaciones para el trabajo profesional". Revisitando os factores de risco, defende-se a necessidade de assentar a intervenção na avaliação da família e em disponibilizar informações para consolidar o trabalho dos profissionais mediante o reforço das competências parentais e familiares.

As competências parentais e família enquanto 'cliente' dos programas de educação parental são simultaneamente o ponto de partida e de chegada da reflexão de dois capítulos desta secção. O texto de Filomena Gaspar, "Educação parental e prevenção do risco na infância: Resposta milagre ou desafio incitador?" – acentua a importância de a Educação Parental surgir em contexto comunitário, como recurso social em que a tónica é a capacitação das figuras parentais tendo em vista o reforço do "bem-estar" das crianças e o combate à "exclusão social", mediante intervenções multimodais implementadas por equipas interdisciplinares. Este enquadramento é a base para uma revisão de alguns dos modelos implementados em Inglaterra e de projectos iniciados em Portugal em que a autora dá conta dos resultados de estudos em que se analisam as relações entre as práticas educativas parentais e os problemas de comportamento e emocionais das crianças. O capítulo seguinte, "Propostas de intervenção familiar para crianças em risco", de autoria de Maria Teresa Brandão apresenta um programa de formação destinado a mães adolescentes com crianças consideradas em risco psicossocial. Os seus objectivos, condições de aplicação e os resultados alcançados são descritos detalhadamente, nomeadamente, através dos testemunhos das mães que dão voz às virtualidades destas novas modalidades de intervenção familiar no plano dos conhecimentos, da mudança de atitudes parentais e da partilha de experiências com outras mães, graças à criação de oportunidades para o estabelecimento e alargamento dos contactos entre mães, que habitavam no mesmo bairro.

Esta problematização acerca da intervenção familiar em contexto comunitário termina com o texto de Angela Mattar Yunes, "As teorias implícitas de agentes sociais sobre famílias pobres: intervir com foco na resiliência em família", em que a autora nos apresenta uma discussão acerca do conceito de resiliência, nomeadamente no âmbito da Psicologia Positiva, concretizando depois a discussão a partir da descrição de algumas investigações que pretendem demonstrar de que forma os técnicos na área da intervenção social demonstram "teorias implícitas" sobre a dinâmica familiar destes grupos, no âmbito das suas intervenções.

Em seguida abordam-se realidades familiares relacionadas com a adopção e o acolhimento familiar. O texto de Isabel Dias "Família e mudança Social: Recomposição dos contextos sócio-familiares da adopção, discute as transformações que têm vindo a ocorrer na família portuguesa e a sua articulação com a ideia de "família ideal", que está subjacente aos processos de adopção".

O texto de Jesús Palacios, Yolanda Sánchez-Sandoval, "Esperanza León e Maite Román, Adopción: Recuperación tras la adversidad inicial" discute as questões da adopção a partir de uma investigação com cerca de 300 crianças que forma adoptadas em Espanha, através da figura jurídica da Adopção Internacional. Os dados recolhidos permitem compreender a questões relacionadas com o impacto das adversidades iniciais, bem como as possibilidades e limites da posterior recuperação.

O texto de Paulo Delgado fala-nos sobre o "Acolhimento familiar em Portugal: conceitos, práticas e (in)definições", discutindo o conceito de acolhimento familiar e acolhimento institucional, finalizando a reflexão com os desafios com que se confronta o acolhimento familiar em Portugal.

Fechando este ciclo temático, o texto de Peres Amorós "La Intervención de los Profesionales en el Acogimento Familiar", descreve a forma como se foi qualificando a intervenção ao nível do acolhimento familiar, quer através da formação dos profissionais, quer através da reforma dos programas de protecção de crianças e jovens.

Em jeito de conclusão e deixando espaço à fruição das ideias compiladas neste livro realçamos o quão positivo é para nós contar com o conhecimento e a experiência de académicos e profissionais, a quem agradecemos o seu contributo e a possibilidade de agora partilharmos as suas ideias e o fruto do seu trabalho.

Universidade do Minho, 2010

Ana Tomás de Almeida
Natália Fernandes

INTERVENÇÃO COM CRIANÇAS, JOVENS E FAMÍLIAS: PENSAR AS PRÁTICAS CENTRADAS EM DIREITOS

Ana Tomás de Almeida e Natália Fernandes
Instituto de Educação da Universidade do Minho

Introdução

A modernidade trouxe consigo olhares enriquecidos por perspectivas plurais – provenientes de quadrantes geográficos, culturais, socioeconómicos, educacionais, de género distintos, e, inclusive mais recentemente, o infantil – que, em comum, pontuam as preocupações com o bem-estar dos indivíduos, das comunidades.

Associado a este estádio de desenvolvimento, queremos pensar que as sociedades tendem para o equilíbrio e são capazes de gerar processos regeneradores das situações que, pelos mais diversos factores, se apresentem à margem desse ideal. E, por maioria de razão, que este propósito identifique a intervenção psicossocial com crianças, jovens e famílias, referindo, implicitamente, ao vasto conjunto de acções, medidas e programas destinadas a aumentar o seu bem-estar e qualidade de vida.

A ênfase que é dada aos objectivos não retira importância aos princípios e aos processos da intervenção, nem à necessidade de os pensar estreitamente inter-relacionados. As preocupações por desencadear mudanças que promovam o ajustamento psicossocial enraízam-se nos nossos dias no quadro dos direitos humanos, de defesa pela igualdade de acesso aos bens sociais e pela participação nas estruturas comunitárias nos diversos sectores da educação, produção de riqueza, acesso à saúde, justiça e política. Mormente, hoje, estes princípios estão associados a estratégias emancipadoras que, ao invés de olharem para as características pessoais e sociais que tornam as pessoas ou os grupos mais vulneráveis, vêem a necessidade de enfatizar as suas forças e capacidades e em fazer com que essas pessoas ou grupos assumam maior protagonismo e compromisso com as mudanças desejadas.

Do ponto de vista dos conceitos e métodos da intervenção psicossocial, esta opção encontra-se cada vez mais fundamentada na investigação. É hoje sustentado que as dinâmicas optimizadoras do bem-estar psicológico e social e a promoção do funcionamento saudável terão tanto mais impacto quanto maior for a sua capacidade de mobilizarem as pessoas, reconhecendo que a auto-determinação e a autoridade pessoal – que definiremos como a crença e o sentimento aliados ao ser autor de si mesmo – são tanto ou mais essenciais quando se trata de crianças e jovens ou de pessoas que apresentam vulnerabilidades que importa transformar em competências. Em termos práticos, este desígnio traduz-se também por considerar que a finalidade e essência da intervenção psicossocial consistem em captar o melhor de cada um e em particular daqueles que apresentem necessidades específicas para benefício de uma sociedade que tem preocupações com o bem-estar individual e o desenvolvimento social.

Práticas emergentes numa encruzihada de culturas

A consciência destas ideias e práticas podem ser vistas a diferentes escalas, e porventura não as poderemos separar de um quadro mundial que encoraja cada país a adoptar medidas e programas que melhorem as condições de vida dos seus cidadãos, não esquecendo os direitos dos mais novos e as responsabilidades que competem aos adultos e aos governantes para se manterem atentos e cuidarem do seu efectivo cumprimento. E se, na segunda metade do século XX, a cultura dos direitos conheceu várias dificuldades à sua afirmação, nos primeiros anos da primeira década do século XXI reconhece-se uma determinação em a tornar mais explícita e a dotar de maior consistência. Dos estudos coordenados pelas agências internacionais e com o apoio de instituições governamentais e não-governamentais (i.e. ONU, UNICEF, INNOCENTI, SAVE THE CHILDREN, de entre as mais conhecidas) emanam recomendações que assumem o carácter de instrumentos jurídicos em defesa dos direitos; concebem guiões para a definição de orientações estratégicas; lançam programas e serviços destinados a reforçar iniciativas que potenciem maior ajustamento psicossocial e bem-estar de grupos que se encontrem em situação de vulnerabilidade, procurando consubstanciar mudanças tão necessárias quanto inadiáveis.

Os reflexos desta cultura não foram estranhos à ciência e à investigação que, pela sua parte, e, designadamente, através de estudos epidemiológicos conduzidos habitualmente em amostras populacionais alargadas, de estudos comparativos em diferentes grupos culturais, e, ainda, pela avaliação de programas permitiram uma caracterização mais compreensiva dos factores de risco e protecção, o estabelecimento de indicadores de qualidade de vida, o conhecimento de evidências empíricas de sucesso e a generalização das boas práticas.

Da produção de conhecimento à capacitação dos profissionais e dos destinatários finais, as ciências humanas e sociais tradicionalmente ligadas à Psicologia, à Sociologia, à Educação, ao Serviço Social, à Jurisprudência da Família e Menores e à Economia lançam pontes para a interdisciplinaridade e dão margem ao estabelecimento do objecto de estudo intrinsecamente pluridisciplinar da intervenção psicossocial, que se define na confluência dos seus saberes e práticas metodológicas. Precisamente, este domínio de aplicação interdisciplinar tem uma utilidade social única para aqueles sectores da sociedade em que a sua actividade pode produzir mais efeitos directos. Em particular, há dois sectores para os quais a intervenção psicossocial faz toda a diferença: primeiro, o político, uma vez que os decisores políticos carecem de indicadores de eficácia e qualidade que os ajudem a fundamentar as medidas e lhes garantam que mediante uma boa gestão dos recursos as mesmas terão os resultados esperados; segundo, o profissional, onde os profissionais estão interessados em saber que os modelos experimentados os apoiam a implementar as mudanças preconizadas, tendo por base processos que lhes permitam determinar os padrões para a sua replicação.

Um outro aspecto particularmente sensível à intervenção psicossocial é a possibilidade de converter problemas sociais em necessidades e através da mudança de representações sociais evitar a estigmatização de pessoas ou grupos (Casas, 1998). Este novo posicionamento que se anuncia a partir das teorias sistémicas e que recomenda a olhar os indivíduos nos seus contextos e a compreender os contextos em desenvolvimento, leva também a equacionar que entre uns e outros se desenhem vias de influência nos dois sentidos. Tal tem reforçado o tom crítico aos modelos do défice, do risco e a aconselhar que se coloque a tónica nos processos sobre os quais há que intervir para mobilizar factores de protecção, aumentar a resiliência e fazer face à adversidade.

Outrossim, chama-se a atenção para as expressões de linguagem que vulgarmente são usadas para designar determinadas categorias sociais e que, aqui, não são um aspecto de somenos importância. Não é igual falar em crianças, jovens ou famílias "de risco" ou "em risco"; falar de "famílias multi-assistidas" ou "famílias multi-desafiadas" – diferenciações que não se prendem meramente com aspectos problematizados na teoria, porque as suas implicações são maioritariamente de ordem prática. E precisamente, porque a intervenção psicossocial é tributária do trabalho comunitário e das relações entre a teoria e a prática, tal leva a realçar a ecologia da condição humana, pois os modelos sistémicos ganham maior sentido ao traduzirem a par e passo a importância dos contextos, dos relacionamentos e dos processos que mediatizam a adaptação das pessoas ao longo do ciclo de vida (Rodrigo, Máiquez, Martín & Byrne, 2008). Sem dúvida, ganha-se um olhar mais compreensivo acerca das pessoas em desenvolvimento quando se presta atenção, não aos comportamentos mas às interacções, percebendo-as na sua bidireccionalidade e contexto relacional. Reconhecendo a importância que assumem os relacionamentos que marcam o quotidiano de crianças, de jovens ou até de adultos, é possível entender que estas relações espelham a enorme variedade de influências que remetem para a classe sócio-económica de pertença, para os valores dos grupos culturais de referência e para todo um conjunto mais vasto de coordenadas estabelecidas pela geografia e pelo tempo histórico em que vivem.

Um outro aspecto que gostaríamos de apontar é para o facto de a intervenção psicossocial privilegiar indicadores positivos do bem-estar das crianças, jovens e famílias e referir, ainda que brevemente, as suas implicações para o futuro da intervenção psicossocial.

Por indicadores de bem-estar subentende-se algo que serve para informar, assinalar e apontar e que, nessa medida, a função do indicador é dar ou ser sinal de aspectos relacionados com o desenvolvimento óptimo. Habitualmente os indicadores referem-se a aspectos observáveis, na maioria das vezes aspectos mensuráveis ou que, no mínimo, possam ser parametrizados. Porém, no caso das crianças, jovens e famílias, o bem-estar não se limita ao presente, mas às condições que o próprio bem-estar possibilita também em termos de futuro. Esta questão, que encontra no quadro da Convenção dos Direitos da Criança a sua máxima expressão, tem tido eco no campo da Psicologia do Desenvolvimento (Bronfenbrenner, 1989, 1995, 1999) e da Sociologia da Infância (Qvortrup, 2005) e mais recentemente na Intervenção Psicossocial (Casas, 2005). A defesa das condições mais propícias à expressão das potencialidades, das capacidades, dos talentos está condicionada ao estatuto de sujeitos de direitos dos mais novos. Contudo, as necessidades biológicas, emocionais e sociais de crianças e jovens estão fortemente dependentes dos contextos familiares e dos recursos que a sociedade lhes assegura, pelo que o bem-estar da criança não é dissociável do das famílias e das comunidades envolventes. E sem prejuízo de bem-estar e qualidade de vida terem definições diferentes consoante as culturas e subculturas (Cowen, 1999; 2000), há uma sensibilidade crescente para a importância da promoção da qualidade de vida e não, apenas, da prevenção dos factores de risco. O destaque dado aos indicadores positivos para descrever e avaliar o bem-estar das crianças, jovens e famílias tem ajudado a marcar novos horizontes para a intervenção social.

Da garantia de direitos aos direitos garantidos

Partindo da convicção que a protecção de crianças e jovens e as políticas de apoio à família têm no quadro dos direitos humanos universais uma matriz de referência que constitui a base axiológica dos seus pressupostos e práticas de intervenção, consideramos que ao longo dos últimos 200 anos temos vindo a assistir à alteração de um estatuto pessoal e social das crianças e jovens enquanto indivíduos sem direitos, sendo encaradas essencialmente enquanto propriedade dos pais, para um estatuto pessoal parcial com alguns direitos de auto-determinação e de autoridade pessoal (conforme definida no início deste texto) associados a crescentes direitos de provisão e protecção. Lansdown refere a propósito que se "...*reconheceu (se) que os direitos dos pais sobre as crianças não são invioláveis e que o Estado tem o direito de intervir para proteger as crianças*" (1994: 33) e que, por outro lado, se assistiu ao reconhecimento de que os pais não têm a responsabilidade isolada das suas crianças, cabendo ao Estado um papel importante de apoio às famílias.

É nesta história que se integra o discurso construído ao longo do século XX acerca da protecção das crianças, influenciado pelos ideais do Estado Providência, nas sociedades centrais, no período do pós-guerra. O objectivo deste discurso era promover o crescimento nacional e o bem--estar, bem como a responsabilidade e solidariedade social (Parton, 1997: 20). A protecção à infância passou a ser encarada como um dever público, surgindo ao mesmo tempo mecanismos de resposta para as situações de crianças carenciadas e em situações de precariedade. Desta forma as políticas de protecção à infância passaram a desafiar as relações entre o Estado e a família. Com efeito é a partir daqui que a família perde a tutela inquestionável que detinha, desde sempre, sobre a vida das suas crianças, começando a ser regulada pelas instituições públicas que se foram organizando para esse efeito.

Por outro lado, considerava-se que os investimentos nas políticas de intervenção social com crianças e com famílias, no contexto do Estado Providência, acarretariam significativas melhorias nas vidas individuais e das famílias, através da intervenção dos profissionais, via judicial (Parton, Thorpe & Wattam, 1996). Surge então a imagem da criança e da família como "utentes" (Madeira, 1996: 5), como objectos de protecção dos serviços públicos.

Não se pode ignorar que, à luz desta imagem da criança como utente, se desenvolveram ao longo do século XX significativas melhorias das condições de vida da generalidade das crianças, visíveis, por exemplo, nos indicadores de mortalidade infantil e de exploração da mão-de--obra infantil e ao significativo aumento do acesso das crianças ao direito à educação.

Porém, esta imagem de criança utente assumiu-se como um dos indicadores que mais contribuíram para a consolidação de práticas sociais de intervenção com crianças, de natureza essencialmente assistencialista, onde estas eram consideradas como meros objectos das intervenções sociais, confirmando deste modo, o movimento de protecção à infância como um movimento que "...não só cria um protectorado sobre a infância senão sobre todo o sector social a que pertence a criança" (Prada, Actis & Pereda, 1989: 200).

Um dos documentos que contribui para a alteração deste estatuto das crianças e jovens enquanto meros utentes das políticas sociais foi a Convenção dos Direitos da Criança (CDC) (1989), a qual se apresenta como um documento legitimador de políticas sociais activas ao propor, a partir do articulado dos seus artigos, uma imagem da criança enquanto sujeito de direitos nas suas dimensões da provisão, protecção e participação, entendidos de uma forma interdependente. Para além destes três conjuntos de direitos, há também ainda a considerar um conjunto de direitos relacionados com a prevenção, que pressupõem o estabelecimento de programas que permitam a despistagem oportuna de situações que coloquem em risco o exercício pleno dos direitos pelas crianças, obrigando, também, à definição de acções que tentem evitar tais situações.

De que forma, poderá, então, a sociedade acautelar às crianças em risco, o seu direito pessoal ao desenvolvimento, a "...*um nível de vida suficiente de forma a permitir o seu desenvolvimento físico, mental, espiritual, moral e social*" (Cf. art. 27 da CDC)? Um breve percurso através do articulado de direitos da CDC ajuda-nos a ter um olhar mais detalhado.

Os direitos de provisão são indiscutivelmente aqueles que agregam discursos mais consensuais (falamos do exercício destes direitos nos países centrais), na medida em que ao priorizarem a satisfação de necessidades básicas das crianças, que são essenciais e indiscutíveis, são reconhecidos e reforçados legalmente, com quadros normativos e políticas sociais. Neste âmbito, destacamos um conjunto de direitos pessoais básicos, como o são o direito à vida, à sobrevivência e ao desenvolvimento (art. 6), que deveriam ser direitos inalienáveis de todos os indivíduos, e, especialmente, das crianças devido à sua vulnerabilidade. De referir, no entanto, que as práticas sociais nem sempre traduzem os efeitos esperados e apesar da existência de políticas sociais no âmbito da salvaguarda de direitos básicos de provisão, diariamente nos confrontamos com situações que envolvem o abandono, maltrato ou mesmo assassínio de crianças e jovens, que assumem na contemporaneidade maior visibilidade social e também científica, o que se apresenta como significativo, na medida em que a reprovação e condenação social poderão, também, funcionar como estratégias preventivas.

Ainda no campo dos direitos pessoais da criança, encontram-se outros, que pretendem atribuir respostas alternativas à ausência ou incipiente visibilidade do direito à família. Fernandes (2009: 290) refere a este propósito que "*pelos seus discursos (das crianças), a representação de ser um sujeito de direitos na família é, afinal, a procura de um contexto onde se sintam protegidas, onde se sintam confortáveis e onde se sintam, enfim, cidadãos e parceiros de um núcleo onde a sua voz tenha eco e efeitos na organização do quotidiano*". Mas o exercício deste direito confronta-se, muitas vezes com dificuldades acentuadas, nomeadamente, quando surgem situações de risco, que, devido à sua natureza, provocam a saída da criança do núcleo familiar. A CDC explicita ao longo de vários artigos a indispensabilidade de atender *às relações familiares, à separação da criança dos seus pais, aos deveres dos pais em relação aos filhos e à adopção* (art. 9, 10, 18, 20, 21 e 27).

Dentro deste conjunto de direitos pessoais adquire ainda especial relevo o direito ao respeito e à integridade física e moral, o qual encontra eco ao longo do corpo de artigos da Convenção e, especificamente no caso das crianças em risco, quando se faz referência à exploração económica do menor (art. 32), ao problema do menor toxicodependente (art. 33) e à exploração ou violência sexual (art. 34).

Relativamente ao conjunto de Direitos Sociais que conferem identidade ao direito à protecção, destacamos o direito à assistência social, nomeadamente os aspectos relacionados com a colocação de crianças privadas de meio familiar normal (art. 3), com o seu direito a usufruir das regalias da segurança social (art. 26), ou ainda com a promoção de medidas para a sua recuperação física e psicológica e reintegração social (art. 39).

O direito que encontramos articulado no art. 19 da CDC, relativo à protecção da criança *"...contra todas as formas de violência física ou mental, dano ou sevícia, abandono ou tratamento negligente, maus-tratos ou exploração, incluindo a violência sexual, enquanto se encontrar sob a guarda dos seus pais, dos representantes legais ou de qualquer outra pessoa a cuja guarda haja sido confiada"*, apresenta-se com uma abrangência muito maior do que estava articulado na Declaração Universal dos Direitos da Criança, de 1959. Consideramos que isso decorre, também, de uma gradual consciencialização social e científica relativamente a esta problemática.

No que diz respeito à visibilidade destes referenciais em Portugal, podemos afirmar que assistimos na última década quer a uma produção legislativa, quer à organização de políticas públicas de protecção que assumem alguns destes desafios nomeadamente a reforma de protecção através da promulgação da Lei de Protecção das Crianças e Jovens em Perigo, Lei n.º 147/99 e da Lei Tutelar Educativa, Lei 166/99.

Os discursos científicos remetem-nos, já pelo menos há duas décadas, para lógicas de intervenção que nos interpelam a pensar a protecção numa lógica de prevenção e promoção de direitos, de maior participação das instâncias comunitárias, de articulação das instituições e maior suporte à família. É assim, neste contexto, que os sistemas de cuidados no domínio da saúde, da educação, da segurança e justiça sociais contemplam de forma crescente os princípios da participação, da autonomização, da autodeterminação e autoridade pessoal.

À escala nacional ou mesmo, à mundial, o desafio que se coloca é o de gerar políticas que actuem no plano da promoção dos direitos, percebendo que a eficácia da maioria destas políticas não depende exclusivamente de medidas de natureza reparadora ou do restauro dos danos – justamente porque há danos que dificilmente se conseguem reparar.

Sarmento (2003: 80) defende a propósito a necessidade de pensar construção de políticas públicas integradas para a infância, de forma a enfrentar "...a multiplicidade de projectos e de estruturas públicas de intervenção local, configuradora de lógicas de intervenção estatal "por projecto", o que alimenta a dispersão (…) e dificulta a coerência estratégica das políticas...". Tal acção requererá, de acordo com o mesmo autor, que no plano das políticas nacionais seja dada prioridade às políticas públicas para a infância, nomeadamente através da definição de objectivos direccionados para combate à pobreza, a erradicação das piores formas de exploração das crianças e do trabalho infantil e a prevenção dos maus-tratos, da violência e das toxicodependências. Acrescentamos que a indispensabilidade de considerar a prevenção das situações de risco, supõe, então, a capacidade de intervir mediante planos que estrategicamente visem melhorar as condições para o desenvolvimento de crianças, jovens e famílias.

Mas se as políticas de prevenção são, por definição, universais, isto é, prevêem a possibilidade de abranger todos os sectores da população e democratizar o acesso aos meios e equipamentos sociais, este desígnio, aparentemente louvável e coerente, enfrenta exigências acrescidas quando se desloca o problema da prevenção para as crianças, os jovens, as mulheres, os imigrantes e as minorias étnicas, cada vez mais presentes em sociedades multiculturais.

Considerar que as necessidades destes grupos não diferem em função do estatuto não pode ser equivalente a supor que os indivíduos pertencentes a esses grupos não possam apresentar especificidades que os devem qualificar de maneira distinta relativamente às políticas de prevenção. A constatação desta identidade vem-se reflectindo no desenvolvimento das políticas sociais em diversos sectores, por exemplo: políticas de igualdade de género (quotas para a representação feminina, igualdade de tabelas remuneratórias, licenças de parto); políticas de saúde que discriminam positivamente as crianças e os jovens no acesso a determinados cuidados (planos de vacinação, consultas de saúde materno-infantil, prevenção do HIV, etc.) e ainda em políticas educativas de prevenção do abandono e insucesso direccionadas para minorias qualificadas (campanhas de promoção da leitura e da expressão oral, programas de qualificação escola e de reconhecimento de competências, idealmente acompanhadas de novas oportunidades de acesso à educação); políticas sociais (majoração do abono família para agregados monoparentais com número de filhos superior a 2, alargamento da rede de creches e jardins de infância, custos da creche indexados ao rendimento familiar e primazia da inscrição em creche no local de residência ou próxima do trabalho dos pais para famílias de baixo rendimento).

Para além das reformas legislativas em matéria de protecção, o bem-estar de crianças e jovens depende igualmente da evolução e da qualidade de políticas sociais capazes de sustentar mudanças significativas na qualidade de vida das famílias que, com maior probabilidade, terão impacto directo e indirecto nestes grupos geracionais. Efectivamente, o que alguns estudos permitem demonstrar é que, quando as preocupações com as políticas de protecção se regeram por noções de policiamento, vigilância e coercividade na aplicação de medidas, os resultados foram notoriamente prejudiciais para a criança e para as famílias envolvidas (Parton, 1997; Rodrigo et al., 2008).

Acresce a esta crítica outra questão que se prende, por sua vez, com o funcionamento do sistema de protecção e com os seus limites. A este respeito, regista-se em algumas circunstâncias a tendência a convocar para os serviços de protecção situações em que, idealmente, os serviços sociais locais têm competência para gerir. Se é certo que a preocupação dominante com a protecção e a mediatização cria maior pressão sobre os serviços – podendo ter efeitos nefastos na capacidade de responder de modo ajustado a problemáticas diversas – o que acontece, na prática, é uma sobrecarga de processos, a diminuição da eficácia das respostas e a eventualidade de deixar por atender em tempo útil casos que requerem uma atenção prioritária e mais exaustiva. Contudo, esta chamada de atenção não deve ser extrapolada a outras questões relativas ao funcionamento dos serviços, sobretudo porque a conclusão que pretendemos dela retirar é tão só a importância da avaliação das situações de risco e da eficiência dos procedimentos tendo em conta as finalidades da intervenção.

Conclusão

Todas as indicações que temos levam a considerar que a diversidade e a complexidade das situações de crianças, jovens e famílias em risco psicossocial cobrem um largo espectro de problemáticas e consequentemente de níveis de risco muito diferenciados, que merecem ser objecto de estudo e investigação. Em Portugal conta-se recentemente com um primeiro estudo às práticas do sistema de protecção (Torres *et al.*, 2008), cujo relatório aponta para uma diminuição geral dos casos de maus-tratos, tendência que é apenas invertida pela detecção de casos de negligência em idades relativamente precoces. Não sendo aqui o espaço adequado para um apontamento mais pormenorizado sobre estes dados nem para a sua interpretação, recomenda-se que os leitores interessados possam aceder à leitura do mesmo[1].

Também recentemente o Instituto da Segurança Social e a Comissão Nacional de Protecção de Crianças e Jovens em Risco celebraram um protocolo de cooperação científica com 5 universidades que preconiza a avaliação dos programas de formação parental e que prevê, entre outros aspectos, obter uma indicação fundamentada empiricamente em dados acerca dos resultados e da eficácia destes programas em diferentes domínios do funcionamento familiar.

Mais do que antecipar quaisquer resultados importa realçar as potencialidades que podem advir de estudos financiados e dos contributos que a investigação pode trazer desde o levantamento de temas e questões de pesquisa, recomendações sobre os modelos e as abordagens mais indicados na solução de diferentes problemáticas e de respostas ajustadas a diferentes níveis de risco, bem como a divulgação de boas práticas para a intervenção com base em resultados empiricamente validados.

Privilegiar uma intervenção e investigação social baseadas nos direitos das crianças, jovens e famílias exige que se pensem as mesmas de uma forma holística reconhecendo a equidade e interdependência dos direitos que lhes estão consagrados e o papel activo de todos eles na construção de contextos de inclusão social.

Deste cruzamento entre a investigação e o mundo das práticas profissionais espera-se também estimular o debate sobre questões prioritárias para a intervenção e acerca das dificuldades de sempre em conciliar, equilibrar e integrar necessidades de protecção, objectivos de funcionamento dos serviços e políticas de prevenção.

---

[1] Estudo Diagnóstico de Avaliação das Comissões de Protecção das Crianças e Jovens.

REFERÊNCIAS BIBLIOGRÁFICAS

BRONFENBRENNER, U. (1999). Environments in developmental perspective: Theoretical and operational models. In S. L. Friedman &T. D. Wachs (Eds.), *Measuring environment across the life span: Emerging methods and concepts* (pp. 3-28). Washington, DC: American Psychological Association Press.

BRONFENBRENNER, U. (1995). Developmental ecology through space and time: A future perspective. In P. Moen, G. H. Elder, Jr., & K. Lüscher (Eds.), *Examining lives in context: Perspectives on the ecology of human development* (pp. 619-647). Washington, DC: American Psychological Association.

BRONFENBRENNER, U. (1989). Ecological systems theory. In R. Vasta (Ed.), *Annals of child development* (Vol. 6, pp. 187-249). Greenwich, CT: JAI Press.

CASAS, F. (1998). *Infancia: perspectivas psicosociales*. Barcelona: Paidós.

CASAS, F. (2005). Desafios actuais da psicologia na intervenção social, *Psicologia & Sociedade; 17* (2): 42-49.

Child Rights Information Network (2009). *Convention on the Rights of the Child*. Disponível em http://www.crin.org/resources/treaties/CRC.asp?catName= International+Treatie.

Child Trends (1984). *Improving National Statistics on Children, Youth, and Families*. A report on recommendations made at the interagency conference on child and family statistics. Washington, DC: Child Trends. Child Trends. (2003). *Indicators of Positive Development*. Conference Summary. Washington, DC: Child Trends.

COWEN, E. (1999). In sickness and in health: primary prevention's vows revisited. In D. Cicchetti & S. Toth (Eds.), *Developmental approaches to prevention and intervention* (pp. 1-24). New York: University of Rochester Press.

COWEN, E. L. (2000). Community psychology and routes to psychology wellness. In J. Rappaport & E. Seidman (Eds.), *Handbook of community psychology* (pp. 79-99). New York: Kluwer /Plenum.

FERNANDES, N. (2005). Infância e direitos. Representações, práticas e poderes. *Tese de Doutoramento*. Universidade do Minho, Braga.

FERNANDES, N. (2009). *Infância e direitos: Representações, práticas e poderes*. Porto: Afrontamento.

LANSDOWN, G. (1994). Children's rights. In Berry Mayall (Org.), *Children's childhoods: observed and experienced*. London: Falmer Press, 33-45.

MADEIRA, M. J. (1996). "Face aos Novos Imperativos, que Acção Social?". *Repensar a Acção Social*, *(7)*, 5-19.

PARTON, N. (1997). *Child protection and family support. Tensions, contradictions and possibilities*. London: Routledge.

PARTON, N., Thorpe, D. & Wattam, C. (1996). *Child Protection: risk and moral order*. London: MacMillan Press.

PRADA, M. A. de, Actis, W., Pereda, C. (1989). Infancia moderna y desigualdad social – Dispositivos de regulación y exclusión de los niños "diferentes". Série *Documentácion Social, Revista de Estudios Sociales y de Sociología Aplicada*, (74).

QVORTUP, J. (2005). *Varieties of childhood in studies of modern childhood: Society, agency, culture*. Palgrave: Macmillan.

RODRIGO, M. J., Máiquez, M., Martín, J. & Byrne S. (2008). *Preservación Familiar. Un enfoque positivo para la intervención con famílias*. Madrid: Psicología Pirámide.

SARMENTO, M. J. (2003). "O que cabe na mão…" Proposições para uma política integrada da infância. In David Rodrigues (org.), *Perspectivas sobre a inclusão, da Educação à Sociedade*. Porto: Porto Editora: 73-85.

TORRES, A., Pegado, E., Sarmento, M., Hilário, A., Freitas, A., Sousa, I., Cruz, R., Penha, R. (2008). Estudo Diagnóstico e Avaliação das Comissões de Protecção das Crianças e Jovens, disponível em http://www.cnpcjr.pt/relatorio_iscte.asp http://www.cnpcjr.pt/relatorio_iscte.asp

CONCEPÇÕES DE PARENTALIDADE: O PONTO DE VISTA DAS CRIANÇAS

Orlanda Cruz / Susana Custódio / Diana Alves
Faculdade de Psicologia e de Ciências da Educação
da Universidade do Porto

Introdução

Sendo a família consensualmente assumida como o primeiro contexto de vida da criança, não é de estranhar que as primeiras investigações no domínio da parentalidade se tenham focado no papel que os pais assumem como fonte de influência do comportamento e desenvolvimento dos seus filhos. Assim, numerosos estudos analisaram com detalhe a forma como os pais influenciam as crianças – os comportamentos educativos e, mais recentemente, os processos cognitivos e afectivos parentais –, bem como os factores que determinam a acção parental, como, por exemplo, as suas características de personalidade, a idade, o nível de escolaridade, entre outros (cf. Cruz, 2005). Posteriormente, com o advento das perspectivas ecológicas e transaccionais, a ênfase foi colocada na natureza multi-direccional das influências familiares e na importância dos contextos sociais como determinantes da parentalidade (Ashmore & Brodzinsky, 1986).

Não descurando a importância exercida pelos pais na determinação do comportamento e desenvolvimento dos seus filhos, bem como a pertinência de continuar a investigar neste domínio, esta comunicação tem o seu foco de análise nas crianças. Interessa perceber as representações que as crianças constroem acerca das figuras parentais, quer em termos de conteúdos, quer em termos da sua organização, ou estrutura.

Ao longo do seu desenvolvimento, os indivíduos constroem activamente representações sobre a realidade social com base nas suas experiências de interacção (Carlson, Sroufe, & Egeland, 2004). Diversos referenciais teóricos – as abordagens psicodinâmicas, a abordagem representacional da vinculação e as abordagens sócio-cognitivas – salientaram a importância dos processos mentais como mediadores das interacções sociais. A criança assume, assim, um papel activo no processamento da informação que decorre das suas interacções regulares com as suas principais figuras de afecto. Apesar de poderem ser alterados ao longo do tempo, os modelos representacionais internos têm um papel determinante na interpretação que a criança faz acerca do que se passa à sua volta, nas expectativas que constrói face aos outros e às situações sociais e, muito provavelmente, na forma como interage socialmente (Bowlby, 1969; Bretherton, 1987; McDowell, Parke, & Spitzer, 2002).

As representações funcionam como uma espécie de mapa interno, que permitem ao indivíduo antecipar as respostas dos outros, usando esta informação para guiar o seu comportamento, mesmo em contextos estranhos. Alguns investigadores têm mostrado que o ajustamento social da criança é mais influenciado pelas representações e sentimentos que a criança tem face ao comportamento parental do que por este mesmo comportamento (Deater-Deckard & Dodge, 1997). Os sentimentos de aceitação ou rejeição da criança, no contexto da interacção com os seus pais, têm um efeito mediador na relação entre a parentalidade severa e o ajustamento social da criança (Rohner, Bourque, & Elordi, 1996).

A investigação mostra que as representações das crianças acerca das figuras parentais tendem a tornar-se mais diferenciadas e organizadas, ao longo da idade (Reid, Ramey, & Burchinal, 1990). Na idade escolar, será de esperar que as representações sejam razoavelmente elaboradas e estáveis e se relacionem com os processos cognitivos e afectivos das crianças (Niec & Russ, 2002).

O estudo aqui apresentado pretende analisar as representações das crianças de idade escolar acerca das figuras parentais, o seu nível de organização e o modo como as mesmas se traduzem na interpretação que a criança faz de estímulos emocionais e na forma (competência) como interage socialmente com os outros. Mais especificamente, esta investigação pretende dar resposta às seguintes questões: (1) quais são as representações das crianças de idade escolar (o que pensam) acerca dos comportamentos educativos (afectivos e disciplinares) parentais?; (2) estas representações têm uma organização coerente, quer a nível emocional, quer a nível dos conteúdos?; (3) qual a relação entre estas representações e a interpretação que a criança faz das emoções associadas a situações, com-

Concepções de Parentalidade: O Ponto de Vista das Crianças

portamentos e expressões faciais?; (4) qual a relação entre estas representações e a competência social e académica da criança?.

Face a estes objectivos, a questão que se coloca de seguida é, inevitavelmente, de carácter metodológico – como avaliar as representações das crianças? Neste estudo, é utilizada uma metodologia narrativa para aceder aos pensamentos e sentimentos das crianças face às relações significativas. As narrativas têm sido utilizadas na investigação e na intervenção psicológica como forma de acesso às representações das crianças acerca das figuras parentais, sendo referidas como uma técnica poderosa para aceder aos modelos internos das relações (Waldinger, Toth, & Gerber, 2001). No contexto de uma entrevista, pedimos às crianças para elaborar histórias a partir de um acontecimento, que é apresentado como o início de uma história, e que vai funcionar como ponto de partida para a elaboração da narrativa pela criança. Os inícios de histórias funcionam como estímulos motivadores do acto de narrar e permitem à criança desenvolver a sua narrativa, integrando representações e sentimentos de forma mais ou menos coerente. Neste acontecimento, o protagonista (criança da mesma idade e género que a criança entrevistada) é colocado face a uma situação problemática, como por exemplo ter-se magoado ao dar uma queda, ou ser rejeitado pelos colegas, depois de fazer batota num jogo. Os acontecimentos apresentados à criança entrevistada pretendem estar muito próximos das interacções quotidianas habituais entre uma criança de idade escolar e a sua figura parental. Podem ter dois tipos de conteúdos: (1) episódios de carácter emocional/afectivo, em que a criança protagonista é descrita como estando numa situação de vulnerabilidade física e/ou emocional, (2) episódios de carácter disciplinar em que a criança protagonista apresenta um comportamento socialmente inadequado.

Método

Participantes

Participaram, neste estudo, 58 crianças, sendo 30 rapazes e 28 raparigas. As crianças tinham, em média 8.4 anos (DP=0.5) e frequentavam o 3.º ano do Ensino Básico, em 8 escolas da região do Grande Porto. Todas as crianças apresentavam um nível de desenvolvimento global considerado pelas professoras como adequado à sua idade. A média de anos de escolaridade das mães era de 9.8 (DP=4.63; sendo o mínimo 4 e o máximo 17 anos) e a média de anos de escolaridade dos pais era de 9.7 (DP=4.29; variando, igualmente, entre 4 e 17 anos). O número de anos de escolaridade das mães e dos pais encontram-se intercorrelacionados de forma positiva e estatisticamente significativa (r=.78; p<.0005), pelo que as análises posteriores serão realizadas apenas com a variável anos de escolaridade da mãe. No que concerne à estrutura familiar, todas as crianças eram provenientes de famílias intactas.

Participaram também no estudo 10 professoras do 1.º ciclo como avaliadoras da competência social das crianças participantes.

Instrumentos

Entrevista de Avaliação das Representações das Crianças acerca das Figuras Parentais

As representações das crianças foram estudadas a partir de uma entrevista semi-estruturada, que designámos *Entrevista de Avaliação das Representações das Crianças acerca das Figuras Parentais*[1], elaborada com base na *MacArthur Story-Stem Battery* (Bretherton, Oppenheim, Buchsbaum, Emde, & MacArthur Narrative Group, 1990) e que pretende estimular, a partir de inícios de histórias, as narrativas das crianças (Custódio, 2005).

A *Entrevista* é constituída por dois pares de 10 inícios de histórias (10 referentes à figura paterna e 10 referentes à figura materna) e por um conjunto de questões que pretendem estimular na criança a elaboração de narrativas. Para cada história, foram assim utilizadas duas versões paralelas, tendo como protagonista, para além de uma criança, a figura materna (numa versão) e a figura paterna (na outra). Os inícios das histórias foram elaboradas na terceira pessoa, sendo que toda a entrevista se referia ao/à protagonista (rapaz ou rapariga, consoante o género da criança entrevistada), e não à criança directamente. Nestes inícios de histórias, é possível identificar sempre um tema disciplinar e um tema afectivo, sendo um deles

---

[1] De forma a facilitar a leitura, futuramente utilizaremos apenas a designação *Entrevista*.

Concepções de Parentalidade: O Ponto de Vista das Crianças

o tema dominante. Deste modo, em cinco das histórias, o tema dominante é o disciplinar, enquanto nas outras cinco o tema dominante é o afectivo. As "histórias disciplinares" e as "histórias afectivas" foram apresentadas às crianças de forma alternada. Com o objectivo de promover o envolvimento e ajudar a criança na elaboração das narrativas, foram usadas representações pictóricas dos protagonistas de cada história que a criança podia manipular e questões acerca do que os protagonistas iriam fazer, como se sentiriam, e como acabaria aquela história.

No Quadro 1, apresentam-se, a título de exemplo, duas histórias, o seu conteúdo, e respectivos temas disciplinar, afectivo e dominante.

Quadro 1: Histórias, conteúdos e temas disciplinar, afectivo e dominante

Histórias	Conteúdo	Tema Disciplinar	Tema Afectivo	Tema Dominante
História 1	Criança quer ir para casa, interrompendo uma conversa do/a pai/mãe com outra pessoa.	Conflito de interesses entre a criança e a figura parental.	Sentimento de frustração resultante da privação de uma actividade do seu agrado.	Disciplinar
História 2	Queda da bicicleta devido a descuido.	Envolvimento da criança numa acção que envolve algum risco físico.	Necessidade de apoio em virtude de se ter magoado; fragilidade física.	Afectivo

A elaboração do sistema de codificação da *Entrevista*[2] teve como base a análise do conteúdo das narrativas elaboradas pelas crianças participantes num estudo-piloto, previamente realizado, bem como o *MacArthur Narrative Coding Manual* (Bretherton & Oppenheim, 2004; Robinson, Mantz-Simmons, Macfie, Kelsay, & the MacArthur Narrative Working Group, 2001). O sistema de codificação das narrativas teve em conta, quer as dimensões do conteúdo propriamente dito (comportamentos disciplinares e comportamentos de afecto), quer as dimensões da estrutura narrativa (coerência narrativa, coerência emocional e conclusão da história).

---

[2] O Manual de codificação da *Entrevista* poderá ser disponibilizado ao leitor interessado.

32 *Intervenção com Crianças, Jovens e Famílias*

No Quadro 2, apresenta-se o sistema de codificação com as categorias de resposta incluídas em cada dimensão. Em cada narrativa construída pela criança, para cada dimensão, foi registada apenas uma categoria.

Quadro 2: Dimensões e categorias de resposta identificadas
no processo de codificação das narrativas

	Dimensões	Categorias de Resposta
Conteúdo narrativo	I. Comportamentos parentais de afecto	1. Rejeição 2. Neutralidade 3. Aceitação
	II. Comportamentos parentais disciplinares	1. Punição física 2. Punição não física 3. Instrução directa 4. Indução 5. Ausência de confronto
Estrutura narrativa	IV. Coerência emocional	1. Incoerência emocional 2. Evitamento das emoções positivas 3. Evitamento das emoções negativas 4. Coerência emocional
	V. Coerência narrativa	1. Resolução bizarra 2. Situação não resolvida 3. Resolução mágica 4. Coerência narrativa
	VI. Conclusão da narrativa	1. Conclusão negativa 2. Conclusão neutra 3. Conclusão positiva

As narrativas de cerca de 25% dos participantes foram codificadas independentemente pelas duas primeiras autoras, para efeitos da avaliação da fidelidade inter-codificador. Procedeu-se ao cálculo do coeficiente de acordo[3] e do valor do Kappa (*Cohen's Kappa*) para cada uma das diferentes categorias identificadas (Chuang, 2001). Para as dezanove categorias referidas, o coeficiente de acordo oscilou entre os 85% e os 100%, sendo

---

[3] Número acordos/n.° acordos + n.° desacordos.

Concepções de Parentalidade: O Ponto de Vista das Crianças

a média de 95%. Relativamente ao Kappa, a média é de .70, verificando--se uma variação entre .22 (categorias com menor frequência) e 1.00. Podemos concluir que o valor elevado dos coeficientes de acordo oferece uma boa garantia da fidelidade do sistema de codificação, sendo passível de ser utilizado com confiança por várias pessoas, desde que treinadas especificamente para tal.

Escala de Avaliação da Competência Social

Com o objectivo de avaliar a competência social das crianças de idade escolar foi pedido às professoras que preenchessem, para cada criança, as Escalas de Avaliação da Competência Social (forma para professores) (Lemos & Meneses, 2002), instrumento adaptado a partir de *Social Skills Rating System* (SSRS – Gresham & Elliott, 1990).

As Escalas de Avaliação da Competência Social são três: a escala de habilidades sociais (avalia comportamentos de cooperação, de asserção e de auto-controlo), a escala de problemas de comportamento (avalia os problemas externalizados, os problemas internalizados e a hiperactividade) e a escala de competência académica (avalia o desempenho na leitura e na matemática). As duas primeiras têm uma escala de resposta de três pontos, enquanto a terceira é avaliada numa escala de cinco pontos. A consistência interna das notas (*alpha* de *Cronbach*) é bastante elevada: 0.96, para a escala de habilidades sociais, 0.90, para a escala de problemas de comportamento, e 0.98, para a escala de competência académica. Estas três notas não se revelam estatisticamente diferentes em função do género das crianças, mas existe um associação significativa positiva entre os anos de escolaridade das mães e as escalas de habilidades sociais (r=.41, p<.01) e a competência académica (r=.43, p<.01).

Escala de Avaliação das Competências Emocionais

A Escala de Avaliação das Competências Emocionais (Alves, 2006) é a adaptação portuguesa do *Assessment of Children's Emotion Skills* (ACES – Schultz, Izard, & Bear, 2002). Esta escala é constituída por três subescalas: expressões faciais, situações emocionais e comportamentos emocionais. Na primeira subescala, é pedido à criança que identifique as expressões faciais apresentadas em fotografias de crianças do mesmo sexo e idade; na segunda subescala, é pedido que, nas situações descritas,[4] descreva como se sentiria a criança protagonista; na terceira subescala, é perguntado como se sentirão as crianças que apresentam determinados comportamentos[5]. Para todas as subescalas, as alternativas possíveis de resposta são cinco: alegria, tristeza, medo, zanga e normal. A partir das emoções correctamente assinaladas nas três subescalas, foi criado uma nota global de conhecimento emocional, que revelou uma consistência interna de dimensão razoável (alpha=0.70). Esta nota não revelou diferenças em função do género das crianças, mas revelou uma associação significativa com o número de anos de escolaridade da mãe (r=.34, p<.01).

Procedimento

As entrevistas foram realizadas individualmente, garantindo a confidencialidade das informações recolhidas. Antes da apresentação das histórias, era dito à criança que não existiam respostas certas nem erradas e que a *Entrevista* não tinha qualquer carácter de avaliação com propósitos escolares.

Após a apresentação de cada início de história, o entrevistador colocava à criança sete questões pela ordem estabelecida no Manual de Administração da *Entrevista*. A criança deveria contar como se sentem as personagens em dois momentos distintos (antes e depois da intervenção parental), o que fazem e como acaba a história. Se a criança hesitasse em responder, era encorajada a continuar através de questões abertas, usadas para facilitar a sua narrativa, seguindo-se os procedimentos da entrevista semi-estruturada.

Aquando da administração da *Entrevista*, as crianças completavam primeiro as 10 histórias referentes a uma das figuras parentais (e.g., à materna) e depois as 10 histórias referentes à outra figura parental (e.g., à paterna), tendo-se optado por uma apresentação balanceada das situações. Cada criança elaborou no total 20 narrativas. A administração da *Entre-*

---

[4] Por exemplo, "Os pais do Manuel estão a discutir no quarto e ele ouve-os gritar."

[5] Por exemplo, "A Joana não tem vontade de brincar no recreio e fica sentada sozinha."

vista demorou uma média de 60 minutos, sendo todo o procedimento gravado em áudio para, posteriormente, se proceder à transcrição, análise e codificação das narrativas construídas pelas crianças. De um modo geral, estas manifestaram bastante interesse na elaboração das narrativas, mantendo-se envolvidas na tarefa, revelando-se a *Entrevista* um instrumento de fácil administração.

Ou antes ou depois da *Entrevista* (de forma aleatória), as crianças responderam ainda à Escala de Avaliação das Competências Emocionais, tendo-se alternado também a ordem de cada subescala apresentada.

Foi pedido às professoras que respondessem à Escala de Avaliação da Competência Social para cada uma das crianças que participaram no estudo.

Resultados

Vejamos, em primeiro lugar, o que pensam as crianças acerca do comportamento das figuras parentais, como as representações face às figuras materna e paterna se relacionam e qual a relação com a escolaridade das mães (Quadro 3).

Quadro 3: Representação dos comportamentos de afecto e disciplinares relativamente às figuras materna e paterna, correlação entre estas duas representações e correlação entre representações e anos de escolaridade das mães

	Mãe (%)	Pai (%)	Pai/Mãe	Escolaridade da Mãe
Comportamentos de afecto				
Rejeição	39.5	40.7	.81***	-.32*
Neutralidade	19.0	18.3	.68***	.40**
Aceitação	41.5	41.0	.71***	-.01
Comportamentos disciplinares				
Punição física	6.1	6.6	.62***	-.28*
Punição não física	24.7	24.9	.75***	-.21
Instrução directa	19.2	19.5	.76***	.44**
Indução	7.5	8.1	.63***	.28*
Não confronto	42.5	40.9	.75***	-.19

*p<.05; **p<.01; ***p<.0005

De uma forma geral, as respostas das crianças dividem-se de forma mais ou menos homogénea entre as percepções de rejeição e de aceitação por parte das figuras parentais, sendo as repostas neutras em número inferior. Relativamente aos comportamentos disciplinares, é interessante verificar que a categoria percebida mais frequentemente pelas crianças é a que se reporta às acções não confrontativas, que poderíamos entender como congruentes com um estilo educativo permissivo. Seguem-se as acções de carácter punitivo intermédio – punição não física e instrução directa –, sendo a punição física e a indução as categorias menos referidas pelas crianças.

De uma forma geral, as narrativas dos rapazes e das raparigas não se diferenciam e existe uma correlação elevada entre as percepções que as crianças têm das figuras paterna e materna. Verifica-se ainda que, dos oito comportamentos, cinco apresentam correlações estatisticamente significativas com a escolaridade materna, revelando que a um aumento de escolaridade está associado um menor número de comportamentos de rejeição e de punição física, bem como um maior número de comportamentos afectivamente neutros, de instruções directas e de induções.

Num segundo momento, foi analisada a estrutura da narrativa elaborada pela criança ao nível das emoções (coerência emocional), do encadeamento lógico dos conteúdos (coerência narrativa) e da conclusão proposta pela criança para aquela história (Quadro 4).

Quadro 4: Coerência e conclusão das narrativas elaboradas para a figura materna e para a figura paterna, correlação entre estas duas representações e correlação entre representações e anos de escolaridade das mães

	Mãe (%)	Pai (%)	Pai/Mãe	Escolaridade da Mãe
Coerência emocional				
Incoerência emocional	21.0	20.9	.64***	-.28*
Evitamento das emoções positivas	11.9	12.9	.70***	-.14
Evitamento das emoções negativas	7.6	5.4	.52***	-.13
Coerência emocional	59.5	60.8	.70***	.39**
Coerência narrativa				
Resolução bizarra	1.4	1.7	.80***	-.13
Não resolvido	26.4	23.5	.76***	-.43**

Resolução mágica	10.3	9.7	.48***	-.01
Coerência narrativa	61.9	65.1	.75***	.40**
Conclusão da narrativa				
Conclusão negativa	8.8	8.0	.67***	-.24
Conclusão neutra	16.1	18.8	.27*	-.25
Conclusão positiva	75.1	73.2	.45***	.37**

*p<.05; **p<.01; ***p<.0005

A maior parte das narrativas elaboradas pelas crianças são avaliadas como possuindo coerência, tanto do ponto de vista emocional, como do ponto de vista do encadeamento dos acontecimentos, apresentando uma conclusão positiva. No entanto, há uma percentagem significativa de narrativas cotadas como incoerentes.

Mais uma vez, não há diferenças nas narrativas realizadas por rapazes e por raparigas. Na medida em que as narrativas realizadas face à figura paterna e à figura materna se correlacionam de forma significativa, passaremos a considerar, nas análises seguintes, uma única variável decorrente da média destes dois tipos de valores. A escolaridade materna aparece associada positivamente à coerência emocional, à coerência narrativa e à conclusão positiva e negativamente correlacionada com a incoerência emocional e as situações não resolvidas.

Tendo em vista a procura de evidência empírica para a proposição segundo a qual as representações que possuímos da realidade circundante determinam a forma como a interpretamos e como interagimos com os outros, foram analisadas as correlações entre o conteúdo narrativo e a estrutura narrativa, por um lado, e a competência social (habilidades sociais, problemas de comportamento e competência académica) e o conhecimento emocional, por outro. Na medida em que estas variáveis se correlacionam com o nível de escolaridade das mães, procedemos ao cálculo das correlações parciais, controlando o efeito da escolaridade materna. Verificamos que o conteúdo narrativo (comportamentos de afecto e comportamentos disciplinares) apenas se correlacionava com a escala de habilidades sociais numa direcção coerente com a investigação: negativamente com as representações de rejeição (r=-.27, p=.04) e punição física (r=-.43, r=.001) e positivamente com as representações de neutralidade (r=.34, p=.01), instrução directa (r=.44, p=.001) e indução (r=.31, p=.02). Em

Intervenção com Crianças, Jovens e Famílias

relação à estrutura narrativa, aparecem associações consistentes, tanto com a competência social, como com o conhecimento emocional (Quadro 5).

Quadro 5: Correlações entre estrutura narrativa e competência social
e conhecimento emocional, depois de controlar a escolaridade materna

	Habilidades sociais	Problemas de comportamento	Competência académica	Conhecimento emocional
Incoerência emocional	-.38**	.26*	-.37**	-.29*
Coerência emocional	.32*	-.32*	.36**	.35**
Não resolvido	-.34**	.28*	-.36**	-.40**
Coerência narrativa	.37**	-.31*	.38**	.35**
Conclusão positiva	.36**	-.09	.27*	.21
Conclusão negativa	-.29*	.24	-.18	-.27*

*p<.05; **p<.01

Os indicadores de coerência emocional e narrativa relacionam-se de forma significativa com as medidas de habilidades sociais, problemas de comportamento (negativamente), competência académica e conhecimento emocional.

Discussão dos resultados

Os resultados deste estudo revelam que as crianças de idade escolar, sem qualquer dificuldade assinalável do ponto de vista cognitivo, conseguem elaborar narrativas nas quais revelam as suas expectativas face ao que um pai e uma mãe fariam em situações de maior vulnerabilidade para a criança. Grande parte das crianças é capaz de elaborar narrativas coerentes, tanto do ponto de vista da organização das emoções, como do ponto de vista do desenrolar dos acontecimentos e encontrar um final positivo para aquela situação de conflito ou vulnerabilidade. Apesar de estes resultados, só por si, serem interessantes, cumpre-nos perguntar qual a relevância do estudo deste tipo de pensamento ou de representação.

Esta questão leva-nos a dois tipos de reflexões: a primeira diz respeito à relação entre as representações das crianças e a actuação parental e a segunda refere-se à possível tradução das representações em interpreta-

Concepções de Parentalidade: O Ponto de Vista das Crianças   39

ções (das situações sócio-emocionais) e comportamentos sociais das próprias crianças.

Qual a relação entre as representações das crianças e as interacções com os próprios pais? Este estudo não permite qualquer tipo de evidência a este propósito, já que não interrogámos os pais, nem procedemos a uma observação directa destas interacções. Porém, as representações internas não são construídas isoladamente, são estruturas fundamentalmente inter -pessoais, que emergem no contexto das representações significativas. Assim, as representações acerca das figuras parentais serão construídas fundamentalmente no contexto das interacções com os próprios pais. Neste estudo, as crianças, ao construírem as suas narrativas, fizeram-no com base em situações hipotéticas, que minimizassem a probabilidade de resistência pessoal e contaminação por desejabilidade social. Os entrevistadores tiveram, também, a possibilidade de verificar informalmente que muitas crianças se projectavam naquelas situações, fazendo referência aos próprios pais. Existe todo um corpo de investigação que sugere que as representações das crianças acerca das figuras significativas não só estão fortemente relacionadas com o comportamento parental (Solomenica- -Levi, Yirmiya, Erel, Samet, & Oppenheim, 2001), como também tendem a ser mais fiáveis, precisas e relevantes do que as respostas dos pais, quando interrogados acerca do seu comportamento (Durning & Fortin, 2000). Além disso, alguns estudos mostram ainda que as representações das crianças são um melhor preditor dos resultados desenvolvimentais do que o próprio comportamento parental (Deater-Deckard & Dodge, 1997).

Estes resultados remetem-nos para a segunda reflexão: a relação entre as representações, o conhecimento emocional e a competência social. Cumpre salientar que os conteúdos narrativos apenas se relacionam com as habilidades sociais, mas de uma forma expectável, de acordo com a investigação sobre a relação entre comportamento parental e competência social das crianças. De facto, as crianças que representam as figuras parentais como rejeitantes e punitivas apresentam habilidades sociais mais baixas, enquanto as crianças que representam as figuras parentais de uma forma neutra e como utilizando comportamentos de baixa ou nenhuma afirmação do poder, apresentam habilidades sociais mais elevadas.

É ao nível da estrutura narrativa que os resultados deste estudo se revelam mais interessantes, na medida que a relação com o conhecimento emocional e todas as facetas da competência social apresentam relações mais consistentes. Parece que é a estrutura, mais do que o conteúdo da narrativa, que determina a forma como a criança lê as situações emocionais e interage socialmente.

Através das narrativas, a criança pode elaborar e organizar de forma coerente e lógica os diversos episódios das suas experiências pessoais, o que lhe vai permitir aceder aos "porquês" do comportamento dos indivíduos e assim organizar a compreensão do ecossistema social (Wahler & Castlebury, 2002). A forma como as crianças elaboram e organizam, quer em termos emocionais, quer em termos narrativos, as diversas situações que lhes são apresentadas nos inícios de histórias, poderá traduzir um padrão de organização da sua compreensão das relações com os outros e do modo como negoceiam as interacções sociais (Wahler & Castlebury, 2002). Mais do que o conteúdo, importa o significado que a criança atribui ao mesmo e a sua capacidade para o organizar e integrar. Os investigadores têm reconhecido a importância adaptativa da narrativa da criança como forma de atribuir significado à experiência e partilhá-lo com os outros (Warren, Oppenheim, & Emde, 1996). O acto de construir histórias surge, assim, como um processo humano natural, que ajuda o indivíduo a compreender-se a si próprio e às suas experiências, através da integração de pensamentos e sentimentos (Pennebaker & Seagal, 1999). Face à escassez de referências na literatura que nos permitam apoiar a importância da estrutura narrativa, teremos que nos debruçar, de uma forma mais aprofundada, sobre esta questão em estudos posteriores.

Finalmente, a nossa linha de investigação terá de continuar, inevitavelmente, no sentido de analisar as representações das crianças em risco ou integradas em contextos de risco. Aqui, existe já um corpo considerável de investigação realizada, sobretudo, no contexto anglo-saxónico. As crianças maltratadas constroem narrativas em que os temas de agressão, negligência, sexualidade e de auto-desvalorização são mais frequentes (Buchsbaum, Toth, Clyman, Cicchetti, & Emde, 1992) e que traduzem representações mais negativas acerca das suas figuras parentais e acerca de si (Toth, Cicchetti, Macfie, & Emde, 1997). Cumpre, agora, investigar esta problemática no contexto português.

REFERÊNCIAS BIBLIOGRÁFICAS

ALVES, D. (2006). *O emocional e o social na idade escolar. Uma abordagem dos preditores da aceitação pelos pares*. Tese de Mestrado não publicada. Faculdade de Psicologia e de Ciências da Educação da Universidade do Porto, Porto.

ASHMORE, R., & Brodzinsky, D. (1986). Introduction: thinking about the family. In R. Ashmore & D. M. Brodzinsky (Eds.), *Thinking about the family: views of parents and children*. Hillsdale: LEA, Publishers.

BOWLBY, J. (1969). *Attachment and loss: Attachment*. New York: Basic Books.

BRETHERTON, I. (1987). New perspectives on attachment relations: security, communication, and internal working models. In J. Osofsky (Ed.), *Handbook of infant development* (pp. 1061-1100). New York: John Wiley & Sons, Inc.

BRETHERTON, I. & Oppenheim, D. (2004). The MacArthur Story Stem Battery: development, administration, reliability, validity and reflections about meaning. In R. Emde, D. Wolf & D. Oppenheim (Eds.), *Revealing the inner worlds of young children: The MacArthur Story Stem Battery and parent child narratives*. Oxford: Oxford University Press.

BRETHERTON, I., Oppenheim, D., Buchsbaum, H., Emde, R., & the MacArthur Narrative Group (1990). *The MacArthur Story Stem Battery*. Manual não publicado.

BUCHSBAUM, H., Toth, S., Clyman, R., Cicchetti, D., & Emde, R. (1992). The use of a narrative story stem technique with maltreated children: Implications for theory and practice. *Development and Psychopathology, 4*, 603-625.

Carlson, E., Sroufe, A., & Egeland, B. (2004). The construction of experience: a longitudinal study of representation and behavior. *Child Development, 75*, 66-83.

CHUANG, J. (2001). Agreement between categorical measurements: Kappa statistics. Disponível em http://www.dmi.columbia.edu/homepages/chuangi/ /kappa/calculator.htm.

CUSTÓDIO, S. (2005). *O pais como figuras de afecto e de disciplina. Um olhar sobre as representações das crianças de idade escolar acerca das figuras parentais. Tese de Mestrado não publicada. Faculdade de Psicologia e de Ciências da Educação da Universidade do Porto, Porto.*

CRUZ, O. (2005). *Parentalidade*. Coimbra: Quarteto.

DEATER-DECKARD, K., & Dodge, K. (1997). Externalizing behaviour problems and discipline revisited: nonlinear effects and variation by culture, context, and gender. *Psychology Inquiry, 8*, 161-175.

DURNING, P., & Fortin, A. (2000). Les pratiques éducatives parentales vues par les enfants. *Enfance, 52*, 375-391.

GRESHAM, F., & Elliott, S. (1990). *Social Skills Rating System manual*. Circle Pines: American Guidance Service.

LEMOS, M., & Meneses, H. (2002). A avaliação da competência social: versão portuguesa da forma para professores do SSRS. *Psicologia: Teoria e Pesquisa, 18*, 267-274.

McDOWELL, D., Parke, R., & Spitzer, S. (2002). Parent and child cognitive representations of social situations and children's social competence. *Social Development, 11*, 469-486.

NIEC, L., & Russ, S. (2002). Children's internal representations, empathy, and fantasy play: a validity study of the SCORS-Q. *Psychological Assessment, 14*, 331-338.

PENNEBAKER, J., & Seagal, J. (1999). Forming a story: The health benefits of narrative. *Journal of Clinical Psychology, 55*, 1243-1254.

REID, M., Ramey, S., & Burchinal, M. (1990). Dialogues with children about families. *New Directions for Children Development, 48*, 5-27.

ROBINSON, J., Mantz-Simmons, L., Macfie, J., Kelsay, K., & the MacArthur Narrative Working Group (2001). *MacArthur Narrative Coding Manual*. Manuscrito não publicado.

ROHNER, R., Bourque, S., & Elordi, C. (1996). Children's perceptions of corporal punishment, caretaker acceptance, and psychological adjustment in a poor, biracial southern community. *Journal of Marriage and the Family, 58*, 842-852.

SCHULTZ, D., Izard, C., & Bear, G. (2004). Children emotion processing: relations to emotionality and aggression. *Development & Psychopathology, 16*, 371-387.

SOLOMENICA-LEVI, D., Yirmiya, N., Erel, O., Samet, I., & Oppenheim, D. (2001). The associations among observed maternal behaviour, children' narrative representations of mothers, and children' behaviour problems. *Journal of Social and Personal Relationships, 18*, 673-690.

TOTH, S., Cicchetti, D., Macfie, J., & Emde, R. (1997). Representations of self and other in the narratives of neglected, physically abused, and sexually abused preschoolers. *Development and Psychopathology, 9*, 781-796.

WAHLER, R., & Castlebury, F. (2002). Personal narratives as maps of the social ecosystem. *Clinical Psychology Review, 22*, 297-314.

WALDINGER, R., Toth, S., & Gerber, A. (2001). Maltreatment and internal representations of relationships: Core relationship themes in the narrative of abused and neglected preschoolers. *Social Development, 10*, 41-59.

WARREN, S., Oppenheim, D., & Emde, R. (1996). Can emotions and themes in children's play predict behavior problems? *Journal of the American Academy of Child and Adolescent Psychiatry, 34*, 13.

QUANDO A PARTICIPAÇÃO DAS CRIANÇAS FAZ PARTE DO PROCESSO DE INTERVENÇÃO: O CASO DO MOVIMENTO NACIONAL DE MENINOS E MENINAS DE RUA

Verônica Müller / Catarina Tomás
Universidade Estadual de Maringá (Brasil)
e Universidade do Minho (Portugal)

Quando a participação das crianças faz parte do processo de intervenção. O caso do Movimento Nacional de Meninos e Meninas de Rua

No texto em questão, iremos reflectir sobre a participação das crianças nas intervenções a favor da infância, contextualizando a discussão no âmbito dos movimentos sociais em geral, direccionando o olhar para os movimentos sociais de crianças e abordando, mais especificamente, o Movimento Nacional de Meninos e Meninas de Rua (MNMMR) do Brasil, como ilustração do elo entre a teoria e a prática.

Movimentos sociais de antes e de agora

Neste novo século, alguns dos objectivos e promessas da modernidade continuam por atingir e cumprir e outros reptos se adivinham, para os quais as soluções actualmente apresentadas e adoptadas, não o satisfazem nem cumprem. No entanto, face a um cenário complexo sobre a situação mundial da infância e as dificuldades que se apresentam aos diversos Estados na promoção e garantia dos Direitos das Crianças (DC), desenvolve-se, no espaço-tempo mundial, uma cultura de resistência. Há princípios alternativos face às estruturas e às práticas político-jurídicas hegemónicas, o que B. S. Santos denomina *política e legalidade cosmopolita subalterna*, que se caracterizam por dois processos fundamentais: a globalização contra-hegemónica, que é a acção colectiva "que opera através de redes transnacionais de ligações locais/nacionais/globais" e as lutas locais ou nacionais (2005, p. 8). No que diz respeito à infância e às crianças, e recuperando a sistematização elaborada por Santos (2001) relativa aos modos de produção da globalização, podemos afirmar que existe, ainda que incipientemente, um espaço de luta pelos DC: o *cosmopolitismo infantil*[1] (Tomás & Soares, 2004). Esta forma de globalização contra-hegemónica é um projecto onde confluem várias lutas, projectos, actores, pluralidades e diversidades, na maioria das vezes, colaborativas entre si, que o autor denomina *cosmopolitismo subalterno* ou *cosmopolitismo dos oprimidos*. Sendo um projecto plural, cultural, político e social, este conceito "prende-se com expectativas sociais e implica a identificação de grupos sociais cujas aspirações são negadas ou tornadas invisíveis pelo uso hegemónico do conceito e podem ser servidas por um uso alternativo deste" (Santos, 2003c, pp. 28-29).

Podemos considerar que já existe um movimento de luta pelos DC, que se revê, por um lado, no papel e em diferentes repertórios de acção desempenhados por diversas organizações, grupos religiosos, programas governamentais, programas privados, áreas científicas, entre outras. Por outro lado, revê-se na acção de actores sociais de mudança, como o Fórum Social Mundial e os movimentos sociais, e em iniciativas como a Marcha Global[2]. Uma das críticas feitas a estes reportórios e actores prende-se com o facto de as ONG terem um papel importante, sobretudo para resolverem situações de emergência. Contudo, alguns autores alertam para o efeito da privatização da acção pública e decorrente desresponsabilização

---

[1] Ainda que se encontre numa fase incipiente, consideramos o cosmopolitismo infantil como um movimento transnacional de luta pelos DC, que se revê no papel desempenhado por organizações internacionais como *UNICEF*, *Childwatch International*, *International Save the Children Alliance*, Unesco, *Defense of Children International*, *Global Movement for Children* (GMC), PLAN, *World Vision International*, *Alliance of Youth CEOs,* entre outras. Reflecte-se ainda em lutas, experiências e iniciativas como o Fórum Social Mundial, onde decorreu a iniciativa do Grupo de Trabalho sobre DC num Mundo Globalizado (CR4WSF), em 2004.

[2] A Marcha Global Contra o Trabalho Infantil surgiu a partir de um encontro de 27 entidades da sociedade civil das Américas, Europa, Ásia e África, em Haia – Holanda, nos dias 22 e 23 de Fevereiro de 1997 com o objectivo de conceber e estruturar um movimento mundial de sensibilização da sociedade para o tema "trabalho infantil".

da esfera estatal e ainda para a instrumentalização das ONG pelas organizações internacionais, pelos governos e pelas grandes empresas.

Os processos de transformação que a globalização está a gerar estão a provocar erosão nas formas institucionais tradicionais e desencadearam uma potente reestruturação social que, por sua vez, afecta a estrutura social e produz novas mobilizações sócio-políticas impulsionadoras e portadoras de novos valores: o surgimento de movimentos sociais com características próprias da actualidade. Parece-nos pertinente incluir aqui os movimentos de defesa dos direitos da criança (MDDC) e os movimentos sociais de crianças (MSC), que são processos de mobilização de cidadanias (Tejerina, 2003).

Podemos mesmo afirmar que as reivindicações das identidades têm sido feitas, sobretudo no que diz respeito à infância e às crianças, a partir do discurso dos DC, e são realizadas fundamentalmente pelas ONG e por organizações transnacionais, por movimentos sociais e por algumas áreas de investigação (por exemplo, a Sociologia da Infância, a Pedagogia, entre outras).

O estudo dos movimentos sociais[3] apresenta-se, hoje, como uma temática importante, dado o desenvolvimento e as especificidades que assumiram nas últimas décadas. Eles surgem mesmo como uma das principais formas de expressão da consciência crítica das sociedades e da sua capacidade de agir.

Nas décadas posteriores à II Guerra Mundial, os principais movimentos sociais situavam-se na arena política: os Movimentos de Paz e Desarmamento Nuclear, os Movimentos dos Direitos Civis, o Movimento da Libertação das Mulheres e o Movimento Ecológico são exemplos clássicos desse período. Segundo B. S. Santos, na década de 70, os Movimentos Sociais (MS), sobretudo o estudantil e o feminista, contestavam o contrato social vigente que, segundo eles, excluía mais do que incluía. Nos

---

[3] Neste texto, assume-se a definição de movimento social de B. Tejerina como o "resultado de uma acção colectiva constituída por um conjunto de interacções formais e informais, que são levadas a cabo por uma pluralidade de indivíduos, colectivos e grupos organizados, que compartem entre si, em maior ou menor grau, um sentimento de identidade colectiva ao entrar em conflito com outros agentes sociais ou políticos, pela apropriação (de), participação (em) ou transformação das relações de poder ou as metas a alcançar, mediante a mobilização de determinados sectores da sociedade (2001, cit. in Tejerina, 2003, p. 21).

países europeus, a partir de 1975, verifica-se a retracção do Estado e a domesticação da participação popular, através de políticas restritivas da participação, baseadas numa concepção individualista da sociedade civil. Na década de 80, assiste-se ao desenvolvimento dos três pilares do neoliberalismo e da globalização neoliberal: privatização, "mercantilização" e liberalização (2005, p. 12).

É a partir dos anos 60/70 do século XX que surgem novos actores nas reivindicações, representando uma tentativa de substituição da acção radical ou complementada por uma acção mais profissional e institucional dos movimentos sociais (Tejerina, 2005). São os Novos Movimentos Sociais (NMS), ao lado dos velhos, como os movimentos operários e sindicais, os movimentos de bairro, os movimentos ligados às questões agrárias; o movimento democrático, "as lutas das minorias ou dos "sem" – sem papéis, sem moradia, sem trabalho" (Dubet, 2003, p. 39). Assumem-se como uma luta económico-política, reivindicando uma outra globalização (Santos, 2001; Estanque, 2005), que tem a sua imagem mais marcante no Fórum Social Mundial, como uma iniciativa mais institucional e em todos os outros Fóruns temáticos.

A emergência histórica dos velhos movimentos sociais teve lugar no quadro do moderno Estado-Nação e, de certa forma, eles surgiram como uma resposta aos excessos mercantilistas e despóticos do capitalismo liberal (Estanque, 2005). No caso dos novos movimentos sociais, a espacialidade de referência é o espaço das vítimas, do género ou do ecocídio (ibid.). Para além disso, os movimentos sociais consideravam as suas propostas com base em ideologias, no sentido do discurso com pretensões de coerência global. No entanto, os movimentos pela solidariedade operam com sistemas de crenças mais difusos, menos ideológicos, mas apresentam um conjunto de convicções críticas face à sociedade existente.

Os denominados Novos Movimentos Sociais (NMS) parecem assumir formas de contestação diferentes das que caracterizavam os movimentos sociais até à altura. Caracterizam-se, sucintamente, de acordo com Duarte (2004), pela ruptura com os tradicionais códigos binários (direita/ /esquerda) e por não se basearem em categorias sócio-económicas (operariado/burguesia). A construção da identidade colectiva faz-se não pela influência das estruturas sociais, mas de acordo com os próprios interesses representados nas lutas e giram em torno do reconhecimento das suas identidades de carácter étnico (movimento negro; movimento indígena), de género (mulheres, minorias sexuais), geração (crianças, jovens, velhos), diferenças físicas e mentais (movimentos pela inclusão de pessoas com deficiência), entre outros. São movimentos que se tipificam por serem transclassistas, por politizarem novas esferas e criarem uma identidade colectiva: "os participantes das acções colectivas como actores sociais" (Gohn, 2002, cit. in Duarte, 2004, p. 2).

As organizações e os grupos que configuram estas novas formas emergentes de movimentos sociais actuam no âmbito da solidariedade com os sectores menos favorecidos ou marginalizados das sociedades actuais, como é o grupo social da infância. Através de um rápido mapeamento, podemos afirmar que não são todos idênticos, não fazem a mesma luta, não visam os mesmos objectivos, nem a sua acção é semelhante. Podemos ainda afirmar que a identidade dos MSC é ainda incipiente, algo difusa e débil e que há ainda pouca bibliografia e escassos estudos sobre MSC. Face à impossibilidade e indesejabilidade de elaborar uma teoria geral, que considere globalmente todos os movimentos e práticas em todas as áreas temáticas, é necessário, segundo B. S. Santos:

> criar condições para a inteligibilidade recíproca entre movimentos, através de metodologias próximas da tradução. Metodologias que permitam detectar o que há de comum e de diferente entre os diferentes temas, movimentos e práticas para identificar os pontos e modos de articulação, sem perda de identidade e de autonomia de nenhum deles (2003b, pp. 6-7).

Grupos de Acção Colectiva e Movimentos Sociais de Crianças: desafios e oportunidades

A temática da importância de um trabalho de parceria em prol da infância insere-se numa outra mais ampla, actualmente em curso, que está relacionada com a questão da contratualização das relações sociais, laborais, da parceria entre Estado e as organizações sociais. Esta contratualização terá de ser fundada na ideia moderna de contrato social, em que os vínculos contratuais possuem estabilidade, o que não acontece actualmente, e baseada no reconhecimento do conflito e da luta como elementos estruturais do pacto social.

A questão que se coloca agora é a de saber qual a participação das diversas associações e MSC na construção de um *saber solidário* e pensar outras formas de globalização e de democracia, através de discursos e práticas diferenciadas dos discursos e práticas dominantes e que se realizam a três níveis: local, a partir da acção das crianças e das crianças com os adultos, ou seja, há reivindicações e lutas de base local para garantir direitos e espaços para tomada de decisões; nacional, que se traduz em campanhas, alianças e/ou coligações, de forma a mobilizar a opinião pública para as suas reivindicações; e global, através de alianças com outros movimentos e instituições a nível transnacional.

As respostas transnacionais, isto é, a tentativa de diálogo com organizações congéneres à escala mundial, regista-se ao nível dos movimentos de crianças e jovens trabalhadoras, como o caso dos ProNats[4]. É um dos poucos exemplos de uma acção concertada em prol das crianças trabalhadoras e dos seus direitos. A nível nacional e local, a acção faz-se no sentido da luta por melhores condições de vida, pelo trabalho, pela dignidade, combatendo a exclusão social e as lógicas dominantes. E, nestas lutas, encontramos as crianças e a sua acção colectiva, que não pode ser analisada em modelos assentes em análises lineares e passíveis de generalização. Até porque muita da acção das crianças faz-se na escala local. É nela que podemos perceber e identificar redes de acções estratégicas, construtivas e transformadoras da realidade das crianças e da infância. E porque funcionam a uma escala particular e local, acabam por estar "aprisionadas em escalas que as incapacitam de serem alternativas credíveis ao que existe de modo universal ou global [lógica da escala dominante]" (Santos, 2003b, p. 745). Para Estanque (1999), as lutas e os protestos continuam a inscrever-se numa lógica local, em contextos especializados, apesar da globalização levar a cabo uma erosão da ideia tradicional de local.

Apesar de os MSC serem um fenómeno recente, têm assumido publicamente uma crescente importância nos discursos políticos e nas ONG, porque se considera a participação das crianças, mesmo que na maioria das vezes simbólica, como algo de fundamental para a própria mudança social. Por conseguinte, a dimensão pública dos MSC tem de ser considerada, até mesmo porque os movimentos sociais se encontram submergidos nessa luta simbólica. E ao colocarem publicamente os seus problemas e apresentarem propostas de acção e de reivindicação dos seus direitos, conferem-lhes uma dimensão política e um estatuto de questões políticas legítimas.

---

[4] O primeiro encontro Internacional dos Movimentos de Crianças Trabalhadoras ocorreu em Kundapur (Índia), em 1996. A partir dessa data realizaram-se outros encontros intercontinentais, de carácter informal, por exemplo, em Huampaní (Peru) e Dakar (Senegal). O segundo encontro internacional ocorreu, em 2004, em Berlim (Alemanha).

Não pretendemos identificar todos os movimentos que, directa ou indirectamente, se associem à luta pelos direitos das crianças, tarefa quase impossível, nem a construção de uma teoria global, porque nenhuma teoria, ou teorias unificadas, poderá traduzir a diversidade de movimentos. Cada movimento terá de ser objecto de reflexão e de uma eventual adaptação às realidades históricas de cada país ou lugar por parte das diferentes organizações e movimentos interessados (Santos, 2003).

Neste caso, vamos olhar mais detalhadamente o Movimento Nacional de Meninos e Meninas de Rua (MNMMR). É uma ONG, fundada em 1985, com o objectivo de defesa dos direitos de crianças e adolescentes do Brasil, centrando a sua actividade de intervenção directamente com meninos e meninas em situação de risco social. Segundo o próprio MNMMR (2002), é uma:

> organização social que tem por objetivo a defesa dos direitos da infância e da adolescência. É um movimento de natureza política, social e cultural (…). O MNMMR é um movimento que se fundamenta na dimensão dos direitos humanos e no conceito de cidadania. Fazem parte do MNMMR adultos voluntários em todo o país, que se dispõem a atuar nesta temática, e meninos e meninas das classes populares.

Os seus militantes participam activamente na elaboração de legislações e na formulação de políticas públicas para o grupo social da infância. É uma organização com expressão nacional, possui uma sede e uma coordenação nacional, com recursos (escassos) para o seu funcionamento, viabilizados através de projectos junto de agências de financiamento (principalmente internacionais), com um conselho nacional directivo, composto por representantes das coordenações estaduais, que trabalham para congregar as comissões locais (municipais), como podemos observar pela figura 1.

A orientação do MNMMR baseia-se no princípio de que crianças e adolescentes são sujeitos de direitos legítimos, que devem participar de decisões sobre a sua vida e ser tratados como cidadãos. Procura criar na sociedade as condições para que crianças e adolescentes possam expressar e exercer seus direitos. O MNMMR procura alterar a realidade, através de quatro projectos básicos: a) a Conquista e Defesa de Direitos, com três áreas de actuação: panorama legal, políticas públicas e a defesa contra as violações; b) o Fortalecimento do Movimento; c) a Formação de educadores e d) a Organização de Meninos e Meninas. Esta última é a principal linha de acção do movimento, que tem duas finalidades maiores: a educação para a cidadania e o desenvolvimento de formas colectivas de solidariedade. Segundo o MNMMR, "a proposta pedagógica é embasada nos princípios da educação popular, que pressupõe o protagonismo das crianças e dos adolescentes. É nos Núcleos de Base que os meninos e meninas podem debater a condição social de excluídos, adquirir conhecimentos, consciência de seus direitos e de como exercê-los, elaborar soluções alternativas para suas vidas, além de inventar, desenhar e construir formas organizativas próprias que são reconhecidas pelo movimento".

Figura 1: Organização do MNMMR – Brasil

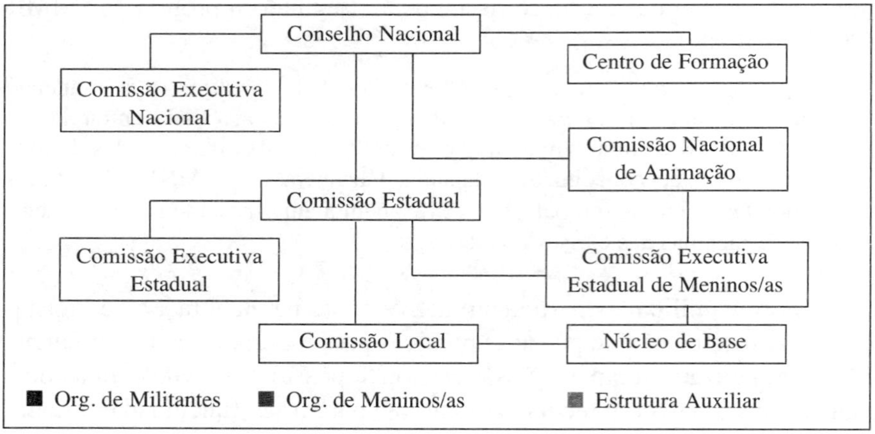

Fonte: http://www.geocities.com/CapitolHill/3385/org.htm

O Brasil, sobretudo a partir da década de 80 do século passado, foi marcado pela participação social e política da sociedade que, neste contexto, também teve um forte desenvolvimento de acções colectivas a favor da infância. Grandes campanhas de denúncia da situação da infância brasileira, nomeadamente a existência dos meninos de rua e do tráfico de crianças, contribuíram para um aumento da visibilidade dos problemas das crianças. O surgimento do MNMMR representa a indignação de vários sectores da sociedade ante a situação de injustiça cometida contra as crianças e adolescentes e também a consciência de que a luta contra o abandono da infância devia ser politicamente organizada. Segundo Silvestre e Custódio (2004), este Movimento contou com a mobilização social feita por várias representações profissionais, mas principalmente por educadores sociais e os meninos e meninas em situação de/na rua para reivindicar **vez** e **voz** na defesa de seus direitos.

Falar de "meninos de rua" suscita uma discussão conceptual, a que não vamos proceder aqui, mas a sua referência é fundamental para entender a heterogeneidade desta categoria[5]. De acordo com Sebastião, a expressão crianças de rua é por si só complexa e é um fenómeno social que se integra "nesse leque de situações que não se enquadram nas concepções dominantes de infância/adolescência. A utilização desta expressão faz-se apenas por razões de ordem prática, implicando sempre a sua crítica e clarificação sociológica" (1995, p. 1). Uma maneira de referir-se a essas "crianças na rua", "em situação de rua" ou em "situação de risco social" pode ser a de Müller e Marques (2005, p. 3) que, escrevendo sobre sua experiência, observam nas crianças um conjunto de características: fome, corpo sem cuidados, trabalho precoce, violência doméstica, necessidade de afecto, higiene vista como forma de beleza, escola como obrigação, corpo solto nos jogos, rótulo e estigmatização por viverem no Santa Felicidade[6]. O corpo é, assim, considerado como fronteira entre as crianças e o mundo exterior (Elias, 1990). Precisamente porque o corpo das crianças está exposto, em graus diversos, elas sofrem vários riscos e perigos, já que estão nos semáforos da cidade a pedir dinheiro, prostituem-se, snifam cola, etc. O corpo é confrontado com o risco, a emoção, o sofrimento, as feridas e, às vezes, a morte. Como afirma Bourdieu, é "obrigado a levar o mundo a sério (e nada é mais sério do que a emoção, que atinge o âmago dos dispositivos orgânicos), ele está apto a adquirir disposições que constituem, elas mesmas, aberturas ao mundo, isto é, às próprias estruturas do mundo social de que constituem a forma incorporada" (1998, p. 168).

---

5 Segundo a UNICEF, crianças de rua são um grupo constituído por crianças e adolescentes até aos 18 anos com as seguintes características: 1. Localização em zonas urbanas; 2. Os laços familiares se existem são débeis; 3. Desenvolvem espertezas e habilidades de sobrevivência; 4. A rua é o seu habitat principal, substituindo a família como factor essencial de crescimento e socialização. A vida que nela leva está sujeita a mudanças constantes em sua trajectória para idade adulta e se deixa a rua, indo a esquadras policiais, à cadeia, a algum abrigo, à sua casa ou a um lar substituto, será apenas temporariamente, para regressar em seguida; 5. Sua condição os expõe a riscos consideráveis (1989, pp. 17--18). Para saber mais sobre o assunto, cf. Rizzini (1986, 1995) e Corona e Rizzini (2004).

6 O Bairro surgiu nos anos 80, na periferia da cidade, num período em que "a política que imperava era a de 'limpar' a cidade" (Müller & Marques, 2005, p. 9).

54 Intervenção com Crianças, Jovens e Famílias

MNMMR: uma experiência em Maringá[7]

Ante o leque de vivências acumuladas durante anos, e considerando o objectivo a que nos propusemos neste texto, o de falar da participação da criança, vamos, após uma breve introdução, contar basicamente uma experiência local para ilustrar a perseguição na prática da realização de ideais teóricos e ideológicos que sustentam a convicção de que a intervenção vale a pena.

De referir que Maringá é uma das poucas cidades médias do Brasil sem favelas. Contudo, existem loteamentos clandestinos e condomínios murados na cidade, o que nos leva a reflectir sobre os processos de segregação sócio-espacial que são, segundo Sebastião:

> típicos do desenvolvimento urbano, constituem mecanismos de exclusão social, cujos efeitos se repercutem de forma selectiva sobre determinadas zonas periféricas da cidade. As situações de exclusão fazem-se sentir aí com especial incidência, em particular através da existência de um espaço físico degradado, de extensas manchas de pobreza e processos de violência simbólica exercida sobre os seus habitantes (1998, p. 32).

O MNNMR existe em Maringá desde 1997, com uma característica particular. Nasce dentro da Universidade, como uma acção e já uma parceria do Programa Multidisciplinar de Estudos, Pesquisa e Defesa da Criança e do Adolescente (PCA), que identificava a necessidade do trabalho científico, conjuntamente com o trabalho político, nas ações de denúncias, reivindicações, entendimento das organizações sociais, intervenção

---

[7] Maringá é uma cidade situada no norte do Paraná. Foi fundada pela empresa Companhia de Melhoramentos do Norte do Paraná, em 10 de Maio de 1947, como Distrito de Mandaguari. Elevada a Município através da Lei n.° 790 de 14/11/l951, tendo como Distritos Iguatemi, Floriano e Ivatuba. A partir de l998, tornou-se sede da Região Metropolitana, integrada, além de Maringá, pelos Municípios de Sarandi, Paiçandu, Mandaguaçu Marialva, Mandaguari, Iguaraçu e Ângulo. É uma cidade de urbanização recente, planeada e muito arborizada, sendo a terceira cidade do estado em população: em 2005, a população era de 318 952 habitantes. A nível económico, a agricultura é um sector que continua a ser fundamental para o município, sobretudo as plantações de café, milho, trigo, algodão, rami (planta têxtil), feijão, amendoim, arroz, cana-de-açúcar, e principalmente, soja. O sector industrial não é tão expressivo como a agricultura, mas tem vindo a crescer, nomeadamente associado à tecelagem, confecções e agro-indústria. Actualmente, é o sector terciário que se destaca, ligado aos serviços públicos, universidade e turismo.

Quando a Participação das Crianças faz Parte do Processo de Intervenção 55

de qualidade com as crianças e a comunidade em geral, a assessoria de trabalhos sociais, etc. O PCA é um Programa que tem objectivos académicos e políticos no que tange à formação, à revisão e construção teórica e se retroalimenta com as informações que trazem os educadores do MNMMR, ao mesmo tempo que também os forma.

A acção do Movimento faz-se no contacto directo com as crianças na rua e nos espaços que crianças e adolescentes em situação de risco social frequentam, como praças, entidades, escolas e outros. Através da brincadeira, os educadores trabalham com as crianças e adolescentes os seus direitos e a importância da organização colectiva. No âmbito da participação adulta, o Movimento se faz oficialmente presente nos Conselhos Municipais, que definem as políticas da infância e adolescência a nível municipal, estadual e federal. Também é muito activo nas campanhas políticas para eleição de conselheiros tutelares, figuras fundamentais no contexto municipal para que se cumpram alguns aspectos da política municipal dos direitos infantis.

Das várias acções levadas a cabo pelo MNMMR, destacam a iniciativa de levar as crianças a participar nas conferências de crianças e adolescentes.

Conferências de meninos e meninas

As conferências são espaços de discussão de temáticas específicas, que dependem da organização popular e, por isso, em várias cidades, não ocorrem. As Conferências infanto-juvenis realizam-se em várias escalas, em nível municipal, estadual, macroregional e nacional. Funcionam em regime de oficina: arte, capoeira, música, dança, jogos cooperativos, etc., em que as crianças se inscrevem.

Em 2001, decorreu, em Maringá, a I Conferência Municipal de Meninos e Meninas, com a temática geral que se intitulava "Como vivemos e Como queremos viver". Foi promovida pelo MNMMR/Comissão Local de Maringá e pelo PCA dentro do espaço da Universidade Estadual de Maringá. As 100 crianças, dos 7 aos 17 anos, eram representantes das entidades de atendimento e de defesa de Maringá, e alguns vinham convidados directamente da rua, sem pertencer a nenhuma entidade. A sua organização contava com oficinas de actividades como fotografia, capoeira e outras. O que interessa contar, nesse momento, são detalhes do processo de realização da mesma, a começar pela definição da temática, que foi sugerida pelos(as) meninos(as) que faziam parte das actividades lúdicas e políticas sistemáticas do Movimento. Cada oficina era atendida por dois educadores, que antes tiveram uma orientação básica, dada pelos educadores do PCA e do Movimento de como proceder. Estes educadores eram alunos dos projectos do PCA e do Movimento, que já vinham tendo uma formação semanal (alguns durante dois anos ou mais) sobre a infância em geral e sobre os seus direitos.

Cada oficina começou com a Roda da Conversa, metodologia típica do Movimento, onde todos sentados em círculo têm a oportunidade de pensar, falar e ser escutados. Se esclareceram os objectivos e a discussão aconteceu. Elegeram um coordenador e um secretário para anotar o conteúdo discutido. Identificaram a realidade e fizeram propostas para a transformação da realidade local e indicaram caminhos. Depois, foram trabalhar a temática ludicamente coordenados pelos educadores. O almoço foi conjunto, no restaurante universitário e, à tarde, todos reunidos na plenária, apresentaram o resultado de sua oficina, tanto em termos corporais (como uma roda de capoeira), como técnicos (como as fotos produzidas), e uma síntese das análises sobre sua realidade e das propostas.

O documento final, a Carta de Reivindicações, foi entregue ao CMDCA (Conselho Municipal dos Direitos da Criança e do Adolescente), órgão que define e controla as políticas no município, e ao Prefeito, com cópia a cada entidade que se fez representar na Conferência.

A II Conferência decorreu em 2003 – "Minha vida… Nossa cidade pela Vida e pela Paz". O objectivo foi o de criar um espaço de participação e o "princípio do protagonismo infanto-juvenil foi o fio condutor de que eles como sujeitos de direitos pudessem contribuir na construção de sua história e da História de sua cidade". Nesta ocasião, com as crianças e adolescentes mais organizados, foram eles quem decidiram a temática da sua Conferência.

Na última conferência, participaram, aproximadamente, 400 crianças e adolescentes. Desta vez, o CMDCA já apoiou totalmente a realização da Conferência. Destinou dinheiro e constituiu uma comissão de conselheiros adultos, para darem suporte ao evento. Destacar o facto de terem sido as crianças a decidir o local onde aconteceu a Conferência. O MNMMR e o PCA apoiaram a iniciativa, mas não foram responsáveis pela realização, ou seja, a Conferência passou a fazer parte da política pública da cidade, a partir da acção das crianças. Hoje, já é lei em Maringá que, independente do partido político que ocupe o poder, o CMDCA deve promover, de dois em dois anos, a Conferência de Meninos e Meninas e também a Conferência de Direitos infanto-juvenis, que é onde eles(as) têm a oportunidade de divulgar os resultados de suas discussões, apontar caminhos, reivindicar e dialogar com as autoridades presentes sobra temas que lhes interessam. Consta da lei também que a Conferência municipal deve ser precedida de pré-conferências, onde pequenos grupos de crianças e adolescentes devam ter a oportunidade de discutir sua realidade.

Desta Conferência municipal, saem eleitos representantes adolescentes e adultos para as conferências regionais, que elegerão os representantes para a conferência nacional, organizada pelo CONANDA (Conselho Nacional dos Direitos da Criança e do Adolescente), que faz chegar ao âmbito dos Ministérios Federais a orientação que desejam os implicados (crianças e adolescentes) para as políticas nacionais para a infância e adolescência.

A base das discussões é os direitos constitucionais, ou seja, o Estatuto da Criança e do Adolescente (ECA). Entendemos que o exemplo acima mencionado reflecte o que comenta Hunts (1990), isto é, que os direitos têm a capacidade de ser elementos de emancipação. No entanto, não são um veículo perfeito, nem exclusivo, de emancipação. Só poderão ser operativos se considerados como constituintes de uma estratégia de mudança social, à medida que fizerem parte de um sentido comum emergente e desde que articulados com as práticas sociais. E, assim, o movimento social rebate a crítica infundada de que só atendem a problemas emergenciais.

A denúncia da ausência ou da não garantia de direitos das crianças é um processo constitutivo da reprodução das desigualdades de poder no espaço social. Contudo, segundo Acselrad, foi a luta social que lhes conferiu visibilidade e contestou a sua legitimidade "como toda a produção simbólica pré-figurativa, as denúncias fizeram ver o que estava não-percebido" (2004, p. 33). Além disso, o olhar dos movimentos sociais produziu a "configuração dos esquemas classificatórios, princípios de classificação, de visão e divisão do mundo social" e evidenciou o elemento diferencial de poder em jogo entre grupos sociais.

A nossa aposta na melhoria dos saberes e conhecimentos das crianças e dos adultos sobre os DC e os MSC visa contribuir para uma transição da *legitimação conformista,* para uma emergente *legitimação rebelde* (Marçal, 2002). Por outras palavras, para uma acção concertada, eficaz e inovadora, que promova, de forma efectiva, os DC e contribua para a transformação social.

As questões que dizem respeito à infância não devem ser apenas um projecto, mas uma temática que deve perdurar, que seja contínua através das acções e intervenções, pois requer uma alteração dos paradigmas dominantes.

REFERÊNCIAS BIBLIOGRÁFICAS

ACSELRAD, H. (2004). Justiça ambiental – ação coletiva e estratégias argumentativas. In H. Acselrad, S. Herculano & J. Pádua (Orgs.), *Justiça Ambiental e Cidadania* (pp. 23-39). Rio de Janeiro: Rewme Dumará.

BOURDIEU, P. (1998b). *A miséria do mundo*. Petrópolis: Editora Vozes.

DUARTE, Madalena (2004). Quando os direitos das minorias sexuais também são direitos humanos: Regulação versus Emancipação. *Oficina do CES*, *207*, 1-23.

DUBET, F. (2003). *Desigualdades Multiplicadas*. Ijuí: Editora Unijui.

ELIAS, N. (1989). *O Processo Civilizacional*. Lisboa: Publicações D. Quixote.

ESTANQUE, E. (1999). Acção colectiva, comunidade e movimentos sociais, para um estudo dos movimentos de protesto público, *Revista Crítica de Ciências Sociais, 55*, 85-111.

ESTANQUE, E. (2005). Análise de classes e desigualdades sociais em Portugal: defesa da perspectiva compreensiva. *Oficina do CES*, *221*, 1-22.

HUNTS, A. (1990). Rights and social movements: counter-hegemonic strategies, *Journal of Law and Society*, *17*, 309-328.

MARÇAL, J. (2002). O movimento dos consumidores: Entre desafios transnacionais e oportunidades locais. In J. Pureza & A. Ferreira (Orgs.), *A teia global. Movimentos sociais e Instituições* (pp. 51-74). Porto: Edições Afrontamento.

Movimento Nacional de Meninos e Meninas de Rua (2002). *Trajetória da luta em defesa da criança e do adolescente*. São Paulo: MNMMR.

MÜLLER, V., & Marques, R. (2005). El cuerpo infantil: del prejuicio a la aceptación. Un largo camino entre el centro y la periferia, *Revista Digital*, *84*, 1-9.

SANTOS, B. (2003). Poderá ser o direito emancipatório, *Revista Crítica de Ciências Sociais*, *65*, 3-76.

SANTOS, B. (2003b). A Universidade Popular dos Movimentos Sociais para Formar Activistas e Dirigentes dos Movimentos Sociais e ONGS e Cientistas Sociais, Intelectuais e Artistas dedicados à Transformação Social. Uma Proposta para Discussão. Disponível em www.ces.fe.uc.pt.

SANTOS, B. (2005). Os Novos Movimentos Sociais. In R. Leher e M. Setúbal (Orgs.), *Pensamento Crítico e Movimentos Sociais. Diálogos para uma nova praxis* (pp. 174-189). São Paulo: Cortez.

SANTOS, B. (Org.) (2001). Os processos de globalização. In B. Santos (Org.), *Globalização, Fatalidade ou Utopia?* (pp. 33-106). Porto: Edições Afrontamento.

SARMENTO, M. (2004). As Culturas da Infância nas Encruzilhadas da 2.ª Modernidade. In M. Sarmento e A. Cerisara (Org.), *Crianças e Miúdos. Perspectivas Sócio-Pedagógicas da Infância e Educação* (pp. 9-34). Porto: Edições Asa.

SEBASTIÃO, J. (1995). Modos de vida marginais, o caso das crianças de rua de Lisboa, *Revista Infância e Juventude, 95,* 9-18.

SILVESTRE, E., & Custódio, S. (Orgs.) (2004). *Os Direitos Infanto-Juvenis: Pressupostos Políticos e Jurídicos para a sua concretização.* Maringá: Clichetec.

TEJERINA, B. (2003). Multiculturalismo, Movilizacion Social y procesós de Construcción de la Identidad en el Contexto de la Globalización. *Oficinas do CES, 187,* 1-39.

TOMÁS, C., & Soares, N. (2004). O Cosmopolitismo Infantil: uma causa (sociológica) justa, comunicação ao V Congresso Português de Sociologia *Sociedades Contemporâneas. Reflexividade e Acção,* Braga: Universidade do Minho.

Referência Webgráfica
http://www.geocities.com/CapitolHill/3385/org.htm

Legislação consultada
Estatuto da Criança e do Adolescente, (1990), Brasil, Lei 8069/90.

INTERVIR, INVESTIGAR, INFORMAR: DESAFIOS NO TRABALHO COM CRIANÇAS, JOVENS E FAMÍLIAS EM SITUAÇÃO DE VULNERABILIDADE SOCIAL E PESSOAL NO BRASIL

Sílvia H. Koller
Universidade Federal do Rio Grande do Sul

Contextualizando a Psicologia Brasileira

A Psicologia é uma ciência relativamente nova no Brasil, regulamentada como profissão apenas em 1962. A pós-graduação se iniciou no Rio de Janeiro em 1966, quando o Departamento de Psicologia da PUC-Rio <www.puc-rio.br> implantou o primeiro Curso de Mestrado, com ênfase em Psicologia Clínica. Em 1984, foi implantado o primeiro curso de Doutorado na área de Psicologia Social, na Pontifícia Universidade Católica de São Paulo <www.pucsp.br>.

Somos várias associações científicas e profissionais, que se uniram em um Fórum Nacional de Entidades da Psicologia Brasileira e promoveram a construção de uma fascinante biblioteca virtual em Psicologia <www.bvs-psi.org.br>, em que podem ser encontradas todas as publicações em periódicos científicos brasileiros da área desde 1949 – totalizando 251 revistas científicas. Algumas publicações são disponibilizadas em textos completos e todas têm resumos, há também informação sobre livros e editoras e sobre cursos de graduação e pós-graduação, congressos, legislação, terminologia, entre outros dados relevantes. O acesso é gratuito e pode ser realizado de qualquer lugar do mundo, dando imensa visibilidade à pesquisa de alta qualidade que se faz no Brasil. Esta biblioteca trabalha em rede e é nutrida pelos próprios psicólogos/as e bibliotecários de várias regiões do país.

Atualmente, tem sido intensificado o apoio à pesquisa pelas várias agências de fomento, apoio este especialmente destinado aos 58 programas de pós-graduação em nível de Mestrado (*n*=26) e Doutorado (*n*=32) espalhados pelo país. Estes programas são submetidos a avaliações trienais desde 1976, pelo Sistema de Avaliação da Pós-graduação da Capes (Coordenação de Aperfeiçoamento de Pessoal de Nível Superior, www.capes.gov.br). Antes de meados da década de oitenta, os doutores em Psicologia eram formados principalmente nos Estados Unidos e na Europa. Os nossos doutores hoje são também formados no país e com alta qualificação. Os programas de pós-graduação, em sua maioria, desenvolvem ativa colaboração com pesquisadores internacionais. Hoje, temos ênfases teóricas variadas, que acompanham a onda da ciência internacional, com rigor metodológico e produção de novos conhecimentos.

As revistas científicas também têm sido avaliadas e recebem recursos de acordo com a sua qualidade e âmbito. Os pesquisadores brasileiros são avaliados pelo Conselho Nacional de Desenvolvimento Científico e Tecnológico <www.cnpq.br> e aqueles mais bem classificados recebem apoio financeiro para executar suas pesquisas. Há, ainda, muitas chances para estudantes fazerem intercâmbio no exterior e para estudantes estrangeiros estudarem no Brasil.

Investigando em Psicologia no Contexto da Realidade Brasileira

Com todos os avanços da Psicologia no cenário no panorama nacional, torna-se fundamental que pesquisadores(as) façam uma ciência implicada com a realidade nacional... Esta é contrastante em vários aspectos, mas o foco deve ser sempre para a melhoria da qualidade de vida da população.

Um dos contrastes mais marcantes é o fato de, desafortunadamente, encontrarmos ainda pelas ruas das cidades, rapazes e raparigas (como dizem cá em Portugal). Estas crianças e adolescentes têm sido uma forte denúncia de que há problemas sociais sérios a ser enfrentados e, portanto, com elas queremos trabalhar em nossas pesquisas e intervenções do CEP- -RUA CEP-RUA (www.psicologia.ufrgs.br/cep_rua). Eles representam uma parte importante do cenário da realidade brasileira e merecem ser cuidados, assim como pessoas de todas as idades e diversas situações de risco social e pessoal, para que se possa obter não só o panorama dos problemas, mas também das soluções (fatores de proteção), em busca de superação e desencadeamento de processos de resiliência.

No mapa da América Latina, o Brasil se destaca por suas dimensões continentais. A América Latina tem 519 milhões de pessoas, sendo que quase 200 milhões vivem no território brasileiro, falam português e são nitidamente todos cidadãos(ãs) que se identificam como brasileiros(as). O Brasil é o quinto país do mundo em território (depois da China, Índia, Indonésia, USA), é a oitava economia, marcada por extrema desigualdade social, por uma história política de ditadura e corrupção e por sistemas de saúde e educação que ainda podem ser considerados precários. No entanto, uma série de ações políticas tem sido promovida para minimizar tais problemas. Há um sistema público de saúde disponível a todos, escolas e universidades gratuitas, programas nutricionais, familiares, de saúde, de controle e erradicação da violência contra crianças, mulheres e idosos, contra o trabalho infantil, o turismo sexual, entre outros. Mas ainda mais da metade das crianças com menos de 15 anos está crescendo em situação de pobreza.

No entanto, mesmo diante de tantos problemas sociais e econômicos, somos uma população generosa, alegre, motivada e que busca forças para superar seus problemas com união e coletivismo. Temos programas sociais variados. A população vem se politizando, ao longo dos anos. Tem havido mais acesso à informação e o fenômeno da globalização é evidente em todo o país. Há mais investimentos em pesquisas e em produção de conhecimentos com cunho prático, para superação dos problemas e melhoria da qualidade de vida. Nossos jovens hoje podem sonhar mais, exercer seus direitos e alcançar um espaço de qualificação. E a Psicologia? O que a academia e a profissão tem a ver com isto?

Investigando o Desenvolvimento Humano em Situação de Risco

O CEP-RUA tem se baseado nas recentes abordagens da Psicologia Positiva, proposta por Seligman e Csikszentmihalyi (2001), no início deste século, e da Abordagem Ecológica do Desenvolvimento Humano (de Bronfenbrenner, 1979/1996, 2004) para estudar aspectos preservados sadios das pessoas humanas, inseridas em seus contextos e com suas histórias de vida e realidade social e cultural diversas. A Psicologia Positiva propõe uma nova atitude diante do estudo do ser humano, que rompa com uma preocupação principal sobre a doença, a psicopatologia, o sofrimento, a transgressão e recomendam estudos sobre bem-estar, satisfação com a vida, prosociabilidade, resiliência e saúde dos seres humanos. Esperança, sabedoria, criatividade, perspectiva de futuro, coragem, espiritualidade, responsabilidade, perseverança, gratidão e felicidade passam a ser tópicos primordiais para estudo. Como apontam Gable e Haidt (2005), a Psicologia Positiva é o estudo do reflorescimento humano.

Perguntas insistem em ecoar nos estudos de Psicologia do Desenvolvimento, com base na nova proposta de atitude positiva do estudo da Psicologia: "Como podem dois jovens irmãos gêmeos viver em um mesmo contexto de pobreza, violência, vulnerabilidade e cada um deles ter uma história de vida diferente?", "Por que um adoece, transgride, usa drogas, apresenta comportamentos de risco e o outro consegue estudar, trabalhar, ter relacionamentos de amizade e amor, e até superar a sua condição de pobreza?". O jovem que está em situação vulnerável denuncia vários fatores de risco e eventos estressores que vive em sua história, muitos deles frutos do contexto no qual se desenvolveu. O jovem que tem sucesso, apesar de se desenvolver no mesmo contexto de risco, pode ensinar o que o protegeu para chegar onde está. Ele viveu uma história de superação. Será que não poderemos aprender com a história dele para, como profissionais, trabalharmos, com outros jovens nas mesmas condições e buscarmos soluções conjuntamente?

Resiliência pode ser o conceito que explica eventos de sucesso e fracasso tão ímpares. Trata-se da condição humana que permite a superação de eventos estressantes e garante a continuidade do desenvolvimento. O jovem que pode contar com uma rede de apoio social e afetiva em sua família, na escola, nas amizades, que tem coesão ecológica com estes contextos, ou seja, relações afetivas estáveis, recíprocas e com a hierarquia de poder preservada, certamente terá mais fatores de proteção ao risco que o outro. Além disto, suas características pessoais serão fundamentais para que desenvolva auto-eficácia, bom desempenho, etc. (e.g. Dell'Aglio, Koller, & Yunes, 2006; Poletto et al., 2004, 2006; Rutter, 1993).

A coesão ecológica, as redes de apoio social e afetivo e a forma como as pessoas lidam com as adversidades em seu cotidiano enfatizam a necessidade de análise do contexto ecológico, da história de vida e suas rotinas até a realidade social, os processos desenvolvimentais e as características pessoais. Tais aspectos foram apontados por Bronfenbrenner (1979/1996, 2005) como fundamentais no estudo do ser humano como realmente humano. Só assim não produziremos, como queria Bronfenbrenner: "uma psicologia estranha, com pessoas estranhas, em ambientes estranhos" (ver também Koller, 2004).

O contexto ecológico pode ser bem exemplificado como aparecem nas Figuras 1 e 2, nas quais as pessoas em desenvolvimento estão inseridas e em interação no seu ambiente familiar ou no espaço da rua. A abordagem do desenvolvimento humano vê em seus contextos, desde as relações familiares até o macrossistema cultural, suas ideologias e valores. A importância da dinamicidade destes contextos, que os transforma em sistemas permeáveis de interação, tem sido apontada como um dos principais fatores de proteção ao desenvolvimento humano.

A Figura 2 apresenta um contexto ecológico diferenciado, em que a pessoa em desenvolvimento é uma criança em situação de rua (ver também Paludo et al., 2005a, 2005b). Pode ser observada a diversidade de contextos e ao ser comparada com uma criança que se desenvolve em um sistema familiar (Figura 1), os fatores de risco e proteção mostram-se evidentes, a começar pela maior dificuldade de flexibilizar os limites entre eles (ver linhas pontilhadas na Figura 1). Contextos realmente protetivos apresentam dinamicidade, mobilidade e reciprocidade. No caso das crianças em situação de rua, a miséria afetiva e econômica está manifesta pelas dificuldades de acesso aos sistemas normativos para o desenvolvimento infantil: família estável, escola, garantia de direitos, etc. (Silva et al., 1998).

Figura 1. Configuração dos sistemas económicos familiares

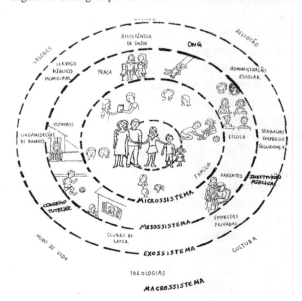

Figura 2. Desenvolvimento humano:
Contextos ecológicos para crianças em situação de rua

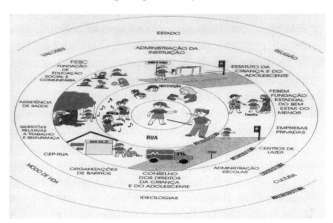

Mas, para que a psicologia positiva e a abordagem ecológica fossem transformadas em dados de pesquisa, foi desenvolvida uma metodologia, em nossa equipe, que chamamos de Inserção Ecológica (*Ecological Engagement*; Cecconello & Koller, 2003; Koller & Lisboa, 2007; Paludo & Koller, 2004; Eschiletti-Prati et al., in press) e garante que os pesquisadores possam entrar no cenário da pesquisa, como pessoas em desenvolvimento e claramente identificadas como aquelas que visam a obter dados para suas investigações. A lente para mirar o contexto, as pessoas, seu tempo histórico e cotidiano e seus processos psicológicos deve ser a abordagem ecológica, podendo sempre se beneficiar de outros aportes teóricos que apóiem e enriqueçam esta visão. Nesta inserção, tomamos como motor do desenvolvimento o processo proximal, conforme proposição de Bronfenbrenner e Morris (1998). Tal processo exige interação das pessoas de forma estável e recíproca com outras pessoas e com seus ambientes. A inserção ecológica é um método que exige extremo rigor ético e metodológico dos(as) pesquisadores(as), que passam por exaustiva capacitação e estudo, e se mantêm em supervisão permanente. Portanto, para fazer inserção ecológica, pesquisadores e participantes devem estar em interação com base regular no tempo – com base em um contrato de início e final e com clara definição de objetivos (Eschiletti-Prati et al., in press). A apresentação da pesquisa às instituições e pessoas participantes no detalhe é fundamental e fica firmado o compromisso conjunto em um Termo de Consentimento Livre e Esclarecido, por parte dos participantes e responsáveis. Atividades complexas devem ser desenvolvidas, portanto, a pesquisa com entrevistas, instrumentos de avaliação, questionários, e outras ferramentas da pesquisa tradicional são bastante bem-vindas e necessárias. Associadas a estas atividades, outras mais informais podem ocorrer e também produzir dados para a pesquisa em andamento. Claro que com o consentimento dos participantes. Reciprocidade nas interações é fundamental e, mesmo que os objetivos sejam diferentes no final, o andamento das atividades de coleta de dados deve respeitar a diversidade e a complexidade das expectativas dos participantes e dos pesquisadores(as), conforme contratadas no início da pesquisa. Para haver inserção ecológica, o engajamento em atividades variadas é fundamental: observação, coleta ativa de dados, jogos, conversas informais, diários de campo, devolução, e grupos devem estar presentes (Eschiletti-Prati et al., in press).

No entanto, não é um método fácil de utilizar. Os pesquisadores fazem parte do cenário dos participantes. Vão chegando pouco a pouco aos seus objetivos de pesquisa, aproximando-se sem pressa, usando técnicas metodológicas padronizadas e validadas. Todos são pessoas em desenvolvimento e, através da inserção, vão-se diferenciando e agindo ativamente no contexto. O importante nesta técnica é ter como base teórica a abordagem ecológica do desenvolvimento e a expectativa de observar e avaliar fatores de proteção e risco que possam subsidiar ações e políticas que promovam a superação da vulnerabilidade e a promoção de resiliência e da qualidade de vida de todos (Eschiletti-Prati et al., in press).

Movendo da Pesquisa para a Prática: Podemos Fazer Diferença Investigando...

Nossa missão no CEP-RUA é intervir, investigar, informar. Estes são os desafios no trabalho com pessoas em situação de vulnerabilidade social e pessoal no Brasil. Membros do CEP-RUA auto-identificam-se como "psicólogos(as) de rua" – acadêmicos(as) que produzem conhecimento, educadores sociais e agentes de mudanças sociais. Os estudos desenvolvidos buscam transformar instrumentos de avaliação em atividades mais lúdicas, além de adaptá-los para uso com populações iletradas e em situação de vulnerabilidade social e pessoal, para informar prática e políticas de atendimento, mas sempre mantendo o rigor metodológico.

Cada estudo só tem realmente efeito se realizado para a integração do tripé do trabalho acadêmico: pesquisa (investigar), extensão (intervir) e ensino (informar e formar). Cada estudante de pós-graduação deve: constituir uma equipe de trabalho; fazer uma dissertação ou tese; co-orientar um projeto de pesquisa na graduação e sua execução; publicar um artigo ou capítulo de livro por ano de curso, no mínimo; planejar e executar um projeto de extensão; estar disponível para assessorar ou ser consultado pela comunidade segundo demanda. Acadêmicos(as) da graduação engajados no CEP-RUA devem estar envolvidos(as) em todas as atividades dos coordenadores(as) da equipa. Um aspecto importante é o compromisso com comunidades de interesse, envolvendo acadêmicos(as), estudantes, membros da comunidade, profissionais aliados e voluntários de instituições que atendem as populações alvo. A disseminação de achados tem sido um mecanismo para envolver a comunidade. Através de seminários, jornadas, cursos e palestras, realizadas pelo CEP-RUA, são apresentados resultados de pesquisa e discutidos temas de interesse. A demanda comunitária serve como estímulo e os resultados são diretamente aplicados em intervenções. A demanda acadêmica pela produção de conhecimento também tem que ser atendida e, portanto, conhecimentos importados são adaptados às condições metodológicas e à realidade do nosso povo e novos conhecimentos são produzidos para nutrir a ciência da Psicologia.

Alguns temas de pesquisa que vimos trabalhando serão mencionados a seguir, para exemplificar estudos correntes ou recém publicados. São muitos e não teremos aqui espaço e tempo para explorar, ou mesmo mencionar, a todos, mas vários textos completos publicados em revistas e livros nacionais e internacionais podem ser encontrados na nossa home-page <www.psicologia.ufrgs.br/cep_rua>.

Uma de nossas linhas fortes de investigação está relacionada a estudos sobre violência. Entre os estudos importantes realizados, temos dois artigos que foram confeccionados a partir da análise de 71 processos judiciais, mapeando perfis de vítimas, abusadores, famílias, contextos e rede de apoio social em casos de abuso sexual infantil (Habigzang et al., 2005, 2006). Este tipo de violência tem sido identificado como um problema de saúde pública, devido à elevada incidência epidemiológica e aos sérios prejuízos para o desenvolvimento das vítimas. A dinâmica é complexa, envolvendo aspectos psicológicos, sociais e legais. A análise de processos mostrou que o desemprego, famílias reconstituídas, abuso de álcool e drogas, dificuldades econômicas e presença de outras formas de violência, constituíram os principais fatores de risco associados ao abuso sexual. Revelaram, ainda, a dificuldade dos órgãos de proteção intervirem efetivamente nos casos. A falta de comunicação entre as instituições para articular as medidas de proteção necessárias e acompanhar seu cumprimento é fundamental para subsidiar ações preventivas e terapêuticas em situações de violência sexual contra crianças e adolescentes. Algumas informações apareciam de forma repetida e superficial, inclusive em laudos técnicos profissionais, como se apenas o processo judicial houvesse sido analisado e não a vítima e a família envolvidas. Estes resultados sugerem a necessidade de capacitar a rede de atendimento, visando à compreensão real dos casos, bem como a condução de intervenções adequadas.

Coesão e hierarquia em famílias com história de abuso físico, em situações reais, idéias e de conflito foram investigadas por De Antoni et al. (in press), mostrando a necessidade de apoio de uma rede social e institucional para estas famílias que repetem a violência como prática disciplinar ao longo de gerações. Este artigo analisou indicadores de risco e de proteção identificados em vinte famílias de nível socioeconômico baixo. O método de pesquisa constituiu-se de entrevista semi-estruturada e inserção ecológica. Foram identificados indicadores de risco relacionados aos: 1) papéis familiares; 2) patologias; 3) práticas educativas; e, 4) comportamentos agressivos. Os indicadores de proteção apontaram para; 1) rede de apoio social e afetiva; 2) valorização das conquistas; e, 3) desejo de melhoria futura. Concluiu-se que os indicadores de risco são severos e diversificados, muitas vezes atuando de forma intensa no contexto familiar. Assim, podem permitir o uso de força física nas relações pais-filhos, ao mesmo tempo em que indicadores de proteção não estão suficientemente articulados para inibir tal ação. A compreensão desta dinâmica possibilita a realização de ações educacionais e de saúde que visem a inibir e prevenir a violência intrafamiliar. Dentro da linha de famílias abusivas, Narvaz et al. (2006a, 2006b, 2006c) desenvolveram estudos com mulheres, sob uma perspectiva feminista, investigando os discursos patriarcais inscritos nas concepções de família que têm sido mantidos ainda na atualidade da sociedade brasileira. Um estudo de caso de uma mulher-mãe, vítima de violência na infância e na vida adulta, cujas filhas foram vítimas de incesto, com entrevistas semidirigidas, submetidas à análise de discurso, revelou a correspondência dos ditames patriarcais na concepção de família da participante (Narvaz et al., 2006b). Mesmo não sendo o modelo efetivamente vivido, a concepção de família revelou a idealização do modelo hegemônico em nossa sociedade de família nuclear, monogâmica, patriarcal e burguesa. A investigação propôs-se a problematizar a hegemonia do modelo familiar patriarcal ainda prevalente em nossa sociedade, cujos ditames estão associados à dinâmica das famílias violentas e incestuosas. Uma análise qualitativa dos dados demonstrou que os papéis familiares foram prescritos de forma estereotipada, hierárquica e rígida, conforme os ditames patriarcais. Entretanto, em outro estudo sobre papéis familiares (Narvaz et al., 2006a), estes efetivamente foram heterogêneos, ora cumprindo com as prescrições patriarcais, ora alterando tais ditames na cotidianidade vivida. Os resultados foram discutidos, entendendo-se que papéis estereotipados e hierárquicos de gênero prescritos pelos ditames patriarcais ainda existem na contemporaneidade e estão associados a papéis estereotipados e hierárquicos de gênero. Ainda assim, os sujeitos encontram outras possibilidades criativas e subversivas no desempenho de seus papéis familiares na cotidianidade vivida (Narvaz et al., 2006c).

Estudos sobre os abusadores sexuais também capturaram nosso interesse. Moura et al. (submetido) desenvolveram um estudo para investigar a presença/ausência de empatia em abusadores sexuais de crianças ao longo de seu desenvolvimento, segundo seu auto-relato. Estudos sobre empatia de uma maneira geral são importantes pelo papel central que assumem no desenvolvimento moral e social, estando positivamente correlacionada com comportamentos pró-sociais (Eisenberg, 2002). Por outro lado, segundo Feshbach (1990), a empatia pode ser relacionada negativamente aos comportamentos abusivos de adultos contra crianças, pois, quando em menor escala, pode ser um indicador prévio para a ocorrência de violência contra crianças. O estudo revelou alguns resquícios de capacidade empática nos cinco abusadores sexuais entrevistados, demonstrando que conservavam esta característica psicológica positiva, pelo menos como resposta socialmente esperada, apesar de terem sido denunciados por comportamento abusivo. A habilidade empática seria, assim, um aspecto a ser estimulado durante um processo de psicoterapia e enfatizado em programas de prevenção e intervenção, para evitar comportamentos abusivos futuros.

Um dos estudos mais expressivos em termos de repercussão social foi desenvolvido por Habigzang et al. (2007), que descreveram um processo de grupoterapia cognitivo-comportamental desenvolvido para casos de abuso sexual, pois este tipo de violência pode desencadear disfunções cognitivas, emocionais e comportamentais que necessitam intervenção psicológica.

O tratamento das vítimas e suas famílias são um desafio para a prática de psicólogos, devido à complexidade do fenômeno. As técnicas utilizadas foram apresentadas a partir da experiência das autoras em uma pesquisa que objetivou avaliar a efetividade deste modelo. Participaram do estudo 10 meninas vítimas de abuso sexual intrafamiliar, com idades entre 9 e 13 anos. Os resultados apontaram que o processo de grupoterapia contribui para a reestruturação de crenças, reações emocionais e comportamentais disfuncionais. O grupo representou um elo na rede de apoio social e afetiva das meninas e promoveu melhoras na qualidade de vida. O programa de psicoterapia cognitivo-comportamental proposto mostrou que esta intervenção grupoterápica tem sido efetiva no tratamento das crianças e reduz sintomas de *stress*, depressão, ansiedade e transtorno de stress póstraumático. Uma proposta que consiste em sessões ao longo de dezesseis semanas de atendimento foi oferecida ao sistema público de saúde brasileiro e tem sido bem apoiada, uma vez que obtém bons resultados e apresenta baixo custo e alta eficácia.

Outra linha importante de pesquisa envolve um amplo estudo nacional sobre fatores de risco e proteção no desenvolvimento de jovens brasileiros. Cerqueira-Santos et al. (in press), desenvolvendo estudos nesta linha, investigaram a relação entre uso de preservativo e outros métodos contraceptivos e religiosidade/espiritualidade para jovens de nível socioeconômico baixo de Porto Alegre. Participaram 1013 jovens, entre 12-24 anos, que responderam a um questionário auto-aplicável de 109 itens. Os resultados mostraram que 53,5% dos jovens já tiveram a primeira relação sexual, sendo que 55% deles tiveram essa experiência antes dos 15 anos. A maioria declarou-se católico (42,8%) e 26,7% disse acreditar em Deus, mas não ter religião. Não houve diferença significativa quanto ao uso de preservativo para o nível de religiosidade. No entanto, os homens utilizam este método mais do que as mulheres para evitar AIDS e como contraceptivo. As mulheres usaram mais outros métodos contraceptivos e não houve casos de uso exclusivo de métodos permitidos pelas religiões majoritárias (métodos naturais). Este estudo revelou um alto uso de preservativo (mais de 80%) entre jovens religiosos e não-religiosos.

Raffaelli et al. (2007) estudaram a exposição a riscos no desenvolvimento de jovens em três domínios (comunitária, econômica, e familiar) e relações entre riscos e bem-estar psicosocial. Aproximadamente novecentos jovens brasileiros, com 14 a 19 anos de idade (M=15,8 anos; 51,9% feminino), foram recrutados em bairros de baixa-renda em Porto Alegre.

Foram informados níveis altos de riscos desenvolventes, com níveis e tipos de riscos, que variavam por gênero, idade, e (em menor escala) raça. Associações entre níveis de riscos nos vários domínios e indicadores psicológicos (por exemplo, auto-estima, afeto negativo) e de comportamento (por exemplo, uso de substância) diferiram para respondentes de gêneros diferentes.

Teodoro et al. (submetido) avaliaram a relação entre clima familiar positivo, bem-estar na escola e religiosidade/espiritualidade de 1.232 participantes fumantes e não fumantes (631 meninos e 601 meninas), de 14 a 18 ano (M=15,68; SD=1,26). Não houve diferença de sexo e idade, mas os fumantes apresentavam menores escores de clima familiar positivo e bemestar na escola. Baixos índices de religiosidade/espiritualidade foram encontrados entre as meninas fumantes. Uma análise de regressão mostrou que características psicológicas agem como fatores de proteção para o uso de tabaco entre as meninas. Por outro lado, bem-estar na escola foi protetivo para os meninos. Portanto, fatores de proteção para comportamentos de risco podem variar entre os gêneros e políticas públicas podem ser elaboradas para reduzir o consumo de cigarros.

Ainda dentro dos estudos sobre a juventude, Sacco et al. (in press) têm estudado o reconhecimento de direitos por crianças e adolescentes, em vários contextos. Em recente artigo, apresentaram um sumário da situação no Brasil, desde a evolução da legislação, especialmente após a implementação do Estatuto da Criança e do Adolescente, em 1990, que é uma lei atual e bem organizada, com base na Convenção dos Direitos da Criança. Tópicos referentes à vida, identidade, saúde, proteção, educação e moradia são analisados. A violação de direitos também é contemplada, com ênfase em trabalho infantil, violência sexual e exploração. Mesmo na presença de tantos avanços nas leis, as autoras apontam que a garantia de direitos ainda está muito além do ideal. Para que a lei se torne implementada totalmente na realidade será necessário assegurar uma cultura de respeito para as crianças, sublinharam as autoras. Algumas recomendações foram incluídas no texto para famílias, sociedade civil, governos, universidades e organizações internacionais, no sentido de amplificar, especialmente recursos através da educação, como ações de proteção e garantia de direitos.

Outra linha de pesquisa importante envolve estudos com crianças e adolescentes em situação de rua, que foram os que deram origem ao CEP-RUA. Santana et al. (2005) identificaram os significados que os adolescentes em situação de rua atribuíam às instituições de atendimento a eles destinadas. Treze adolescentes em situação de rua, de 12 a 17 anos, do sexo masculino, encontrados no centro de Porto Alegre, foram entrevistados na rua. Os resultados revelaram que as instituições são de extrema importância para estes jovens, sendo responsáveis pelo fornecimento de alimentação e vestimentas, lazer, educação, profissionalização e prestação de cuidados com a higiene e a saúde. As instituições, juntamente com seus funcionários, desempenham um importante papel na sua rede de apoio social e afetivo. Os significados foram compreendidos a partir da utilização e da atribuição de objetivos.

Torres de Carvalho et al. (2006) conduziram um estudo transversal para avaliar o risco sexual e de uso de drogas em 161 crianças e adolescentes em situação de rua de Porto Alegre (idade média = 14 anos e 79% meninos). Entre os participantes, 59% informaram terem atividade sexual, sendo 66% meninos. O uso de drogas e álcool apareceu em 39% e 1.2% informaram uso de drogas injetáveis. Numa análise multivariada, os correlatos de sexo inseguro incluíram jovens que estavam tendo sua primeira relação. Alguns riscos mais evidentes foram ausência de contato familiar, aumento de horas na rua e mais idade, além de informarem já haverem sido submetidos a um teste de HIV. Centros de saúde foram informados para oferecer oportunidades de intervir neste problema.

Trabalho infantil tem sido um dos principais problemas combatidos nesta população, assim como investigado como uma violação de direitos. Amazarray et al. (in press) apresentaram algumas reflexões acerca do trabalho infanto-juvenil, abordando três tópicos: ideologias que sustentam o trabalho precoce; subjetividade da criança e do adolescente em situação de trabalho e saúde do trabalhador infantil. A perspectiva teórica que sustentou o estudo foi da Abordagem Bioecológica do Desenvolvimento Humano. A compreensão de trabalho infantil está embasada na definição da Organização Internacional do Trabalho, sendo aquele que priva as crianças de sua infância, potencial e dignidade. Na perspectiva ideológica, as autoras pontuaram algumas questões que sustentam a prática do trabalho infantil, para além dos fatores econômicos. O olhar acerca da subjetividade procurou compreender o impacto dessa situação no desenvolvimento das crianças e adolescentes. O tópico da saúde do trabalhador infantil, por sua vez, sistematiza os riscos e conseqüências do trabalho precoce.

O uso de medidas de avaliação padronizadas em jovens em situação de rua de Porto Alegre foi realizado por Raffaelli et al. (in press) para estudar ajustamento físico, comportamental e psicológico. É sabido que estudos com jovens latino-americanos são tipicamente realizados com medidas não padronizadas e têm foco em limitados aspectos de funcionamento, devido a isto o estudo avaliou medidas para uso nestas amostras. Vinte e cinco jovens brasileiros de 13 a 19 anos foram entrevistados em instituições de acolhimento. Algumas análises psicométricas confirmaram que as medidas adaptadas eram apropriadas para tal uso e análises descritivas indicaram que estas capturaram aspectos relevantes dos respondentes e de suas experiências. Os achados sugerem aplicações para técnicos e pesquisadores de jovens em situação de rua da América Latina. Petersen et al. (2006) também estudaram esta questão da avaliação psicológica, chamando a atenção para o fato de que a Psicologia e a pesquisa científica não oferecem respostas satisfatórias para várias questões relativas à avaliação psicológica de crianças e adolescentes em situação de risco social e pessoal. Em ampla revisão, apresentaram um apanhado sobre a adolescência e a infância no contexto brasileiro atual e a pertinência do uso de instrumentos e técnicas de avaliação psicológica neste contexto, bem como a necessidade do desenvolvimento e difusão de novas formas de investigação com estas populações.

Freire et al. (2005, 2006) desenvolvem estudos sob o pressuposto fundamental da Abordagem Centrada na Pessoa, explorando temas como a confiança na capacidade do indivíduo para fazer escolhas construtivas, criativas e pró-sociais quando ele vivencia relações interpessoais permeadas das atitudes facilitadoras de empatia, consideração positiva incondicional e congruência. Este confiança na capacidade do indivíduo para fazer escolhas construtivas e pró-sociais se aplica, igualmente, a situações e contextos grupais e tem forte ligação com os estudos da Psicologia Positiva e da resiliência. Seus estudos relatam resultados de programas que oferecem psicoterapia centrada na pessoa, em instituições de atendimento a crianças e adolescentes em situação de risco pessoal e social. Mais de setenta crianças e adolescentes receberam atendimento psicoterápico desde o início do programa e a psicoterapia centrada na pessoa visa à promoção da tendência atualizante através da vivência, na relação terapêutica, das atitudes facilitadoras de empatia, consideração positiva incondicional e congruência. Os resultados destes programas envolvem desenvolvimento significativo nos relacionamentos interpessoais, com expressão de atitudes mais positivas em relação aos outros; melhor desempenho escolar; desenvolvimento emocional e afetivo e vivência de bem-estar. Estes resultados sugerem que a psicoterapia centrada na pessoa é um fator de promoção da resiliência de crianças e adolescentes em situação de risco pessoal e social.

Outros estudos importantes têm sido realizados com populações ao longo do ciclo vital. A violência psicológica no trabalho de adultos, por exemplo, tem sido foco dos estudos de Amazzaray et al. (2007), em suas múltiplas formas de expressão, embora não se constitua em uma situação nova nas relações laborais. Entretanto, é nos últimos anos que o fenômeno alcança dimensões globais, atingindo diferentes contextos de trabalho e categorias profissionais. A mundialização do problema, suas conexões com as novas formas de organização do trabalho e sua incidência na saúde dos trabalhadores fazem desse tipo de violência uma preocupação crescente em diferentes países. Os efeitos nocivos do fenômeno sobre a saúde dos trabalhadores, suas repercussões sobre a dignidade humana, assim como a conseqüente degradação das condições laborais justificam a sua inclusão nos riscos psicossociais do trabalho. Caracteriza-se como uma forma sutil de violência, que, em geral, institui-se de modo insidioso e invisível nas relações de trabalho e compreende uma diversidade de comportamentos, entre os quais: pressões psicológicas, coações, humi-lhações, intimidações, ameaças, atitudes rudes e agressivas, comporta-mentos hostis, violações de direitos e assédio psicológico. Essas manifes-tações também podem vir acompanhadas de agressões físicas e de assédio sexual.

Estudos com populações idosas em situação de risco social e pessoal também têm sido desenvolvidos. Porto e Koller (submetidos) têm estudado os efeitos da violência contra idosos e Couto et al. (2006), os efeitos dos preconceitos e discriminações em pessoas que estão envelhecendo e em idosos. O estudo de Porto et al. investigou a percepção de violência (maus tratos e agressões) Eschiletti-Praticada contra idosos institucionalizados. A Teoria Bioecológica do Desenvolvimento Humano de Bronfenbrenner (1979/1996, 2005) foi utilizada como referencial teórico-metodológico, a fim de estudar as pessoas idosas em seus contextos, com suas histórias e processos de desenvolvimento. O instrumento para coleta dos dados foi uma entrevista composta de duas partes. Na primeira, foram levantados dados biosociodemográficos e, na segunda, foram questionados aspectos relacionados à percepção de vitimização por violência. A inserção ecoló-gica foi um dos procedimentos utilizados na etapa de coleta dos dados. Foi constatada a percepção de maus tratos pelos idosos, como agressões verbais, insultos, negligências, abusos financeiros e, com menor incidência, agressões físicas. Ficou evidenciada a necessidade de uma educação gerontológica, para que as pessoas em geral conheçam e compreendam o processo de envelhecimento, contribuindo com ações para a melhoria da qualidade de vida dos seres humanos na velhice. Conforme salientam Couto e colaboradores, o aumento da população idosa é uma realidade com a qual muitos países têm-se deparado. Com o aumento da longevidade, novos desafios surgem para a sociedade e para os pesquisadores e planejadores de políticas sociais, que devem estar comprometidos com o esforço de gerar boas condições de vida para o idoso. Um dos indicadores de risco à qualidade de vida dos idosos tem sido denominado como *ageismo*, discriminação ao ser humano em processo de envelhecimento. As manifestações de *ageismo* podem ter impacto significativo na auto-estima, identidade, competências e percepção de auto-eficácia dos(as) idosos(as). Além disso, na velhice, a manutenção do bem-estar e de uma imagem positiva do *self* sofre, ainda, a influência de mudanças físicas, psicológicas e de papéis sociais. Estudos que busquem compreender os complexos fatores que atuam no processo de envelhecimento são, deste modo, extremamente, necessários para promoção de saúde e prevenção de problemas físicos e psicológicos, que podem comprometer o desenvolvimento pleno nesta etapa do ciclo vital. A rede de apoio social e o bem estar psicológico têm sido analisados como fatores de proteção para um envelhecimento bem-sucedido. O foco dado à resiliência possibilitou um olhar para além dos *déficits* e das perdas inerentes ao processo de envelhecimento. Desta forma, mostrou-se fundamental que as capacidades e possibilidades de desenvolvimento e crescimento na velhice sejam reconhecidas e estimuladas, a fim de que os idosos possam viver plenamente e em direção a um envelhecimento bem-sucedido.

Populações portadoras de doenças crônicas também têm sido estudadas. Torres de Carvalho et al. (in press) buscaram, a partir da revisão da literatura, articular o conceito de resiliência com questões da realidade de vida de pessoas portadoras de HIV/Aids. Em especial, será enfatizada a análise dos fatores de proteção tradicionalmente descritos como promotores de resiliência (características individuais e rede de apoio social e afetiva). Os estudos revisados revelam que existem importantes fatores protetivos, que contribuem para a saúde e bem-estar dos portadores de HIV/Aids, entre eles o enfrentamento cognitivo e a aceitação da infecção, a participação da família no tratamento e como fonte de apoio afetivo, o papel das organizações governamentais e não-governamentais e a religiosidade. A compreensão da resiliência como uma "capacidade do ser humano de superar adversidades" é essencial ao entendimento da infecção e tratamento de pacientes com HIV/Aids. Isso contribui para a desestigmatização e preconceito em relação à doença e aos seus portadores. Essa perspectiva desmistifica a questão de que bem-estar e qualidade de vida são estados contraditórios à vida das pessoas infectadas, além de contribuir para a elaboração de novas perspectivas de prevenção e tratamento da infecção por HIV/Aids.

Outros estudos ainda são realizados, com vista a avaliar a formação de terapeutas familiares para o trabalho com populações em situação de risco. Nos últimos anos, Eschiletti-Prati et al. (submetido) identificaram aumento no número de estudos realizados por terapeutas com orientação sistêmica sobre famílias em vulnerabilidade social. Frente a esses, o sistema familiar pode responder de forma ineficaz, não tendo condições de reagir funcionalmente e de estabelecer uma base saudável para seu desenvolvimento. No entanto, ao explorar alguns trabalhos apresentados nos congressos brasileiros, por terapeutas de famílias, verificou-se uma utilização de diversos termos de forma indiferenciada. Famílias em situação de risco, famílias pobres, famílias de camadas populares, famílias de baixa renda, entre outros, são termos utilizados para designar um mesmo grupo de pessoas. O presente trabalho tem o objetivo de responder às seguintes perguntas: *Quando os terapeutas familiares utilizam os termos acima citados, ao que se referem? Todos os termos podem ser entendidos como sinônimos de famílias em vulnerabilidade social? Quais referenciais teóricos são utilizados nos estudos realizados sobre esse tema?* Para isso, foi feita a leitura dos anais dos trabalhos apresentados em seis congressos brasileiros de terapia familiar realizados bi-anualmente (1994, 1996, 1998, 2002, 2004 e 2006) e um congresso internacional (da *Internationa Family Therapy Association* – IFTA), que foi sediado no Brasil, em 1999. Durante essa exploração, identificou-se que os trabalhos referentes a esse tema aumentaram e mantiveram um expressivo número de apresentação. O uso indiscriminado de termos como resiliência, vulnerabilidade, fatores de risco e proteção é evidente. Esse fenômeno indica que múltiplas teorias vêm sendo adotadas como referencial para o trabalho com famílias em vulnerabilidade social, na realidade brasileira. Parece, ainda, haver uma tendência a restringir o campo da vulnerabilidade social somente a famílias em situação de pobreza.

Ainda dentro da linha de avaliação de saúde, Morais et al. (in press) apresentaram um panorama da atual situação dos serviços de saúde no Brasil, enfatizando as principais demandas de cada amostra populacional, homens, mulheres, crianças, jovens e idosos. Tendo o texto constitucional como premissa para a garantia dos direitos à saúde, discutiram a acessibilidade aos serviços, apontando quais os fatores mais freqüentes que dificultavam a efetivação deste direito. Além disso, forneceram um panorama geral acerca da inserção da Psicologia na área da saúde. Uma breve introdução apresentou alguns resultados do levantamento das demandas e da acessibilidade aos serviços de saúde, através da Pesquisa Nacional por Amostra de Domicílio (PNAD) e quais as contribuições que esta tem fornecido para a melhoria da assistência à saúde. Em seguida, os pontos mais específicos acerca das demandas e da acessibilidade foram apresentados e discutidas as repercussões da atuação dos(as) psicólogos(as) no contexto da saúde, que tem consolidado o campo da Psicologia da Saúde.

Populações em situação de vulnerabilidade social apresentam um desafio fundamental para os profissionais comprometidos com proteção. Em alguns países latinoamericanos, os governos têm sido incapazes (ou pouco dispostos) a criar sistemas integrados de cuidado. Além disso, políticas freqüentemente falham, porque não estão baseadas em uma compreensão precisa das necessidades psicológicas e características destas populações. Portanto, a importância da pesquisa é sublinhada. Uma meta principal de nosso trabalho é administrar pesquisa de alta qualidade, que pode ser usada para endereçar tal situação.

Movendo da Pesquisa para a Prática: Fazemos Diferença intervindo...

Vou contar a vocês como transformamos alguns achados de pesquisa em ações que subsidiaram políticas públicas ou meras mudanças de contextos na direção da melhoria da qualidade de vida de populações me situação de vulnerabilidade social. Um exemplo bem singelo foi baseado em uma pesquisa sobre desejos de crianças em situação de rua. Este foi um estudo breve, com uma aluna de graduação (Alves et al., 1999; Silva et al., 1998), para ser apresentado em um congresso interno da universidade. Tememos pela pergunta a ser feita às crianças: *"O que você gostaria de ter agora?"*, pois poderia gerar respostas com pedidos de objetos materiais a que não poderíamos atender. No entanto, foi surpreendente pois, no primeiro caso abordado, observámos que o desejo destas crianças era maior por privacidade e intimidade, sendo que os pedidos materiais, embora presentes, mostravam-se irrelevantes. Identificámos que elas queriam muito um espaço privado que fosse somente delas. Quando a diretora do abrigo de acolhimento pediu uma assessoria para evitar a fuga dos jovens, o que os colocava em situações ainda mais extremas de vulnerabilidade, foi sugerido que cada um tivesse um armário para guardar seus pertences. A implementação desta sugestão mostrou-se altamente favorável, reduzindo amplamente as estatísticas de fuga e aumentou as de retorno. Mantê-los fora da rua protegeu-os e diminuiu a chance de enfrentarem adversidades. Este pode ser um exemplo quase ingênuo de aplicação de resultados de pesquisa, mas que representa a capacidade e sensibilidade dos pesquisadores em transformar em realidade achados de pesquisa que poderiam passar desapercebidos.

Poletto et al. (2002), em uma intervenção baseada em seus achados de pesquisa, em que perguntou sobre referências de apoio social de crianças, sendo estas bastante pobres, trabalhadores na rua e apresentando problemas na escola. Seus pais também foram entrevistados e tinham que informar sobre a visão que tinham da rede que seus filhos(as) comporiam. A comparação da visão das crianças e de seus pais identificou fatores de risco e proteção, gerados pelas coerências, divergências e desconhecimento sobre a real importância e influência das redes no desenvolvimento. As crianças valorizavam e contavam mais com o apoio social de suas escolas do que seus pais supunham e menos com os de parentes próximos. Este resultado serviu como subsídio para um programa de intervenção que visava a aproximar os pais da escola, o que efetivamente foi possível a partir da devolução destes achados. Outra conseqüência importante foi o sentimento de valorização percebido pela própria escola, que se aproximou mais ainda das famílias, garantindo a presença das crianças nas classes e o apoio dos pais para que isto se tornasse realidade.

Um outro exemplo de aplicação de achados, e este um dos mais desafiadores que recebemos, foi apresentado espontaneamente por uma demanda da comunidade. Uma líder comunitária, semi-analfabeta, que nos procurou solicitando uma pesquisa que pudesse identificar problemas em seu bairro, para que ela pudesse utilizar nossos resultados em um pedido para urbanizar seu bairro à administração política da cidade. Comentou que vivia em uma região de alta criminalidade e tráfico de drogas, que vinha sendo negligenciada pelos políticos e agentes sociais e que no seu entender estavam refletindo negativamente no desenvolvimento nas crianças. As condições físicas e urbanísticas de comunidade contribuíam para a criminalidade e baixo senso de pertencimento. O acesso era ruim, o esgoto estava a céu aberto e, segundo ela, *"a polícia só entrava na região para comprar drogas"*. Buscámos o apoio da escola local para acessarmos as crianças e sem nos envolvermos com os traficantes de forma ofensiva e antagônica – eles eram, em geral, os pais e mães destas crianças. Fomos nos inserindo neste contexto ecológico e demonstrando que nosso interesse era promover a qualidade de vida das crianças. Fizemos vários encaminhamentos para atendimentos e, até mesmo, algumas denúncias para conselhos de direitos das crianças, nos casos de abuso sexual e negligência e outras violações de direitos, sempre com o apoio da escola e da líder que nos procurara. Foram longos períodos de inserção ecológica e dedicação, que nos permitiram confeccionar um relatório sobre fatores de risco e proteção, que foi levado à prefeitura da cidade e permitiu a construção de 100 casas populares, posto de saúde e um centro comunitário.

Outro achado de pesquisa aplicado foi obtido nos estudos de Santana et al. (2005). Ser criança de rua foi identificado como uma posição de <u>status</u> elevado e desejado por algumas crianças que faziam uso da rua apenas de passagem. Este dado controverso apareceu em entrevistas, em que algumas delas relataram que, para ter acesso a instituições de atendimento e seus serviços, precisavam *"fazer de conta"* que tinham esta identidade. Instituições que, a princípio, pretendiam tirar crianças da rua e para elas destinavam seus serviços, provocavam este tipo de atitude em alguns excluídos do seu sistema. Este achado foi surpreendente, pois, ao invés de evitar a migração de crianças para a rua e os riscos decorrentes, as instituições sem conhecimento deste fato, estavam tendo papel importante na trajetória de vinculação institucional percorrida pelas crianças em direção à vida na rua.

Em outro estudo, com uma coleta em nível nacional com camionistas brasileiros, buscou-se compreender os condicionantes da exploração sexual de crianças e adolescentes (Morais et al., in press). Foram entrevistados 239 motoristas, em diferentes regiões brasileiras, através de um questionário sobre dados biosociodemográficos e aspectos relacionados à vida nas estradas e à sexualidade, além de crenças e atitudes com relação a gênero e outros. Surpreendentemente, 85 deles admitiram terem tido relações sexuais com meninas menores de dezoito anos de idade. Os principais condicionantes ressaltados foram a desigualdade social e econômica, a forte cultura de gênero machista e adultocêntrica dos camionistas, assim como a tendência à desresponsabilização pelas crianças e adolescentes abusadas, pouco conhecimento e consideração dos direitos e características desenvolvimentais dessa população. A relevância deste e de outros estudos, que enfatizam a perspectiva dos abusadores, podem contribuir para o desvelamento das realidades econômicas, sociais, culturais e políticas envolvidas tanto na formação da demanda quanto da oferta do comércio sexual. Assim, permitirão a elaboração de perspectivas de enfrentamento da exploração sexual de crianças e adolescentes mais eficazes, que perpassam, desde o trabalho com as meninas e as famílias, até a melhoria da qualidade de vida dos próprios camionistas, que não encontram opções em suas estadas fora de suas cidades de residência. Os resultados desta ampla pesquisa estão sendo amplamente divulgados na mídia nacional e geraram uma campanha intitulada "Na Mão Certa" <www.namaocerta.org.br> e o "Pacto contra a Exploração Sexual de Crianças e Adolescentes nas Rodovias Brasileiras" que tem sido assinado entre companhias de transporte, postos de gasolina e outras concessionárias, para evitar a exploração sexual de crianças nas estradas e melhorar a vida dos camionistas.

Conclusão

Os exemplos variados de achados que se transformaram em intervenções mostram que é possível mover-nos da pesquisa à ação. Na realidade, a pesquisa informada por teoria e por prática oferece oportunidades ricas para melhorar a situação de populações em situação de vulnerabilidade. Às vezes tudo que a pessoa em situação de risco social e pessoal realmente precisa é de alguém que a escute e a compreenda. Por isto, a importância de uma atitude ética de atenção e dedicação ao participante tem sido a base e a condição mais importante para o trabalho que vimos desenvolvendo. Temos colaboração íntima também com "as comunidades de interesse", pois nos apresentam demandas que nos fazem aplicar, nas suas realidades, os conhecimentos obtidos na teoria, nos impulsionam a criar metodologias de trabalho e a gerar estratégias de intervenção que melhorem a qualidade de vida destas pessoas com base em nossos achados de pesquisa.

A união é a chave determinante de nosso sucesso. E este é o mais importante dos valores que seguimos e perseguimos. Somos um grupo de pesquisadores, profissionais, sempre voltados para aprendizagem e para a formação. Mas somos, principalmente, um grupo de amigos que busca incessantemente promover o bem-estar de todos e melhorar a nossa própria qualidade de vida, por meio da amizade, solidariedade e carinho mútuo. Estudantes e profissionais de várias partes do país e do mundo juntam-se a nós anualmente para trabalharmos juntos, mas também para relaxarmos em encontros sociais com alegria e muita diversão. Como dizia nosso mestre Bronfenbrenner (comunicação pessoal, ver Koller, 2004), ensinar e aprender são uma única palavra em russo e nós pudemos incorporar este sentido em nossas vidas e na prática de nosso trabalho. Aprendemos-ensinamos que investigar, intervir e informar são nossos lemas de vida e trabalhamos juntos por ele.

É de fundamental importância, em nosso trabalho, garantir que os participantes de nossos estudos se sintam melhor depois de terem trabalhado conosco. Ou seja, temos o firme propósito de não sermos mais um protagonista da história de abuso, risco, exploração e violência, que nossos participantes já viveram. Consideramos que é melhor perdermos o dado do que agirmos contrariamente a este preceito. Muitas vezes, no meio de entrevistas, o trabalho de coleta é interrompido ou finalizado, para dar vazão à demanda que nos é trazida pelo participante. Tem sido fascinante vivenciar que algumas pequenas observações que fazemos ou conhecimentos que transmitimos provocam diferença na vida deles. Da mesma forma, aprendemos muito com eles e, certamente, nos tornamos profissionais e pessoas melhores.

A mobilização de comunidades inteiras, governos, e até mesmo nações, podem mudar o mundo e a Psicologia tem certamente seu papel nisto. A experiência de nossa equipa de investigadores ilustra como passos pequenos podem conduzir a mudanças grandes. Nos últimos 14 anos, as atividades do Centro assumiram extensão crescente. Muito aconteceu desde o início dos trabalhos do CEP-RUA. Aprendemos, ensinamos, pesquisamos, criamos metodologias, propomos novas formulações teóricas e preceitos éticos, intervimos, formamos psicólogos, capacitamos pessoas, divulgamos nossos estudos. O CEP-RUA cresceu, mudou, e é hoje composto por novos membros. Alguns já se foram, levando consigo a experiência obtida durante sua permanência no CEP-RUA e buscando multiplicar os conhecimentos obtidos durante sua permanência conosco. Outros saíram e voltaram com novas especializações. Outros ainda se distanciaram fisicamente, mas mantêm consigo a identidade de "cepiano", que tanto nos orgulha e agrega. Mas a maioria se manteve trabalhando com afinco para o crescimento do CEP-RUA. Desde 1994, ano de nossa fundação, mantemos um constante diálogo teórico-metodológico com pesquisadores nacionais e internacionais da área da Psicologia e áreas afins. Recebemos vários professores e estudantes visitantes e estabelecemos várias parcerias para trabalharmos juntos na consecução de nossos objetivos. Somos um grupo de trabalho que aprendeu a fazer muitas trocas, neste período. Trocamos conhecimento, inquietações, problemas, afetos e tudo o mais que um grupo de seres humanos pode compartilhar. Adoramos uma festa, cantamos juntos, acolhemos os que chegam e sentimos falta da presença física daqueles que se vão. Agradecemos a cada um daqueles que nos tem prestigiado com seu reconhecimento e que tem nos auxiliado a fazer um mundo melhor.

A maior parte do trabalho que executamos ocorre *fora dos muros da universidade*, em contato direto com a comunidade, esteja esta nas ruas, nas instituições, em favelas, bairros pobres ou escolas. A integração da Psicologia acadêmica, baseada em estudos sobre o desenvolvimento humano, com a prática comunitária tem se revelado possível, há catorze anos, pela constante troca estabelecida que favorece a nossa formação e daqueles que conosco interagem. Através da pesquisa, integramos o teórico ao empírico com as comunidades com as quais trabalhamos. Entendemos que, nesta relação estável e de reciprocidade, é possível construir conhecimento. Buscamos, no conhecimento das populações e em suas demandas, encontrar temas para nossas pesquisas, programas de extensão (intervenção social) e para subsidiar, com mais apropriação, o ensino de futuros psicólogos. Enquanto doutores e estudantes, temos acesso aos mais atualizados achados da ciência e temos a formação e as ferramentas necessárias para entendê-los e explorá-los. As populações que acessamos têm a vivência do cotidiano de risco, das estratégias de enfrentamento e de superação e, muitas vezes, acumulam centenas de casos e dados que precisam ser sistematizados, em busca de entendimento e estruturação de ações efetivas. A integração do "abstrato" aprendido nos livros, revistas científicas e na internet torna-se "concreto" na interlocução e na busca cooperativa de melhores condições de vida para todos nós. Consideramos que qualquer cientista está em situação de risco se não encontra relevância em seu trabalho. Nossos desejos e expectativas visam à relevância teórica e social, portanto, garantir esta integração nos faz profissionais mais felizes e realizados.

Intervir, Investigar, Informar é Sempre um Desafio!

REFERÊNCIAS BIBLIOGRÁFICAS

ALVES, P., Koller, S., Santos, C., Silva, M., Silva, A., Prade, L., Bichinho, G., Reppold, C., & Tudge, J. (1999). A construção de uma metodologia observacional para o estudo de crianças em situação de rua: criando um manual de codificação de atividades cotidianas. *Estudos de Psicologia, 4*, 289-310.

AMAZARRAY, M., Thomé, L., Poletto, M., & Koller, S. (in press). Perspectivas acerca do trabalho infanto-juvenil: ideologias, subjetividade e saúde do trabalhador. *Revista Laboreal*.

BRONFENBRENNER, U. (1996). *A ecologia do desenvolvimento humano: Experimentos naturais e planejados*. Porto Alegre: Artes Médicas. (Original publicado em 1979).

BRONFENBRENNER, U. (2004). *Making human beings human: Bioecological perspectives on human developmental*. Thousand Oaks: Sage.

BRONFENBRENNER, U., & Morris, P. (1998). The ecology of developmental processes. In W. Damon (Ed.), *Handbook of child psychology* (pp. 993-1027). New York: John Wiley & Sons.

CECCONELLO, A., & Koller, S. (2003). Inserção ecológica na comunidade: Uma proposta metodológica para o estudo de famílias em situação de risco. *Psicologia: Reflexão e Crítica, 16*, 515-524.

CERQUEIRA-SANTOS, E., Koller, S., & Wilcox, B. (in press). Uso de preservativo, métodos contraceptivos e religiosidade entre jovens de nível socioeconômico baixo. *The Spanish Journal of Psychology*.

DE ANTONI, C., Barone, L., & Koller, S. (in press). Indicadores de risco e de proteção em famílias fisicamente abusivas. *Psicologia: Teoria e Pesquisa*.

DELL'AGLIO, D., Koller, S., & Yunes, M. (2006). (Eds.), *Resiliência e psicologia positiva: interfaces do risco à proteção*. São Paulo: Casa do Psicólogo.

EISENBERG, N. (2002). *Empathy-related emotional responses, altruism, and their socialization*. In R. J. Davidson, & A. Harrington (Eds.), *Visions of compassion: Western scientists and Tibetan Buddhists examine human nature* (pp. 131-164). London: Oxford University Press.

ESCHILETTI-PRATI, L., Paula Couto, M., & Koller, S. (2007). Vulnerabilidade social e terapia de família. Trabalho apresentado no I Congresso Internacional de intervenção com crianças, jovens e famílias, Braga, Portugal.

FESHBACH, N. (1990). Parental empathy and child adjustment/maladjustment. In N. Eisenberg, & J. Strayer (Ed.), *Empathy and its development* (pp. 271-291). New York: Cambridge University Press.

FREIRE, E., Koller, S., Silva, R., & Piason, A. (2005). Person-centered therapy with impoverished, maltreated and neglected children and adolescents in Brazil. *Journal of Mental Health Counseling, 35*, 135-158.

FREIRE, E., Koller, S., Piason, A., Silva, R., & Giacomelli, D. (2006). Person-centred therapy with victims of poverty and social exclusion in Brazil. In B. Malcolm, G. Proctor, M. Cooper, & P. Sanders (Eds.), *Politicising the person-centred approach: Agenda for social change* (pp. 143-155). Ross-on-Wye: PCCS.

GABLE, S., & Haidt, J. (2005). Positive psychology. *Review of General Psychology, 9*, 1089-2680.

HABIGZANG, L., Koller, S., Azevedo, G., & Machado, P.(2005). Abuso sexual infantil e dinâmica familiar: Aspectos observados em processos jurídicos. *Psicologia: Teoria e Pesquisa, 21*, 341-348.

HABIGZANG, L., Koller, S., Azevedo, G., & Machado, P. (2006). Fatores de risco e de proteção na rede de atendimento a crianças e adolescentes vítimas de violência sexual. *Psicologia: Reflexão e Crítica, 19*, 157-189.

HABIGZANG, L., Hatzenberger, R., Dala Corte, F., Stroeher, F., & Koller, S. (2007). Grupoterapia cognitivo-comportamental para meninas vítimas de abuso sexual: Descrição de um modelo de intervenção. *Psicologia Clínica, 18*, 183-182.

KOLLER, S. (2004). *Ecologia do desenvolvimento humano: Pesquisa e intervenção no Brasil*. São Paulo: Casa do Psicólogo.

KOLLER, S., & Lisboa, C. (2007). Brazilian approaches to understanding and building resilience in at-risk populations. *Child and Adolescent Psychiatric Clinics of North America, 16*, 341-356.

MORAIS, C., & Koller, S. (in press). Serviços de saúde no Brasil: panorama das demandas e acessibilidade aos serviços. In A. Dias, C. Giacomoni & C. Perrone (Eds.), *Psicologia da saúde*. Santa Maria: Editora da UFSM.

MORAIS, N., Cerqueira-Santos, E., Moura, A., Vaz, M., & Koller, S. (in press). Exploração sexual comercial de crianças e adolescentes: Um estudo com caminhoneiros brasileiros. *Psicologia Teoria e Pesquisa*.

MOURA, A., & Koller, S. (submetido). Expressões de empatia em abusadores sexuais de crianças. *Estudos e Pesquisa em Psicologia*.

NARVAZ, M., & Koller, S. (2006a). A concepção de família de uma mulher-mãe de vítimas de incesto. *Psicologia. Reflexão e Crítica, 19*, 125-156.

NARVAZ, M., & Koller, S. (2006b). Famílias e patriarcado: Da prescrição normativa à subversão criativa. *Psicologia & Sociedade, 18*, 49-56.

NARVAZ, M., & Koller, S. H. (2006c). Mulheres vítimas de violência doméstica: Compreendendo subjetividades assujeitadas. *Psico, 37*, 7-13.

PALUDO, S., & Koller, S. (2004). Inserção ecológica no espaço da rua. In S. Koller (Ed.), *Ecologia do desenvolvimento humano: pesquisa e intervenção no Brasil* (pp. 219-244). São Paulo: Casa do Psicólogo.

PALUDO, S., & Koller, S.(2005a). Quem são as crianças em situação de rua: Vítimas ou vitimizadoras? *Interação, 9*, 65-76.

PALUDO, S., & Koller, S.(2005b). Resiliência na rua: Um estudo de caso. *Psicologia. Teoria e Pesquisa, 21*, 187-195.

COUTO, M., Koller, S., & Novo, R. (2006). Resiliência no envelhecimento: Risco e proteção. In D. Falcão, & C. Dias (Eds.), Maturidade e velhice: pesquisas e intervenções (pp. 315-337). São Paulo: Casa do Psicólogo.

PETERSEN, C., & Koller, S. (2006). Avaliação psicológica de crianças e adolescentes em situação de risco. *Avaliação Psicológica, 5*, 55-66.

POLETTO, M., Wagner, T., & Koller, S.(2004). Resiliência e desenvolvimento infantil de crianças que cuidam de crianças: Uma visão em perspectivas. *Psicologia: Teoria e Pesquisa, 20*, 241-250.

POLETTO, R., & Koller, S. (2006). Resiliência: uma perspectiva conceitual e histórica. In D.D. Dell'Aglio, S.H., & M.Yunes (Eds.), *Resiliência e psicologia positiva: interfaces do risco a proteção* (pp. 19-44). São Paulo: Casa do Psicólogo.

POLETTO, R., & Koller, S.(2002). Rede de apoio social e afetivo de crianças em situação de pobreza. *Psico (PUCRS), 33*, 151-176.

PORTO, I., & Koller, S. (submetido a). Violência na família contra pessoas idosas. *Revista Interações.*

PORTO, I., & Koller, S. (submetido b).Percepção de violência (maus tratos e agressões) praticada com idosos institucionalizados. *Cadernos de Saúde Pública.*

RAFFAELLI, M., Koller, S., Santos, E., & Morais, N. (2007). Developmental risks and psychosocial adjustment among low-income Brazilian youth. *Development and Psychopathology, 19*, 565-584.

RAFFAELLI, M., Morais, N., & Koller, S. (in press). Assessing the development of Brazilian street youth. *Vulnerable Children and Youth Studies.*

RUTTER, M. (1993). Resilience: Some conceptual considerations. *Journal of Adolescent Health, 14*, 626-631.

SACCO, A., Souza, A., & Koller, S. (in press). Child and adolescent rights in Brazil. *The International Journal of Children's Rights.*

SANTANA, J., Frosi, R., Doninelli, T. & Koller, S. (2005). Os adolescentes em situação de rua e as instituições de atendimento: utilizações e reconhecimento de objetivos. *Psicologia: Reflexão e Crítica, 18*, 134-142.

SELIGMAN, M., & Csikszentmihalyi, M. (2001). Positive psychology: An introduction. *American Psychologist, 55*, 5-14.

SILVA, A., Reppold, C., Santos, C., Prade, L., Silva, M., Alves, P., & Koller, S. (1998). Crianças em situação de rua de Porto Alegre: Um estudo descritivo. *Psicologia: Reflexão e Crítica, 11*, 555-582.

Teodoro, M., Koller, S., Morais, N., & Cerqueira-Santos, E. (submetido). Smoking and its protective factors to Brazilian youths. *Universitas Psychologica*.

Carvalho, F., Morais, N., Koller, S., & Piccinini, C. (in press). Fatores de proteção relacionados à promoção de resiliência em pessoas que vivem com HIV/Aids. *Cadernos de Saúde Pública*.

Carvalho, F., Neiva-Silva, L., Koller, S., & Piccinini, C. (2006). Sexual and drug use risk behaviors among children and youth in street circumstances in Porto Alegre, Brazil. *AIDS & Behavior, 32*, 57-66.

Legislação consultada

Brasil, (1990). *Estatuto da Criança e do Adolescente*. Lei 8.069 de 1990.

Referências webgráficas:

www.psicologia.ufrgs.br/cep_rua
www.pucsp.br
www.bvs-psi.org.br
www.capes.gov.br
www.cnpq.br
www.namaocerta.org.br

JUVENTUDE E RISCO

Maria João Leote de Carvalho[1]
Faculdade de Ciências Sociais e Humanas
da Universidade Nova de Lisboa

"Há uns tempos, há uns anos atrás eu era um anjo mas depois fui
rebelde, fazia tudo o que era diferente, tudo o que era fora do normal."
Miguel (16 anos)

Introdução

Espelhando a complexidade inerente às mudanças sociais que afecta-
ram a sua construção ao longo dos tempos, o conceito de juventude tem
aparecido associado a múltiplas representações, que vão desde a sua identificação como simples propriedade atribuída a um indivíduo, em função
de meros limites etários ou de desenvolvimento da personalidade, passando pela listagem de um conjunto de factores, que se constituem como
uma qualidade específica do designado *jovem* e que se estendem ao
momento da definição da sua situação profissional ou afectiva. Importa,
pois, reter que, em cada época, tende a revelar-se mais significativamente
um tipo de juventude e o seu ideal-tipo.

Existindo uma pluralidade de formas e meios de se viver a condição
de jovem, esta corresponde aos diferentes espaços e contextos de sociali-

---

[1] Socinova – Gabinete de Investigação em Sociologia Aplicada, Faculdade de Ciências Sociais e Humanas, da Universidade Nova de Lisboa. Doutoranda em Sociologia
(FCSH, UNL), sob a orientação do Prof. Doutor Nelson Lourenço. Comunicação integrada
no projecto de investigação *"Crianças e Jovens nas Notícias"*, financiado pela Fundação
para a Ciência e Tecnologia (POCI/COM/60020/2004).

zação, onde os actores sociais se situam. No entanto, nas sociedades ocidentais contemporâneas, um aspecto parece ser comum a diferentes situações: tende a contextualizar-se os jovens no quadro de uma consciência social colectiva, que evidencia as crescentes dificuldades de obtenção do estatuto de adulto espelhadas num adiar do reconhecimento de maior maturidade social.

Ao longo desta comunicação, procura trazer-se para discussão como a progressiva afirmação de uma ideia de juventude moderna é a de uma categoria revisitada, revalorizada como objecto de interesse, marcada pelo levantamento de maiores interrogações sobre o seu espaço social e os seus limites. Esta conceptualização estará associada a um maior grau de independência e de (aparente) autonomia, que não existiria em tempos passados e que se traduz, actualmente, no reconhecimento de modos de vida e culturas eminentemente juvenis. No entanto, importa verificar se não se trata apenas de um paradoxo em torno de aparências que iludem num primeiro olhar, pois, como defendem alguns autores, se ainda hoje existe juventude, terá provavelmente menos liberdade do que nos séculos passados, na medida em que tudo se passa como se tenha tornado um objecto social sobre o qual toda a sociedade deve sempre intervir e controlar. As possibilidades de gestão neste campo estão fortemente atravessadas por profundas desigualdades sociais, uma vez que aquilo que se encontra equitativamente distribuído é a responsabilidade individual pelas escolhas, e não os recursos e meios de que os indivíduos dispõem para agir de acordo com essa responsabilidade. Não serão, porventura, estas desigualdades os maiores riscos que atravessam a condição de jovem, nos dias de hoje?

É à luz deste quadro que, ao longo desta comunicação, se começa por situar o interesse na abordagem mediática da imprensa, passando, depois, a equacionar-se alguns dos principais contornos subjacentes à construção social do conceito de juventude. Finaliza-se com uma breve abordagem em torno de alguns indicadores que procuram contribuir para o traçar de um quadro de fundo sobre as principais características conhecidas sobre a delinquência. Porque a voz dos jovens é fundamental, e não sendo possível aqui tê-la de outra forma, entrecortando o texto, são apresentados registos recolhidos junto de jovens que, de comum entre si, têm a associação a práticas delinquentes, alguns dos quais, por esse mesmo motivo, chegaram a estar institucionalizados no sistema de justiça.[2]

---

[2] Todos os nomes apresentados são fictícios.

Uma questão de olhar(es)

Nas sociedades contemporâneas, o enfoque sobre o conceito de juventude não pode ser dissociado do tratamento que os meios de comunicação social efectuam em seu torno. Destas abordagens, emerge, muitas vezes, a ideia de uma categoria social quase exclusivamente associada a problemas sociais de natureza diversa; uma geração potenciadora de riscos, perigos e ameaças, a vários níveis, para a estrutura social. Porque existem diferentes percepções sobre os jovens e o risco, interessa conhecer, sumariamente, algumas tendências emergentes na imprensa portuguesa. Nesse sentido, e apenas a título de exemplo, passa-se a apresentar um conjunto de títulos de notícias publicadas nos jornais *Correio da Manhã* e *Público*, nas duas primeiras semanas de Janeiro de 2007. São títulos recolhidos aleatoriamente, que podem dar uma ideia mais concreta acerca de algumas acerca de algumas das situações em que os jovens são objecto de mediatização em Portugal.

"Mãe ferida a tiro com bebé a colo. Edília, de 15 anos, foi atingida nas costas por chumbos de caçadeira." (Portugal, Amadora)

"Elogio da anorexia à solta na net. Jovens portuguesas contam as suas experiências." (Portugal)

"Vandalismo em Évora filmado por jovens para a Internet" (Portugal, Évora)

"Força de 20 polícias atacada à pedrada por jovens. Durante 10 minutos, uma chuva de pedras danificou 3 viaturas policiais." (Portugal, Setúbal)

"Fazia assaltos. Ladrão de 16 anos fica em preventiva." (Portugal, St.ª Maria da Feira)

"Perguntas de inquérito sobre a droga feito a jovens indignam pais." (Portugal)

"Pelo menos 14 alunos japoneses suicidaram-se em seis anos na sequência de bullying." (Japão)

"Polícia resgata jovem raptado há quatro anos." (EUA)

"Rapaz de 14 anos ferido com bomba. Lucas recolheu 15 explosivos abandonados para animar as Janeiras." (Portugal, Caminha)

Não se trata aqui de questionar a veracidade, ou até mesmo a qualidade destas abordagens, mas antes de verificar quais são as principais linhas de orientação que tenderam a emergir, num curto espaço de tempo, em dois dos principais jornais diários portugueses. Tal prende-se com a necessidade de melhor entender que temas e situações associadas aos jovens são transmitidas para a opinião pública, temas e situações estas que contribuem decisivamente para a construção social da juventude. Num primeiro momento, perante estes títulos, é-se levado a pensar que juventude e risco são termos que se encontram entrelaçados, indissociáveis, tal a natureza dos acontecimentos relatados.

A uma ideia sobre jovens, impregnada de um conjunto ou emaranhado de premissas quase exclusivamente associada a riscos diversos – desde a vitimação a consumos excessivos, condutas desviantes e delinquência[3] vêm a corresponder conceitos que constroem socialmente uma teia de imagens e de representações sociais, que podem, eventualmente, não estar coerentemente sustentadas ou teoricamente referenciadas. No entanto, e ainda que esta limitação seja real, não deixam de ser poderosas na forma como cada indivíduo classifica e desenvolve um determinado olhar em torno das problemáticas da realidade social, que guia e determina muito do seu comportamento.

> "Acima de tudo acho que sou uma pessoa muito desiludida com a vida. Meto sempre na cabeça que todo o esforço que faço é para melhorar algo, mas é em vão. Muitas vezes não acredito nas poucas qualidades que tenho ficando até surpreendido quando faço alguma coisa que possa melhorar a minha vida."
>
> Alberto (17 anos)

A evolução do conceito de juventude não pode ser vista de modo dissociado da evolução do conceito de infância. Foi apenas através do alargamento deste último a novos contornos de se viver a condição de *ser criança* que se chegou à afirmação e consolidação de uma nova fase da vida diferenciada das atribuídas expressamente às crianças e aos adultos, a da juventude (Carvalho, 2004). Situando-se entre a dependência infantil

---

[3] Cerca de 90% dos títulos e notícias analisadas nesse período de tempo centrava-se exclusivamente nestas categorias associadas ao risco social, difícil foi encontrar peças em que os jovens surgissem relacionados com outras formas de acção individual ou colectiva.

Juventude e Risco　　93

e a autonomia da idade adulta, é tendencialmente considerada uma fase da vida cuja delimitação nem sempre se consegue com clareza (Dick, 2003).

Quer para o conceito de infância, como para o de juventude, está-se perante processos de permanente (re)construção social, que destacam as variações atribuídas aos estatutos reservados à criança e ao jovem, ao longo dos tempos. Este crescente interesse sobre a juventude não vem a residir, fundamentalmente, na oscilação do seu peso relativo enquanto categoria demográfica, mas, pelo contrário, remete para uma valorização crescente em função de factores de natureza sociopolítica. Com a alteração das estruturas demográficas, decorrentes de importantes mudanças nas dinâmicas sociais que acarretaram uma melhor qualidade de vida para as populações nas sociedades europeias, a esperança média de vida veio a crescer e, quanto menor o número de crianças e jovens nas sociedades contemporâneas, maior parece ser a valorização que lhes é atribuída. A justificação para este facto reside, em parte, no prolongamento e diversificação das modalidades de inserção e transição à vida adulta.

Paralelamente, e no que concerne especificamente à condição de jovem, tende a destacar-se um conjunto de problemas sociais diversos que mais a afectam numa perspectiva quase recorrente, em que se contrapõe o jovem (*não responsável*) ao adulto (*responsável*). Tal decorre, em larga medida, do facto de ter sido perante a identificação de desigualdades sociais que as problemáticas da juventude passaram decididamente a estar na ordem do dia no século XIX, assumindo, desde então, uma dimensão internacional. A emergência de uma sociologia da juventude está fortemente marcada pela ideia da existência de um período de moratória que, inicialmente, apenas vivida por indivíduos dos estratos sociais mais favorecidos social e economicamente.[4] No progressivo alargamento deste con-

---

[4] A progressiva afirmação da categoria social da juventude, tal como hoje se conhece, teve a sua origem no reconhecimento da diferenciação do que pertence ao espaço privado (familiar) e do que pertence ao espaço público (a comunidade próxima, a sociedade). Ao nascimento de um *ideal doméstico* associou-se a fundação de um *ideal de Educação* entendido numa dupla dimensão. No estudo sobre a sociedade francesa no século XIX, Galland (1999) salienta como com esta participação dos jovens na escola e com a afirmação desta como instância de socialização para idades mais avançadas, emergiu um novo problema no seio da classe burguesa, sobretudo, para os pais com filhos destas idades: a afirmação específica da juventude e o seu reconhecimento como categoria estava associado ao desenvolvimento de um modo de vida particular assente em símbolos de bur-

94 Intervenção com Crianças, Jovens e Famílias

ceito a outros grupos sociais, esta ideia de conflitualidade e ambivalência subjacente ao *ser jovem* num determinado contexto, manteve-se e veio a ser alargado a outros campos. Como destaca Machado Pais (1996), *"histórica e socialmente a juventude tem sido encarada como uma fase da vida marcada por uma certa instabilidade associada a problemas sociais"*.

Não sendo um processo recente, a desconstrução do conceito de juventude, como categoria homogénea, coloca em evidência outras dificuldades de análise social. São diversas as questões colocadas, em culturas e momentos históricos distintos. Quais são os factores sociais que determinam, num dado período, a construção social de uma fase da vida, neste caso, a juventude? Como se traduz a condição social de ser jovem?

> "É difícil para uma pessoa me conhecer bem... Nunca ninguém me conhece bem até ao fundo... Pensam que conhecem mas não é bem isso que se passa... Nem sei se a minha própria mãe me conhece mesmo. Ela me conhece bem?... Bem, bem de certeza que não!..."
>
> Roberto (17 anos)

> "Como sou por dentro? O que eu sinto é raiva e ódio, de resto tenho um bom coração e sou uma pessoa fixe por dentro e por fora."
>
> Bruno (16 anos)

Em termos de evolução comportamental, pode afirmar-se que se manifesta por não se ser mais criança, mas ainda não se é adulto, inscrevendo-se num tempo assinalado pela procura de um espaço e lugar próprios. É uma etapa/fase da vida por referência a quadros de valores e delimitada pelo pôr em jogo de diferentes capitais possuídos (escolar, social, cultural), em confronto com a perspectiva de desenvolvimento de uma trajectória modal (Bourdieu, 1980). Deste modo, as experiências sociais vividas reflectem as mudanças que atravessam todas dimensões da realidade

---

guesia a que outras classes não acediam. Disso era exemplo claro o típico quarto do jovem burguês visto como estudante ocioso, diletante. Daqui nasceu a estigmatização de uma juventude dependente e impaciente para ocupar o lugar dos pais, que tendeu a pressionar e a deles exigir condições materiais, acabando por se manter dependente durante mais tempo. Trata-se de um grupo que começou, na sua origem, a ser visto pelos mais velhos como imprevisível, desafiador, ameaçador para a estabilidade familiar, em relação ao qual deveria ser imposto um certo controlo. Novas tensões sociais surgiram, desta vez, entre gerações no seio de uma mesma classe.

social e torna-se fundamental a interiorização de normas e valores desenvolvida pela projecção e investimento simbólico nos papéis sociais num dado contexto.

"O que é que eu gosto mais de fazer quando estou com a minha mãe???"
Ah!Ah!Ah! Dar-lhe chapadas!

Luís (13 anos)

"Nunca pensei em ser pai... Ser pai de quê? Ser pai! Um pai tem filhos, não é?"

Mário (16 anos)

Mais do que uma força social, a juventude foi-se tornando uma marca social, uma norma construída social e historicamente, que unifica um grupo atravessado por grandes heterogeneidades. Perante quadros de múltiplas predisposições sociais objectivas e subjectivas, releva-se a constatação de um eventual alongamento do período de transição para vida adulta, visível com maior incidência junto dos indivíduos pertencentes a estratos sociais mais elevados, cujas estruturas sócio-familiares potenciam o prolongamento das experiências juvenis (Palhares, 1996). Assim sendo, os limites cronológicos da juventude serão sempre socialmente relativos visto estarem condicionados por factores de ordem social que, individualmente, revestem um carácter diferenciado à luz de uma certa trajectória de vida. Na mesma ordem de ideias, Saraiva (cit. in Palhares 1996) chega a questionar a atribuição do termo juventude aos indivíduos originários de estratos socio-económicos mais desfavorecidos, entendido como referente a uma fase de transição para a vida adulta, De acordo com este autor, estes não disporão de reais possibilidades de viver plenamente uma fase de transição, um período moratório, antes de assumirem as responsabilidades dos adultos, sendo chamados, mais precocemente do que outros, a desenvolver um conjunto de comportamentos e atitudes próprios dos mais velhos.

Numa mesma linha, Palhares (1996) propõe a problematização da juventude em torno da sua natureza e dimensão, questionando as possibilidades reais desse alongamento ser voluntário (manutenção da condição juvenil, por objectivos de qualificação escolar ou profissional, apesar de se dispor de condições reais para assumir responsabilidades como adulto), não voluntário (por forte pressão familiar para que o jovem dê continuidade aos estudos, enquanto estratégia de mobilidade social), ou mesmo involuntário (por baixas qualificações académicas e profissionais, o jovem vê-se impossibilitado de ascender à vida profissional activa).

No entender de Galland (1999), a designada entrada na vida adulta evidencia-se na emergência de dois eixos: o escolar-profissional e o familiar-matrimonial. Revela-se, assim, como decisivo o fim da escolaridade, a que deverá corresponder o consequente início de uma actividade profissional, a saída do lar familiar e a constituição de uma nova família. São estes os quatro pontos de entrada que este autor define como preciosos auxiliares na passagem da juventude à idade adulta.

> "Todos os dias, ou quase todos os dias, levantava-me de manhã, agarrava no jornal e procurava na área de emprego (...) E até agora houve muita gente que me prometeu trabalho e até agora ainda não vi nada. Olhem o que tive até agora foi que cortar o meu cabelo e foi isso que me deixou mais irritado. (...) Já várias vezes fui entrevistado e sempre disseram que depois telefonavam a dar resposta. (...) Mas só que as respostas nunca cá chegam. Hoje sim sei o que dá trabalho... é procurar o primeiro emprego!"
>
> Carlos (17 anos)

No entanto, as mudanças sociais na contemporaneidade trouxeram consigo a perspectiva de que estas quatro condições dificilmente decorrerão em sincronia, tendendo a revelar-se, cada vez mais, de modo desagregado entre si.

Juventude e "Sociedade de Risco"

O risco, a incerteza, o paradoxo, a dúvida marcam intensamente as sociedades contemporâneas. Os modos de vida actuais estruturam-se em torno de um ideal de ordem social que se afasta de todos os tradicionais e conhecidos até à data e onde a percepção de risco é determinante. A explosão de uma sociedade mediática com acesso massivo e simultâneo à mesma informação, por parte de indivíduos e grupos, em qualquer ponto do mundo, tem vindo a acarretar a divulgação e promoção de novos estilos de vida, superando-se, em todos os aspectos, os limites da territorialidade. Importa, aqui, reflectir sobre os potenciais significados que podem ser atribuídos ao crescimento dos desvios e das infracções, designadamente por parte de jovens, associado ao desenvolvimento de uma sociedade de consumo, cujos padrões de exigência no acentuar de um individualismo, quantas das vezes exacerbado, estão correlacionados com o surgimento, ou reforço, de manifestações de não inclusão, de entre as quais, as diversas formas de expressão da violência poderão constituir-se como das mais representativas (Roché, 2003).

Nas sociedades contemporâneas terão aumentado os riscos ou o que se verifica é a intensificação e alargamento da sua percepção? Mais do que eventual aumento dos riscos sociais, aquilo a que se poderá estar a assistir nos dias de hoje, como sugere Beck (1992), será, antes, um potencial aumento da sua representação no quotidiano de uma determinada sociedade em função da crescente visibilidade que certos actos adquirem, em parte fruto de uma mediatização permanente. Em certas sociedades, como na portuguesa, o risco será mais percepcionado e vivido como uma ameaça do que como uma oportunidade, um desafio. Tal deve-se ao facto de se assistir a uma enfatização do processo de politização dos riscos com consequências morais e políticas (Carapinheiro, 2001). Daqui decorre que, muitas vezes, a "sociedade de risco" se converte, potencialmente, na "sociedade da catástrofe", na medida em que muitos dos riscos só são debatidos politicamente quando os efeitos da sua disseminação ganham visibilidade, já se consolidaram na sociedade (Beck, 1992).

> "Eu não rezo nem vou à igreja mas dentro de mim acredito em Deus, acredito mesmo. Já tive um acidente que para mim foi o pior, é que foi de comboio, parti aqui o queixo e foi uma coisa de 15 minutos para sobreviver. Não conseguia falar nem respirar... Foi assim, tinha aí uns 12 anos e era daqueles que corria mais que o comboio e não sei o que é que me deu na cabeça e saltei e isto é tudo marcas!..."
>
> Bruno (14 anos)

Para esse processo, Sébastian Roché (1998) coloca uma especial ênfase naquilo que designa como "*incivilidades*" que, legais ou ilegais, são sinais de ameaça, factores de perturbação inequívoca da ordem social pela sua extrema visibilidade e constância no quotidiano. Deste modo, enquanto violação às regras elementares da vida em sociedade, são sentidas como fracturas, como fricções que vêm abrir brechas na estrutura social estabelecida, ferindo e atingindo o cerne das relações individuais (Roché, 1993). Deste modo, tendem a proporcionar uma descrença maior na eficácia das instituições e dos mecanismos de controlo social, desconstruindo-se um sentimento de confiança no outro, valor fundamental à condição da interacção social (Giddens, 1996).

"Eu roubar?! ... Roubar não, nunca furtei um carro, isso é fatela, nunca andei a conduzir! (...) Não, não furtei nada, não furto, já apanhei, já apanhei mas eu não ando para aí a furtar, só apanhei lá no Jumbo, apanhei bué de chocolates e comi. Vamos lá da escola, tem lá uma nova Play Station que dá para jogar e vamos lá, vamos lá ver dos chocolates e depois metemos nas caixas e tiramos. Vem o segurança e não vê nada que está lá a caixa e já comemos tudo. Não é furtar, é apanhar, não é furto, isso aí é de carros..."

Vasco (13 anos)

As mais recentes (re)configurações do tecido social português assentam, como constata Sousa Santos (2001), em patamares que são, simultaneamente, de sobreposição e de integração numa dada comunidade, mas também de fragmentação social pelas pertenças paralelas a diferentes grupos, de massificação e, ao mesmo tempo, de individualização, de selecção e de exclusão social. É a gestão complexa das associações a estes diferentes patamares e pertenças que se coloca como sendo um dos riscos mais importantes a que importa atender nos dias de hoje.

Juventude e Delinquência(s)

O alongamento da condição de jovem obriga a repensar o conceito de delinquência juvenil. Não se trata apenas de o ver como o prolongamento da condição de jovem aqui se reflecte, mas igualmente como a entrada precoce de muitas crianças na designada juventude, pelo antecipar de comportamentos que são mais próprios de jovens do que da infância, se manifesta numa eventual precocidade na associação de cada vez mais crianças a actos delinquentes.

O aumento do número de factos violentos cometidos por menores, em especial contra as pessoas numa linha de diversificação dos perfis das vítimas; o crescimento do número de crianças e jovens identificados na reincidência de práticas ilícitas, sobretudo em espaços urbanos; a diminuição do nível etário dos autores de delitos, muitos iniciados em idades bastante precoces; a maior visibilidade de elementos do sexo feminino no envolvimento neste tipo de actos; o acentuar das ligações entre delinquência de crianças e jovens e o consumo e tráfico de droga e a criminalidade de adultos; a emergência de formas específicas de uma delinquência rodoviária; o aumento da gravidade dos actos de violência racial e xenófoba e o facto de muitos dos actos qualificados como crime praticados por menores terem como vítimas outros menores são alguns dos aspectos que têm vindo a caracterizar a evolução da delinquência no seio da União Europeia (União Europeia, 2001).

Para além destes, outros aspectos devem ser também salientados. A democratização do acesso à escola trouxe novos contornos e um aumento do número de estudantes na delinquência. No entanto, importa reter que a delinquência escolar e a delinquência de estudantes apenas parcialmente se encontram sobrepostas. Também as formas de desenvolvimento de uma carreira desviante construída através de processos de estigmatização e "guetização" e a problemática da transgeracionalidade da criminalidade, por referência a modelos familiares que passam de geração em geração, são outras vertentes sobre as quais deve recair uma especial atenção.

> "A minha família está toda na cadeia, só a minha irmã mais velha está fora. O meu pai vai sair no Verão mas ainda tem um julgamento com os meus irmãos. Esses nem sei quando é quando vão sair!... O meu cunhado já se matou lá dentro. A minha mãe desta vez é que fica mais tempo porque matou uma vizinha. Deu-lhe uma pancada mal dada e a mulher morreu!..."
>
> Francisco (18 anos)

> "Eu disse que não havia mais escola e os meus pais não falaram nada. O meu pai não falou nada, a minha mãe também não disse nada. Eu não voltei mais para a escola e acabou-se! O meu pai não foi lá nem nada."
>
> Leonel (16 anos), abandono escolar aos 8 anos (2.° ano)

Como defendem vários autores, parte da delinquência juvenil inscreve-se numa "lógica de acção predatória", que atinge o núcleo central de segurança das comunidades (Robert, 1997). Os delitos têm essencialmente uma finalidade: o consumo de bens que conferem prestígio social. Na maioria, inserem-se numa lógica de resistência e combate à exclusão social e à marginalização, estando presente, em muitas destas condutas, uma lógica lúdica de imaginário dos jogos de computador, tantas vezes associada a uma incapacidade de reconhecer o "outro" com um estatuto de sujeito, como igual. É assim que muitos dos actos delinquentes cometidos por jovens acabam por ser um mero exercício de poder, sobretudo sobre "outros" que também já se encontram destituídos de poder, numa vertigem de violência aparentemente gratuita, mas que serve o fim de construção e afirmação de uma identidade social. Tantas vezes, aquilo que é visto como disfuncional para a sociedade em geral adquire um valor funcional para um determinado grupo de indivíduos, em especial entre jovens.

Perante algumas destas situações, mais visíveis pela mediatização a que estiveram sujeitas, costuma levantar-se a interrogação de saber se, nos dias de hoje, existirá um aumento generalizado da delinquência dos jovens? Esta é uma pergunta que, de tempos a tempos, assola a opinião pública nacional, constituindo o centro dos debates em torno deste problema social como se a avaliação dessa variação, caso possível de verificar de modo criterioso, esgote a abordagem desta temática. Mais importante do que conhecer possíveis oscilações que apenas são passíveis de identificação com base em série temporais mais longas e em instrumentos de recolha da informação cuidados, o que deve ser destacado como fundamental é a necessidade de conhecimento dos principais contornos da delinquência e dos seus autores num dado contexto, única forma de potenciar o desenvolvimento de políticas de prevenção mais eficazes.

No entanto, um ponto poucas vezes abordado deve ser tomado em linha de atenção: às variações nos indicadores demográficas não têm vindo a corresponder idênticas variações nas taxas oficiais de delinquência e criminalidade. Se existem cada vez menos crianças e jovens, as respectivas taxas de delinquência deveriam estar a acompanhar este decréscimo populacional e isso não vem, de facto, a acontecer.

Em termos globais, em Portugal, os ilícitos sinalizados oficialmente no sistema de justiça tutelar educativo resultantes das participações policiais e da acção dos tribunais sugerem a existência de modos de vida juvenis marcadamente atravessados por necessidades diversas de consumo, desde as mais básicas e elementares a outras vulgarmente não consideradas como fundamentais mas cujos apelos crescentes a estas faixas etárias se fazem sentir, a vários níveis e em diferentes quadrantes, da sociedade portuguesa. Tais são os casos das roupas de marca, dos artigos de desporto, dos telemóveis e dos automóveis. Daqui resulta um quadro de análise que destaca a existência de uma delinquência especialmente centrada em torno das designadas *incivilidades* (Roché, 1998), nas pequenas acções mais contra o património do que contra as pessoas, nos repetidos furtos, com vista à posse de determinados bens, em detrimento de outros, sempre perturbadores da ordem social pela frequente visibilidade de actos concretizados, quase sempre em espaços públicos e em pequeno grupo. Apesar de não se revelar muito expressiva, sob um ponto de vista meramente estatístico, a existência de casos que remetam para uma maior diversificação em termos de formas de actuação mais estruturadas e de natureza mais complexa dos ilícitos cometidos, não deixa de ser significativo, que se detectem em alguns destes jovens, evoluções em termos de percurso delinquente, que tende a reflectir uma maior quebra e crescente afastamento das normas, espelhada na passagem para outros patamares de actuação mais graves, num reforço de uma trajectória acentuadamente desviante, com envolvimento claro no mundo da criminalidade dos adultos. Também nítida parece ser a especialização de alguns em certas áreas, muito concretamente, no campo dos ilícitos de natureza sexual (Carvalho, 2003).

Em termos de evolução de comportamento social, para além das duas grandes categorias – trajectórias desviantes de início precoce ou de início tardio –, vários autores têm vindo a dar conta da emergência de uma nova categoria, os "late bloomers". Com o alongamento da condição de jovem, têm vindo a ser identificados casos em que a iniciação em práticas delinquentes é registada apenas na fase final da juventude, em idades mais avançadas. Trata-se de uma categoria apenas recentemente considerada, cujo conhecimento sobre o seu desenvolvimento é ainda pouco conhecido.

"Os dias eram sempre da mesma maneira, levantava tipo 10h, 11h, às vezes acordava mais cedo que não sou de dormir a manhã toda. (...) Vestia bem, boa calça, bombazine, blusão de cabedal, punha música, telefonava a uma dama, às vezes nem precisava, elas vinham ter comigo ou eu ía ter com elas a seguir ao almoço. Passeava pelo meu bairro, grandes abraços, grandes grupos.(...) Vestia novamente, tudo certo, muito direitinho. Cabelo com desenhos e argolas de ouro. Ténis Air Max, gorro Kangoo, fato de treino todo direito. Não arrisco à toa. Entrava nas cenas. Só nas 2 primeiras vezes é que estava nervoso, depois passei a ficar sério. Não deixava os outros preocupados, eu é que levava a arma, tudo ia correr bem."

Emanuel (17 anos)

Às profundas mudanças sociais ocorridas, em Portugal, nas últimas décadas, associam-se diferentes contornos na natureza e dimensão deste fenómeno, que têm vindo a revelar-se com especial preponderância em meio urbano. Frequentemente, a sua génese é representada como estando mais relacionada com modos de vida em determinados núcleos habitacionais das cidades (bairros de construção ilegal ou sociais de realojamento) do que em outros. Enquanto espaço privilegiado, não só da produção, mas também da interacção política e social, pelo seu carácter de aglomeração, a cidade está plena de contrastes e diferenças que se revelam, a um primeiro olhar, num mosaico humano estruturado em torno de frágeis equilíbrios relacionais e sociais. Ainda que, desde há muito, a produção da delinquência em contexto de urbanidade venha a ser alvo de análise no campo da Sociologia, as actuais (re)configurações do tecido social urbano, as formas e tipos de urbanismo mais recentes preconizam diferentes modelos de gestão e organização das cidades, trazendo à superfície novos desafios para a realização de pesquisas neste campo.

À modificação do uso do tempo e do espaço, está associada uma elevada mobilidade geográfica, decorrente da existência de novos territórios e da expansão das vias de comunicação. A própria noção de espaço público sofreu transformações e, actualmente, os centros comerciais constituem locais de lazer de eleição para crianças e jovens, que, muitas vezes, ali permanecem sozinhos ou em grupo, deambulando aparentemente sem um sentido próprio. Para este facto, não é indiferente o papel da comunicação (ou a aparência da comunicação), pela emergência de novas iconografias de comunicação social que acentuam muitas destas imagens.

Em termos residenciais, a desertificação do centro das grandes cidades, acompanhada pela desindustrialização e pelo envelhecimento demográfico, tem vindo a conduzir ao crescimento relativamente desregulado das periferias, ganhando cada vez mais força conceito de "cidades-dormitório". A esta forma de repovoamento, avolumam-se os problemas sociais, nomeadamente a pobreza, o desemprego e a proliferação de subsistemas de economia subterrânea que configuram casos de exclusão social (Carvalho, 2000).

Em diferentes concelhos, aos bairros de construção ilegal veio a suceder-se a construção de bairros sociais de realojamento, para onde são deslocadas populações com o fim de atribuição de novas e melhores condições habitacionais. A questão principal neste contexto reside em saber se os problemas se mantêm numa linha de mera reprodução social, ou se, de facto, através desta mobilidade, as populações visadas têm conseguido capacitar-se socialmente e ascender da sua precária condição social a outros níveis da estrutura social. A estes espaços, sobrepõem-se relações entre os diferentes grupos sociais, que estão sujeitos a uma relação de forças e de poder, que tende a colocar a delinquência estritamente de um dos lados. Deste modo, as ditas *"incivilidades"* marcam o quotidiano das grandes cidades, desenvolvendo em relação às mesmas uma forte ressonância social (Roché, 1998).

"Comecei a traficar droga, também andei a traficar notas falsas e a andar de mota sem carta. Eu era um perigo de vida porque podia matar alguém ou podia morrer eu, tudo era possível nesta vida de bandido!..."

Fábio (17 anos)

No entender de Body-Gendrot (1995, 2001), estas situações surgem, em grande parte, como consequência das limitações e influências de um espaço mal apropriado, também ele mal definido, onde o desregulamento social, numa ambiguidade quanto aos papéis que cada actor deve assumir, promove o desejo de entrega a actividades desta natureza, seja por afronta consciente à ordem social, seja por mera excitação, prazer ou divertimento, em função da ausência de referências estáveis que veiculem quais os limites da actuação individual ou colectiva. Quanto mais heterogénea e desfragmentada uma sociedade for, mais os actos desviantes e/ou delinquentes manifestados por jovens, individualmente, mas sobretudo em grupo(s), tenderão a ser percepcionados como gratuitos (Chaillou, 1995).

Numa sociedade que se terá nuclearizado excessivamente e em que o acesso a determinados bens (mesmo alguns ilegais como as drogas) se banalizou, a radicalização de certos comportamentos dos jovens assenta numa diversidade de motivos que, na maior parte das vezes, raramente podem ser analisados de forma singular ou linear, surgindo maioritariamente em acumulação ou articulação.

Indo um pouco mais longe, Firmino da Costa (1990) destaca a existência de uma "espécie de assimetria brutal entre o modo como cada um de nós sofre os efeitos da cidade e capacidade de cada um de nós intervir nela". Neste sentido, olhando a cidade enquanto "quadro social em parte institucionalizado, em parte não institucionalizado", constata-se como a maioria dos indivíduos experimenta um contraste bastante forte entre a difusão de uma ideia de cidadania e a carência, ou até mesmo ausência de acesso a mecanismos efectivos de assegurar essa participação. Esta situação assume contornos bem específicos junto das camadas jovens de uma sociedade (Pais, 2005).

Por fim, e quando se fala sobre a problemática da delinquência, importa não esquecer que existem diferentes delinquências consoante a fonte de informação a que se atender. Diversos estudos a nível internacional, centrados na aplicação de inquéritos de delinquência auto-revelada, apontam para que 65% a 90% dos jovens participem em delitos. No entanto, somente cerca de 10% da delinquência global é participada à polícia e apenas 4 a 5% é sancionada pela acção dos Tribunais (Queloz, 1994; Roché, 2001). Digno de registo é o facto de apenas entre 0,1% e 5 % dos delitos menos graves e 5 e 10% dos delitos mais graves serem participados à polícia (Roché, 2003). Mais ainda, nesses mesmos estudos, verifica-se que a delinquência não se distribui de forma igualitária entre os jovens, detectando-se que uma minoria tende a ser responsável por um elevado número de delitos. De acordo com os resultados obtidos por Roché (2001), num inquérito realizado em França, apontava-se para que cerca de 5% dos jovens fossem responsáveis por 50% dos delitos menos graves e, simultaneamente, por 86% dos mais graves e por 95 % do tráfico.

Do mesmo modo, interessa conhecer que, entre jovens e adultos, existem diferentes graus de percepção dos actos cometidos. Inquéritos realizados em França (1999) revelaram que, para os jovens, os actos percepcionados como mais graves eram o tráfico de heroína e cocaína; o ameaçar alguém com uma arma, enquanto os menos graves eram andar de transporte público sem pagar; fazer *graffiti* e *tags*, bem como aceitar coisas roubadas. No mesmo inquérito aplicado a adultos, surgiam como mais graves a agressão física, os danos em veículos e o roubo e, como menos graves, a fraude nos transportes públicos e o guardar dinheiro encontrado. Nos jovens, a idade é o factor mais determinante: quanto mais novos, menos julgam os actos como moralmente condenáveis. As raparigas diferem pouco dos rapazes, achando mais grave a violência física e reprovando mais o consumo de haxixe (Roché, 2003).

Em suma, falar sobre a juventude e o risco social implica ter presente a diversidade de situações, contextos, protagonistas – vítimas e autores –, tendencialmente colocados sob a mesma capa, ignorando-se a complexidade da vida em sociedade.

> "Olá senhora professora. É assim a minha vida, sabe eu roubava muitas coisas das pessoas porque não tive juízo, fui por conversas de amigos e roubei carros, lojas, passava mal porque não sou nenhum santo. Já levei facadas, estive para morrer mas não morri por sorte. Sabe porquê? Porque a minha mãe gosta muito de mim. O meu pai só sabe bater, não sabe dar educação. Aprendi a roubar aos nove anos, para começar vendia droga, fui apanhado com 10 anos e fui para o colégio, estive três anos mas saí depois. Vi um grupo de amigos e disse: Posso ir com vocês? E eles disseram: Bora! E depois vim para aqui."
>
> Ricardo (16 anos, medida tutelar de internamento
> de 3 anos em regime fechado)

Provavelmente, uma das melhores formas de se conhecer mais profundamente os principais contornos desta problemática passa por ouvir os que nela mais directamente estão envolvidos, pois a sua análise tende a apresentar um grau de reflexividade que a todos deve interpelar. Dando corpo a esta ideia, basta olhar para as palavras dos jovens aqui expostas. De facto, assusta pensar que é verdade que, de anjo, o *Miguel* passou a rebelde e a fazer coisas fora do normal, ou que, como o *Fábio* refere, "tudo era possível nesta vida de bandido!". Ainda que nem sempre se manifestem de modo tão claro, risco e desafio, vida e morte, estão sempre presentes num jogo em relação ao qual dificilmente se dominam as regras.

REFERÊNCIAS BIBLIOGRÁFICAS

BECK, U. (1992). *Risk Society: Towards a New Modernity*. Londres: Sage Publications.

BODY-GENDROT, S. (1995). *Ville et Violence, Irruption des Noveaux Acteurs*. Paris: Presses Universitaires de France.

BODY-GENDROT, S. (2001). Les Villes. La Fin de la Violence? Paris: Presses de la Fondation Nationale des Sciences Politiques.

BOURDIEU, P. (1980). *Questions de Sociologie*. Paris: Les Éditions de Minuit.

CARAPINHEIRO, G. (2001). A globalização do risco social. In B. Santos (Ed.), Globalização. Fatalidade ou Utopia? (pp. 197-226). Porto: Edições Afrontamento.

CARVALHO, M. (2000). Violência urbana e juventude: O problema da delinquência juvenil. *Infância e Juventude*, *3*, 27-48.

CARVALHO, M. (2003). *Entre as Malhas do Desvio. Jovens, Espaços, Trajectórias e Delinquências*. Oeiras: Celta Editora.

CARVALHO, M. (2004). Pelas margens, outras infâncias: Crianças, marginalidades e violências. *Infância e Juventude*, *4*, 51-145.

CHAILLOU, P. (1995). *Violence des Jeunes : L'Autorité Parental en Question*. Paris: Gallimard.

COSTA, A., Ferreira, V., & Brito, J. (1994). Mesa-redonda sobre a cidade de Lisboa. *Sociologia, Problemas e Práticas*, *15*, 155-174.

CUSSON, M. (1998). *Criminologie Actuelle*. Paris: Presses Universitaires de France.

DICK, H. (2003). *Gritos Silenciados, mas Evidentes*. São Paulo: Edições Loyola.

GALLAND, O. (1999). *Les Jeunes*. Paris: Éditions La Découverte.

GIDDENS, A. (1996). *As Consequências da Modernidade*. Oeiras: Celta Editora.

LOURENÇO, N., Lisboa, M., & Frias, G. (1998). Crime e insegurança: delinquência urbana e exclusão social. *Sub-Judice*, *13*, 51-59.

PAIS, J. (1996). *Culturas Juvenis*. Lisboa: Imprensa Nacional.

PAIS, J. (2005). Jovens e Cidadania. *Sociologia, Problemas e Práticas*, *49*, 53-72.

PALHARES, J. (1996), *A Juventude, a Participação e a Escola. A Participação Estudantil em Eleições Associativas na Escola Secundária*. Trabalho de síntese sobre um tema da disciplina de Sociologia da Educação, Braga, Instituto de Educação e Psicologia, Universidade do Minho.

Queloz, N. (1994). Fenómenos de dissociação do laço social, comportamentos desviantes dos jovens e intervenções sociais. *Infância e Juventude*, *4*, 9-32.

Roché, S. (1993). *Le Sentiment d'Insecurité*. Paris: Presses Universitaires de France.

Roché, S. (1998). Société complexe, modernité et insecurité. *Révue Internationale de Criminologie et de Police Technique et Scientifique*, *4*, 387-394.

Roché, S. (2001). *La Délinquance des Jeunes: Les 13-19 ans racontent leurs délits*. Paris: Éditions du Seuil.

Roché, S. (2003). *En quête de Securité: Causes de la délinquance et nouvelles réponses*. Paris : Armand Colin.

Santos, B. (Ed.) (2001). *Globalização. Fatalidade ou Utopia?* Porto: Edições Afrontamento.

União Europeia (2001). *A Justiça de Menores na Europa*. Seminário da Presidência Francesa da EU.

TIPOLOGIA DO DELINQUENTE JUVENIL URBANO: ESTUDO EXPLORATÓRIO NA CIDADE DE LISBOA

Matilde Fernandes
Instituto de Reinserção Social (IRS)

A delinquência provoca sentimentos contraditórios, que se reflectem nas medidas de intervenção do sistema judicial. A complexidade dos fenómenos que lhe estão associados, a diversidade de problemas sociais, a falta de avaliação das medidas políticas e sociais dificultam de sobremaneira o trabalho de todos aqueles que actuam nesta área. É com origem nesta convicção que a caracterização da população de delinquentes juvenis em contacto com o sistema de justiça na cidade de Lisboa surge como particularmente importante para guiar as intervenções a elaborar.

Deste modo, e partindo da análise da literatura existente sobre a delinquência juvenil, parece importante definir quem são os menores que entram em contacto com o Sistema de Justiça, em Portugal. Neste estudo, debruçámo-nos concretamente sobre aqueles que passam pelas equipas de menores do IRS, na cidade de Lisboa, que, enquanto órgãos de assessoria técnica ao Tribunal, são chamadas a avaliar as situações, a formular propostas de intervenção e a acompanhar as medidas aplicadas, no âmbito da Lei Tutelar Educativa. Perspectivamos que com uma caracterização mais concreta se poderão delinear intervenções mais específicas e adaptadas à realidade portuguesa.

Assim, pretende-se com este estudo de carácter exploratório contribuir para a sistematização do conhecimento do fenómeno da delinquência juvenil na cidade de Lisboa, analisar a estrutura sócio-demográfica, as características familiares e individuais dos menores em contacto com as equipas de menores do IRS, procurando correlações entre as diversas variáveis e eventualmente obter um perfil dos delinquentes desta cidade.

Enquadramento Teórico

O comportamento anti-social não surge bruscamente, aquando do primeiro acto ilegal. Pelo contrário, o acto ilícito é o culminar de anos de socialização inadequada, cujas raízes se podem encontrar na infância. Aliás, os comportamentos agressivos ou anti-sociais apresentam-se bastante estáveis ao longo do tempo. Desta forma, se nem todas as crianças anti-sociais se tornam delinquentes, poucos serão os delinquentes sérios que em criança não foram anti-sociais.

Numa revisão bibliográfica levada a cabo por Snyder e Patterson (1987), foram encontrados três padrões familiares que se correlacionavam positivamente com os comportamentos delinquentes:

- Disciplina – As práticas disciplinares ineficazes caracterizam as famílias dos delinquentes, tanto antes, como durante o tempo em que a criança se envolve em actos de delinquência.
- Práticas parentais – O insucesso parental em desenvolver as competências da criança, em modelar e encorajar valores normativos, em providenciar um ambiente afectuoso, coloca a criança em maior risco de delinquir.
- Supervisão – Quando esta é adequada, minimiza o contacto do adolescente com actividades, pares e circunstâncias promotoras da delinquência. A supervisão parental influencia a frequência e a variedade do comportamento anti-social.

Os dados sugerem que as práticas parentais e a interacção familiar estão fortemente associadas ao desenvolvimento do comportamento anti-social e delinquente.

Farrington (1998) identifica em jovens, com idades compreendidas entre os 8 e os 10 anos, os seguintes factores de comportamentos delituosos futuros:

- Comportamento anti-social da criança;
- Hiperactividade, impulsividade, deficit de atenção;
- Baixo nível de inteligência, aquisições escolares pobres;
- Criminalidade familiar;
- Pobreza familiar, baixas condições socioeconómicas;
- Comportamento parental pobre na relação com a criança (não constrói inibições internas contra os comportamentos anti-sociais).

Relativamente ao sistema de pares, a investigação sobre os delinquentes juvenis apresenta resultados aparentemente paradoxais. Por um lado, os estudos revelam que a criança com comportamentos anti-sociais é rejeitada pelos pares (Dishion & Dodge, p. 83, cit. in Dishion, 1994), denotando poucas competências sociais, académicas e de resolução de problemas (Dishion et al., p. 84; Patterson 82, cit. in Dishion et al., 1994). Ou seja, ficamos com a representação de uma criança com dificuldades de relacionamento. Por outro lado, os dados (Dishion et al., p. 88, cit. in Dishion et al., 1995) sugerem que os jovens (rapazes) anti-sociais têm redes de amizade ricas, semelhantes às que são desenvolvidas entre jovens não delinquentes. Se os processos envolvidos no desenvolvimento de uma relação de amizade são potencializados pelo facto dos indivíduos partilharem interesses comuns, uma história e padrões interpessoais semelhantes, as crianças anti-sociais irão estabelecer relações com crianças semelhantes a elas, relações essas que são ainda mais potencializadas pela rejeição dos seus pares pró-sociais.

Resumindo, o indivíduo é influenciado pelos diversos sistemas que o rodeiam e que podem potenciar determinados comportamentos. Assim, a interacção destes sistemas é importante na análise do comportamento delinquente, permitindo uma compreensão mais profunda do fenómeno. Baseando-nos nos principais factores de risco compilados por Seydlitz e Jenkins (1998), apresentamos, na figura 1, um resumo da influência dos diversos sistemas sobre o indivíduo e o desenvolvimento da delinquência.

A delinquência, tal como a maioria dos comportamentos humanos, é multifactorial, pelo que uma abordagem longitudinal tem a vantagem de fornecer informações importantes sobre a evolução e estabilidade dos comportamentos e, sobretudo, sobre os factores de risco que são mais importantes nas diversas etapas de vida dos jovens.

Segundo Loeber e Farrington (cit. in Fonseca, 2001, p. 10), "a maioria dos nossos conhecimentos actuais sobre o comportamento anti-social resulta de estudos longitudinais levados a cabo durante as últimas quatro décadas." Estes estudos revelam que, quanto mais cedo os jovens iniciam a sua actividade criminosa, maior é a probabilidade de se tornarem delinquentes crónicos. Tais jovens apresentam uma taxa de delitos mais elevada durante a adolescência e a vida adulta.

Na maioria dos casos, os adultos com comportamentos desviantes crónicos apresentaram, durante a infância, taxas mais elevadas de comportamentos anti-sociais McCord (cit. in Lorion, Tolan & Wahler, 1987).

Dados recolhidos por Koller e Gesden (cit. in Snyder & Patterson, 1987) indicam que os reincidentes tendem a comparecer em Tribunal pela primeira vez em idades mais jovens e, de acordo com Shannon (cit. in Snyder & Patterson, 1987), o melhor preditor da actividade delituosa futura é a idade do primeiro contacto oficial do jovem com a polícia.

Figura 1: Esquema resumo dos factores de risco da delinquência

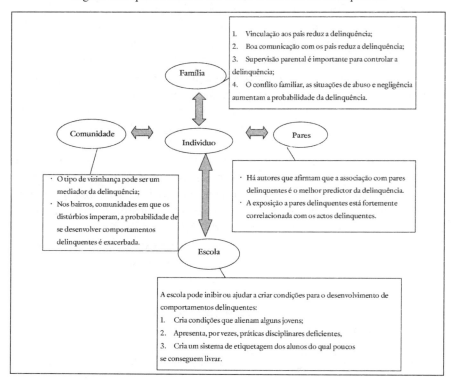

Segundo Loeber e Stouthamer-Loeber (1987), a maioria dos estudos sobre os ofensores crónicos estão de acordo quanto ao facto de estes serem identificáveis antes de entrarem para a escola. Consistentemente com os estudos de Bordouin e Schaeffer (1998), consideram que as perturbações precoces do comportamento (a agressividade, furto, etc.); a fraca supervisão parental; a rejeição parental; a criminalidade parental e a gravidade, variedade e transversalidade dos comportamentos disfuncionais parecem ser bons preditores da delinquência futura e da sua continuidade.

Num estudo levado a cabo por Frechette e LeBlanc (1987), a maioria dos adolescentes que entram em contacto com o sistema da justiça já tiveram ocasião de cometer delitos anteriormente, sendo que, frequentemente, o seu primeiro delito ocorreu numa idade precoce. É entre os 6 e os 14 anos que a actividade delinquente tende a surgir com maior frequência, parecendo haver um aumento gradual e regular do número de "iniciações" até aos 12 anos. A partir dos 15 anos, o número de jovens que se iniciam na delinquência começa a decrescer, indiciando que, se o primeiro acto delinquente não for cometido até essa idade, a probabilidade de tal acto ocorrer diminui. É quase como se, após os 15 anos, ficassem livres do perigo de iniciar comportamentos desviantes ou de desenvolver uma carreira criminal.

A actividade delinquente começa cedo, mas não se inicia nem se manifesta da mesma maneira ao longo do tempo. Frechette e LeBlanc (1987) dividem o período que vai desde a latência até ao meio da adolescência em 3 momentos, atribuindo a cada nível etário um tipo de manifestação delinquente específica:

- No período de latência (sensivelmente dos 5 aos 10 anos): a delinquência reveste-se de um carácter imaturo e lúdico.
- Da puberdade à pré-adolescência: assume um carácter técnico e utilitário, mais pernicioso.
- No início da adolescência: manifesta uma delinquência organizada, mais audaciosa e mais perigosa.

Geralmente, podemos considerar que é antes dos 15 anos de idade que surge o grosso dos comportamentos delinquentes. A maioria dos autores concorda que a delinquência ocorre em idades precoces e é a partir dos 11 anos que os comportamentos delituosos começam a emergir a um ritmo acelerado. O período entre os 12 e os 14 anos parece crítico, uma vez que é nesta altura que se substituem as formas mais inofensivas de delinquência por formas mais comprometedoras, ocorrendo um verdadeiro extravasar de manifestações delituosas. Após este período, a maioria dos casos sofre uma involução, levando mesmo à extinção dos comportamentos delituosos (e.g. Moffit, 1993; Frechette & LeBlanc, 1987). Apesar deste dado tranquilizador, a presença de uma delinquência persistente e tenaz é preocupante. Os casos que não involuem representam, geralmente, um grupo limitado de delinquentes obstinados em prosseguirem uma actividade criminal, capazes de aumentar a regularidade dos seus actos e detentores de uma verdadeira cronicidade do agir. Nestes jovens, a conduta delinquente está estabilizada e a sua trajectória na direcção de uma criminalidade adulta torna-se mais fácil de prever do que naqueles jovens que apresentam uma delinquência fugaz e ainda irregular.

A questão da evolução da delinquência é polémica e cheia de opiniões e dados contraditórios. No entanto, parecem existir algumas características suficientemente precisas para podermos definir, pelo menos, alguns pontos de referência que permitam compreender o fenómeno. Assim:

- A delinquência não apresenta uma coerência ao longo do tempo, i.e. o acto ilícito não ocorre de uma forma sistemática ou integrada. Para a grande maioria dos jovens, o percurso delinquente não se reveste de um significado criminalizador.
- É importante perceber que os factores de risco presentes no início da adolescência não permitem prever como será o comportamento delinquente no final da adolescência.
- A evolução não ocorre através de um padrão linear e directo, o estádio anterior não prepara necessariamente o seguinte. Este é um fenómeno geralmente instável, fugaz e inconsistente.
- Através dos estudos da dinâmica evolutiva da delinquência, Frechette e LeBlanc (1987) definem dois tipos de evolução bem distintos:
- Um perfil em que a delinquência se inscreve como um extravasar temporário do agir, tomando a forma de um rito de passagem, representando a maioria dos casos. Tal perfil é identificado como a delinquência regressiva.
- Um perfil de uma delinquência precoce, sustida, diversificada e aquisitiva, decorrente da consolidação no indivíduo de um modo de funcionamento dissocial, de antagonismo e oposição. Esta é a delinquência perversa, que leva ao afundar na anti-socialidade. Será, pois, a delinquência extensiva.

Estes perfis fazem a distinção entre uma delinquência transitória e uma delinquência que é um estilo de vida. É, pois, importante identificar os mecanismos responsáveis pela consolidação da orientação anti-social e aqueles responsáveis pelo retorno ao conformismo.

Apesar de ser inegável a influência das experiências precoces, não existe uma relação linear de causa-efeito entre o comportamento anti-social na adolescência e na idade adulta. Existem outros factores e experiências vividos na adolescência que podem intervir no agir transgressivo. Assim, a continuidade/estabilidade expressa-se em manifestações muito heterogéneas que vêm confirmar o polimorfismo dos comportamentos anti-sociais e do seu desenvolvimento.

Não obstante, os comportamentos anti-sociais apresentam uma estabilidade temporal considerável e particularidades relativamente à frequência, especificidade, duração, gravidade, o que nos permite detectar a presença de factores de risco e falar em preditores de comportamentos delinquentes, isto é, um conjunto de factores presentes a determinada altura, que possibilitam prever, com maior ou menor probabilidade, a possibilidade de surgir em futuros comportamentos delinquentes, que, como é óbvio, estarão dependentes das experiências/vivências do jovem ao longo do seu processo evolutivo, podendo concretizar-se ou não, consoante as influências protectoras ou nefastas do meio envolvente e da sua relação com este.

Assim, tendo em consideração que os estudos existentes sobre a população de jovens delinquentes provêm massivamente da literatura estrangeira, parece importante para quem trabalha com esta população, em Portugal, dispor de alguns dados que permitam verificar se a população portuguesa partilha as mesmas características.

O objectivo deste estudo exploratório são caracterizar e encontrar relações que permitam compreender melhor a população sobre a qual intervêm as equipas de menores do IRS, na cidade de Lisboa. Analisaremos as características sócio-demográficas, familiares e individuais dos menores, de modo a entender e intervir melhor no fenómeno da delinquência.

Procedimento e Amostra

A população em estudo é específica, encontrando-se no funil da justiça. Os menores em causa já foram alvo de participações judiciais, mas ainda não foram julgados. Nesta fase, as equipas de reinserção social avaliam o jovem e propõem as medidas que parecem adequadas e necessárias. Assim, mediante a caracterização sócio-demográfica e explorando algumas características individuais, procuraremos chegar a algumas conclusões sobre os menores que chegaram às equipas de menores de Lisboa, especificamente no ano de 2001, altura da implementação da lei Tutelar Educativa.

Foi construída uma grelha de caracterização[1] dos menores com base em elementos provenientes da literatura (factores de risco e protectores) e que permitiu recolher e analisar os dados constantes dos dossiers individuais dos menores existentes nas equipas de menores.

Foram recolhidos dados relativos a 180 menores, com idades compreendidas entre os 12 e os 16 anos, que entraram em contacto com o sistema de justiça juvenil português, em 2001, e que foram alvo de avaliação ou intervenção pelos técnicos das equipas de Lisboa do Instituto de Reinserção Social. Destes 180, excluíram-se 27, por insuficiência de dados necessários ao preenchimento da grelha, sendo a amostra final de 153 sujeitos.

Resultados

Deixando de parte os resultados da análise preliminar (referentes à caracterização da amostra em termos dos dados sócio demográficos, das medidas propostas e da postura do menor face ao ilícito criminal) e da análise de correlações de Pearson (cruzamento das variáveis), importa abordar os dados no que toca especificamente à análise de *clusters*, com o objectivo de encontrar padrões e tipologias dos jovens que são sinalizados pela prática de actos ilícitos na cidade de Lisboa. O método de análise de *clusters* pode ser descrito como:

> "dado um conjunto de n indivíduos para os quais existe informação sobre a forma de p variáveis, o método de análise de clusters procede ao agrupamento dos indivíduos em função de informação existente, de tal modo que os indivíduos pertencentes a um grupo sejam tão semelhantes quanto possível e sempre mais semelhantes aos elementos do mesmo grupo do que a elementos dos restantes grupos" (Reis, 1997).

O Método utilizado foi o *k-means* e, após análise dos resultados obtidos, seleccionaram-se 2 clusters. Note-se que, dos 153 inquéritos, 64 foram excluídos da análise de clusters, devido ao número de omissões nos inquéritos, ou por apresentarem características demasiado variadas para se enquadrarem num grupo. Esta situação vem confirmar a diversidade e o

Tipologia do Delinquente Juvenil Urbano 117

polimorfismo dos comportamentos delinquentes, e a dificuldade de os agrupar ou caracterizar como um grupo homogéneo. Este grupo heterogéneo de 64 jovens fazem, contudo, parte desta população de jovens que chega ao sistema de Justiça, e eventualmente poderiam ser caracterizados recorrendo a uma amostra maior e a uma informação mais sistematizada com um menor número de omissões. Contudo, a Análise de Clusters permitiu identificar dois grupos relativamente homogéneos de jovens com características semelhantes entre si, que os distinguem dos restantes indivíduos, i.e., permitiu-nos encontrar dois perfis de menores delinquentes (Quadro 1).

Quadro1: Tipologia do delinquente juvenil urbano

	PERFIL 1	PERFIL 2
Actividade delituosa	Idade entre os 14 e 15 anos; Um único contacto com o sistema Judicial; Primeiro delito aos 14 anos; Delitos: obstrução justiça, injúrias ou posse de estupefacientes, Reconhece a existência do dano e vítima; Demonstra arrependimento; Colabora com os serviços do IRS.	Idade de 15 anos; Indiciado, várias vezes pelo Sistema Judicial; Primeiro delito aos 13 anos; Delitos que vão do roubo à injúria e à violação da propriedade; Ambivalente e não reconhece o sofrimento do outro; Desvaloriza, nega ou é indiferente face aos seus comportamentos; Resistente perante a intervenção dos serviços do IRS.
Enquadramento Familiar	Agregado familiar de origem (com cerca de 4 elementos); Clima relacional de indiferença ou frieza; Estilo educativo parental rígido; Supervisão pouco frequente; Atitude familiar face aos actos desviantes de tolerância e permissividade.	Agregado familiar reconstruído (com cerca de 6 elementos); Clima relacional hostil; Fraca coesão entre as figuras parentais; Estilo educativo parental permissivo; Supervisão pouco frequente; Face aos comportamentos ilícitos do menor a mãe adopta uma postura de tolerância e permissividade.
Situação escolar	Habilitação escolar: 6.º ano; Frequenta a escola.	Habilitação escolar: o 4.º ano do ensino básico; Frequenta a escola, embora com um elevado nível de absentismo.

	Relacionam-se, privilegiadamente, com grupos de pares desviantes; São considerados como menores sociáveis.	Relacionam-se, privilegiadamente, com grupos de pares desviantes; Assumem uma participação activa no seio do grupo de pares; Estilo relacional manipulador.
Relações		

Estes perfis distinguem-se ao nível da gravidade e persistência dos comportamentos anti-sociais e da maior ou menor presença de factores de risco.

O perfil 1 revela jovens apenas com um delito registado, sendo o primeiro acto assinalado aos 14 anos, o que é consistente com um percurso de início apenas na adolescência. Estão integrados no agregado familiar de origem de estrutura tradicional e frequentam a escola, tendo geralmente o 6.º ano de escolaridade. Apesar da existência de disfuncionalidades, tal como fraca supervisão parental, algum insucesso escolar, etc., este grupo apresenta um perfil mais adequado do que o perfil 2, que revela um conjunto de jovens com comportamentos persistentes (várias participações), com um início mais precoce, em que o ambiente familiar é mais hostil e desorganizado, existindo uma postura de tolerância e permissividade perante os comportamentos desajustados do menor que facilita a estabilização dos comportamentos anti-sociais.

Importa salientar ainda que a maioria destes jovens não possui mais do que o 4.º ano de escolaridade, o que indica um abandono precoce das actividades socialmente esperadas/adequadas para a sua faixa etária, revelando a existência de diversos factores que potenciam a sua exclusão dos percursos normativos.

Em ambos os casos, os factores de risco previstos na literatura estão presentes (práticas parentais deficientes, falta de supervisão, interacções familiares coercivas, insucesso escolar, associação com pares desviantes, etc.). A diferença está no grau de gravidade que apresentam em cada caso, indiciando níveis diferentes de envolvimento nos comportamentos anti-sociais que exigem respostas diferenciadas e intervenções específicas, devendo estudar-se conjuntamente os mecanismos presentes na lei e as respostas que o Instituto está preparado para dar ao nível da intervenção, de modo a executar a medida tutelar imposta pelo tribunal de modo eficaz, imaginativo e adequado às necessidades dos menores. Para tal, é necessário começar a avaliar estes menores de acordo com os principais factores de risco e com o seu grau de gravidade, desenvolvendo programas de intervenção adequados aos diversos perfis.

Considerações finais

Os resultados apresentados podem ter interesse para a intervenção, uma vez que se consegue chegar ao conhecimento da existência de especificidades dentro de cada grupo que poderão merecer atenção e intervenção específicas. Ao perceberem-se as particularidades de cada grupo é importante desenvolver formas de intervenção específica, de modo a poderem maximizar-se os resultados. Caso contrário, estaremos a desenvolver demasiados esforços junto de uns e poucos esforços junto de outros. É importante distinguir quais são os jovens com um percurso delinquente persistente e diversificado, as características individuais e familiares, pois é nesses que se devem concentrar a maior parte dos recursos do Instituto de Reinserção Social. É nesses jovens, cujo comportamento foge claramente da delinquência normativa, transitória e exploratória, e que têm uma maior probabilidade de iniciarem uma carreira criminal, que o Instituto tem a responsabilidade de intervir, exactamente por ser a entidade responsável por ajudar a definir politicas criminais, de prevenção, etc. Nos outros casos, é possível que, em articulação com serviços da comunidade, com a família, com a escola, com a maturidade ganha com a idade, o percurso delinquencial regrida, mas, nos jovens com comportamentos anti-sociais repetidos, conhecidos pelo desrespeito dos bens jurídico-sociais, da autoridade, a intervenção tem de ser pensada de forma diferente da intervenção junto dos restantes jovens.

A maioria dos jovens que chegam ao sistema judicial apresenta situações relativamente estáveis e normativas. Apresentam apenas um facto ilícito, sendo frequente que não reincidam (ou pelo menos não são detidos), parecendo fazer parte da delinquência normativa. Contudo, um outro grupo, mais pequeno, é responsável por um maior número de factos ilícitos, correspondendo ao perfil da delinquência extensiva, ou de início precoce, que tem tendência a agravar-se. É neste grupo que o IRS deve focalizar a maioria dos seus esforços, especializando-se na intervenção e prevenção da criminalidade. No caso da delinquência normativa, os comportamentos anti-sociais têm tendência a regredir naturalmente com o crescimento e maturação do jovem. Mas tal não significa que não se deva interferir, pois é importante intervir e educar para a responsabilidade. Todavia, o tipo de intervenção com estes jovens deve ser necessariamente diferente da intervenção junto da delinquência persistente.

É importante realizar avaliações sistemáticas sobre a gravidade dos comportamentos, de modo a formular intervenções adequadas ao "tipo" de delinquente com que se deparam os serviços. Tendo em consideração as características destes menores, a falta de limites, a incapacidade ou indisponibilidade dos pais para os supervisionarem, a impossibilidade da escola em lidar com estes menores é necessário que as instituições especializadas na delinquência juvenil, das quais o IRS é o principal representante, criem respostas específicas, mecanismos de controlo e supervisão de medidas, como o acompanhamento educativo. Para tal, é necessário darem resposta às necessidades existentes, que parecem poder ser colmatadas, em alguns casos, com um centro de formação psico-social, que responda às necessidades destes menores, que privilegie as competências interpessoais e os afectos, de modo a criar as condições necessárias à aprendizagem mais formal. Tal exige turmas pequenas (10/15 alunos, no máximo) e monitores para controlar. Qualquer outro tipo de intervenção menos sistematizada e adequada à gravidade dos comportamentos evidenciados mais nada fará do que ajudar à perpetuação dos comportamentos delinquentes e contribuir para a noção de impunidade.

A este tipo de equipamentos psico-sociais, alia-se a necessidade de uma intervenção **multissistémica** na família com quem o menor passa a maior parte do seu tempo. Sem esta intervenção, a mudança operada no menor confrontar-se-á com diversas resistências, que porão em causa os seus esforços. No fundo, um projecto parecido com os da Day-School/Partial Hospitalization, da Pressley Ridge Schools, dirigido aos nossos jovens delinquentes fora do sistema escolar e sem alternativas, principalmente para os jovens com medidas como o acompanhamento educativo, que pressupõem uma maior limitação da liberdade do menor. Para que a intervenção da justiça seja eficaz e cumpra o seu princípio de prevenção de uma criminalidade futura, é necessária uma intervenção pensada de acordo com as tipologias encontradas e dotada de meios.

Urge uma intervenção sistemática e com um factor de controlo elevado sobre o quotidiano dos menores, a par com uma intervenção psicopedagógica, que permita aceder e reverter os padrões de comportamento instalados, nomeadamente ao nível do comportamento agressivo e violento, que poucas ou nenhumas instituições da comunidade estão preparadas para tolerar e gerir.

A realidade para muitos destes jovens, que entram em contacto com o sistema judicial, é uma situação de efectivo abandono escolar mascarado pela burocracia da matrícula. Estes jovens necessitam de uma alternativa à escolaridade normal, dirigida a pensar em massas que dispõem de algum apoio ou acompanhamento em casa. Necessitam de um espaço escolar, profissionalizante ou de qualquer outro que conjugue o ensino dos conteúdos programáticos com o ensino de competências pessoais e sociais, com a possibilidade de exprimirem e explorarem afectos que, muitas vezes, estão recalcados, coarctados, afectos que não sabem interpretar ou exprimir. Um espaço com os meios e o pessoal especializado para os conter e ajudar. Enquanto não se conseguir estabilizar o aspecto emocional, enquanto não se conseguirem desenvolver as competências interpessoais que a maioria já deveria ter aprendido a dominar através do espaço familiar, qualquer tentativa de ensinar conteúdos programáticos baseados apenas no aspecto cognitivo estará votada ao fracasso. Fracasso esse que, no futuro, é o fracasso destes jovens, mas é também o fracasso da sociedade que não os conseguiu integrar e orientar.

Nota

1. Informações mais pormenorizadas sobre a grelha de caracterização, a composição da amostra e a análise de resultados podem ser obtidas em Fernandes, M. (2002).

REFERÊNCIAS BIBLIOGRÁFICAS

ARBUTHNOT, J., Gordon, D., & Jurkovic, G. (1987). Personality. In H. Quay (Ed), *Handbook of juvenile delinquency*. New York: Wiley.

BORDUIN C., Mann B., Cone L., Henggeler S., Fucci B., Blaske, D., & Williams, R. (1995). Multisystemic treatment of serious juvenile offenders. *Journal of Consulting and Clinical Psychology, 4,569-578*.

BORDUIN, C., & Schaeffer, C. (1998). Violent offending in adolescence. In T. Gullotta, G. Adams, R. Montemayor (Eds.), *Violent delinquent Youth*. Newbury Park: Sage Publications.

DISHION T., & Andrews, D. (1995). Preventing escalation in problem behaviours with high-risk young adolescents. *Journal of Consulting and Clinical Psychology, 4*, 538-548.

DISHION T., Patterson, G., & Griesler, P. (1994). Peer adaptations in the development of antisocial behavior. In L. Huesmann (Ed.), *Aggressive Behavior: Current Perspectives*. New York: Plenum Press.

FARRINGTON, D. (1998). O desenvolvimento do comportamento anti-social e ofensivo desde a infância até à idade adulta. *Temas penitenciários, 1, 7-16*.

FERNANDES, M. (2002). *Os Anjos Caídos de Lisboa: Estudo exploratório sobre a delinquência juvenil urbana*. Dissertação de Mestrado não publicada. Instituto de Educação e Psicologia, Universidade do Minho.

FONSECA, A. (2001). A evolução do comportamento anti-social. In Centro de Psicopedagogia da Universidade de Coimbra (Ed.), *Problemas Emocionais e Comportamento Anti-Social*. Coimbra: **Centro de Psicopedagogia da Universidade de Coimbra.**

FRECHETTE, M., & LeBlanc, M. (1987). *Délinquances et Délinquants*. Boucherville: Gaëtan Morin Ed.

HENGGELER, S. (1999). Multisystemic Therapy: an overview of clinical procedures, outcomes, and policy implications. *Child Psychology & Psychiatry Review, 4*, 2-10.

HENGGELER S., Cunningham, P., Pickrel, S., Schoenwald, S., & Brondino, M. (1996). Multisystemic therapy: an effective violence prevention approach for serious juvenile offenders. *Journal of Adolescence, 19, 47-61*.

124 *Intervenção com Crianças, Jovens e Famílias*

HIRSCHI, T. (1969). *Causes of Delinquency*. Berkeley: University of California Press.

LOEBER R., & Stouthamer-Loeber, M. (1987). Prediction. In H. Quay (Ed.), *Handbook of juvenile delinquency*. New York: Wiley.

LORION R., Tolan P., & Wahler, R. (1987). Prevention. In H. Quay (Ed.), *Handbook of juvenile delinquency*. New York: Wiley.

MOFFITT, T. (1993). Adolescence limited and life course persistent anti-social behaviour: A developmental taxonomy. *Psychological Review, 100*, 674-701.

NEGREIROS, J. (2001). *Delinquências Juvenis*. Lisboa: Editorial de Notícias.

QUAY, H. (1987). Institutional Treatment. In H. Quay (Ed.), *Handbook of juvenile delinquency*. New York: Wiley.

REIS, E. (1997). *Estatística Multivariada Aplicada*. Lisboa: Edições Sílabo.

SEYDLITZ, R., & Jenkins, P. (1998). The influence of families, friends, schools, and community on delinquent behavior. In T. Gullotta, G. Adams & R. Montemayor (Eds.), *Violent delinquent Youth*. Beverly Hills: Sage Publications.

SNYDER J., & Patterson, G. (1987). Family interaction and delinquent behavior. In Quay H. (Ed.), *Handbook of juvenile delinquency*. New York: Wiley.

SWENSON C., Henggeler S., & Schoenwald, S. (2000). Family Based Treatments. In C. Hollin (Ed.), *Handbook of Offender Assessment and Treatment*. New York: John Wiley & Sons Ldt.

The Pressley Ridge Schools – Serving Children and Families Since 1832 (2002). *Day School/ Partial Hospitalization Outcome Study*.

AS MÚLTIPLAS FACES DA INSTITUCIONALIZAÇÃO DE CRIANÇAS E JOVENS: RISCO E/OU OPORTUNIDADE?

Luísa Ribeiro Trigo e Isabel Alberto***
* Faculdade de Educação e Psicologia
da Universidade Católica Portuguesa (Porto)
** Faculdade de Psicologia e de Ciências da Educação
da Universidade de Coimbra

A institucionalização de crianças e jovens desprovidos de meio familiar adequado constitui uma medida de promoção e protecção cujos riscos e potencialidades têm vindo a despertar o interesse de investigadores, técnicos, políticos e do público em geral. A nível da comunidade, e frequentemente por influência dos meios de comunicação social, vão surgindo os discursos emocionados e moralistas, que reforçam as representações sociais em torno da institucionalização e dos sujeitos institucionalizados. Diversos factores económicos, políticos, culturais e sociais têm conduzido a movimentos de institucionalização e de desinstitucionalização, em favor da adopção e das famílias de acolhimento (Zamfir, 1997).

Qual o contributo da investigação científica na abordagem desta problemática? A investigação tem contribuído para visões marcadamente pessimistas, e frequentemente lineares, sobre esta realidade, caracterizada pela complexidade e multidimensionalidade, que comporta, simultaneamente, riscos elevados, mas também oportunidades significativas para a promoção do desenvolvimento global das crianças e jovens que são acolhidos nas instituições.

No entanto, um olhar mais atento revela que a investigação neste domínio tem encontrado resultados interessantes, que importa compreender de forma integrada, contextualizada e crítica. Nesta comunicação, pretende-se analisar o percurso da investigação dentro desta temática, identificando as principais linhas de pesquisa, as variáveis estudadas, as opções metodológicas, os resultados, as conclusões daí retiradas. Serão também apontadas algumas perspectivas de futuro: que aspectos devem ser ponderados a nível da investigação científica neste domínio?

Surgem-nos, de imediato, algumas questões: Até que ponto as instituições de acolhimento cumprem a sua função protectora (tradicionalmente assistencial) e educativa junto das crianças e adolescentes? As crianças são efectivamente protegidas dos riscos/perigos que conduziram à institucionalização? Surgirão novos riscos/perigos no contexto da institucionalização? É realmente implementada uma função educativa, de promoção do desenvolvimento global e do bem-estar destas crianças e adolescentes? Como deve ser uma instituição de acolhimento? Que limites e oportunidades oferece esta medida de promoção e protecção?

Como refere Alberto (2002), a institucionalização é revestida de paradoxos que inquietam a mente e o coração de muitas destas crianças e adolescentes: Porque as levaram para longe da família? Que lhes irá acontecer? Como prosseguir sem as pessoas que são importantes para si? Na literatura existente, é notória uma visão negativa, que salienta a gravidade dos efeitos (a curto, médio e longo prazo) da institucionalização no bem-estar das crianças e adolescentes em várias dimensões (intelectual, física, comportamental e sócio-emocional), nomeadamente ao nível do desenvolvimento, da vinculação, da adaptação psicossocial, da auto-estima, dos problemas de comportamento, do desempenho académico, da capacidade de atenção, da linguagem (Bowlby, 1960; Spitz, 1951; Goldfarb, 1945, cit. in Wolff & Fesseha, 1999). Está difundida a ideia de que a colocação institucional de crianças, numa idade precoce e por longos períodos de tempo, aumenta bastante o risco de desenvolverem atrasos cognitivos e psicopatologias sérias no futuro (Wolff & Fesseha, 1998). Daí a ideia disseminada de que esta medida é prejudicial para as crianças e deve ser evitada, privilegiando-se outras alternativas, ignorando-se que, em alguns casos, não há essas alternativas!

Alguns aspectos negativos associados ao processo de institucionalização reconhecidos pela investigação são:

a) O desenvolvimento do sentimento de punição por parte da criança e adolescente que é institucionalizado (Alberto, 2002).

b) A presença de sintomatologia depressiva significativamente mais elevada comparativamente com a população geral (Valencia, Torres, Vazquez, & Dominguez, 1993).

As Múltiplas Faces da Institucionalização de Crianças e Jovens

c) Dificuldades no desenvolvimento físico, psicomotor e intelectual, perturbações a nível da vinculação, problemas graves de comportamento e emocionais (Johnson, 2000).

d) Desenvolvimento de atribuições internas, com processo de auto-culpabilização pelas situações de fracasso (causas internas e incontroláveis)', e atribuições externas ou ao acaso dos sucessos sociais (causas externas, instáveis e específicas, como a sorte). Este tipo de atribuições vai reforçar a sua vulnerabilidade emocional, tendo em conta que os adolescentes institucionalizados vão acumulando falhanços ao nível das relações sociais, aumentando a solidão (Han & Choi, 2006).

e) Dificuldades no processo de individuação, devidas a regulamentação excessiva do dia-a-dia das crianças e adolescentes, que não dá espaço para a sua individualidade, verificando-se uma atenção reduzida às necessidades emocionais individuais.

f) A dificuldade em estabelecer relações estáveis com figuras significativas, uma vez que conhecem vários cuidadores, ao longo da sua permanência na instituição (Graham, 2005).

g) A demissão/diminuição da responsabilização familiar, quer a nível educativo, quer a nível afectivo, e que é claramente percebida pela criança (Bouchard, 1997).

h) A estigmatização e discriminação social a que são votadas as pessoas com vivências de institucionalização (Alberto, 2002).

McCall (1999) defende que, no caso de a instituição não dar resposta efectiva às necessidades emocionais e sociais da criança, são de esperar défices nas crianças. Vários estudos referidos por Vorria, Sarafidou e Papaligoura (2004) têm demonstrado que, quando a qualidade das instituições é melhorada, os défices no desempenho intelectual das crianças institucionalizadas são praticamente eliminados. O mesmo já não se verifica relativamente às relações sociais, uma vez que persistem as diferenças na qualidade das relações com os pares, mesmo nas crianças que entretanto foram adoptadas por famílias funcionais (Hodges, & Tizard, 1989b). Algumas tentativas de explicação apontam para a elevada taxa de rotatividade dos profissionais destas instituições, o que leva à ausência de um cuidador consistente; o facto de as crianças serem admitidas numa idade muito precoce; e o facto de, tendencialmente, terem vivido em famílias altamente problemáticas com múltiplas adversidades psicossociais. Os problemas comportamentais e emocionais podem também ser uma consequência da vulnerabilidade que deriva de riscos genéticos e de experiências de vida seriamente desfavoráveis, prévias à institucionalização. Esta visão pessimista e fatalista conduziu a um acentuado descrédito face às instituições de acolhimento e à opção pela institucionalização de crianças e adolescentes em risco (Silva, 2004). Consideramos que este olhar negativista pode, ele próprio, constituir-se como dificuldade acrescida para os sujeitos institucionalizados.

Todavia, alguns estudos identificam e destacam resultados positivos da institucionalização no desenvolvimento e na promoção da qualidade de vida das crianças. Num estudo realizado já em 1930, por Trotzkey (cit. in McCall, 1999), comparou-se o desempenho intelectual e o peso de 2523 crianças institucionalizadas e de 1214 crianças integradas em famílias de acolhimento. Verificou-se que os resultados eram semelhantes ou mais elevados, no caso das crianças institucionalizadas. Num estudo longitudinal realizado por Hodges e Tizard (1989a) com crianças acolhidas em instituições até aos 2 anos de idade e acompanhadas até à adolescência, não se encontrou qualquer impacte da institucionalização no desempenho intelectual dos sujeitos. Já ao nível das dificuldades emocionais e comportamentais, estas eram mais comuns nos adolescentes institucionalizados do que no grupo de comparação. Carrasco-Ortiz, Rodríguez-Testal e Hesse (2001), num estudo que pretendia identificar as consequências do maltrato numa amostra de menores institucionalizados em Sevilha, verificaram que a institucionalização assumia um efeito protector, amortizando as consequências negativas do maltrato, pelo menos no que diz respeito à sintomatologia ansiógena.

Batchelor (1999), partindo da análise dos percursos de vida de adultos que tinham sido institucionalizados na infância e adolescência, verificou que a institucionalização tinha sido benéfica para a sua integração social e profissional. McKenzie (1997), analisando os discursos de sujeitos que tinham sido institucionalizados, concluiu, igualmente, que estes tinham uma avaliação positiva da influência dessa vivência institucional.

É pertinente constatar que poucos são os estudos que partem das narrativas dos próprios sujeitos sobre a avaliação que fazem da sua vivência de institucionalização. McKenzie (1996), numa investigação com 1600 indivíduos entre os 44 e os 96 anos, que tinham tido vivências de institucionalização, concluiu que estes tinham ultrapassado claramente a população em geral numa variedade de medidas sociais e económicas: mais habilitações escolares, menos desemprego, vencimentos mais elevados, entre outras dimensões, em comparação com as taxas vigentes na altura para a população Americana. Os participantes manifestaram também uma preferência clara pela institucionalização, em comparação com a hipótese de terem crescido em famílias de acolhimento ou nas suas famílias biológicas. Este estudo apresenta, no entanto, algumas limitações visíveis, nomeadamente na selecção dos sujeitos, que foi realizada através das *mailing-lists* de três instituições. Ora, é provável que os indivíduos ex-institucionalizados que tiveram boas experiências tenham mais probabilidade de aderir às *mailing-lists* e de aderir à participação no estudo.

Outro aspecto a considerar remete para o funcionamento das crianças e adolescentes. Tem-se demonstrado que as crianças apresentam níveis diferentes de resistência face à adversidade. Perante circunstâncias adversas, que conduzem à retirada da criança do seu meio familiar e à sua institucionalização, parece haver crianças que apresentam maior vulnerabilidade e crianças que se mostram mais resilientes (Silva, 2004). Outra questão pertinente a ponderar é considerar em que medida os défices observados se devem à experiência de institucionalização ou à história de vida prévia (Alberto, 2002), marcada por mau trato, negligência, abuso? Uma vez que os estudos, geralmente, utilizam como sujeitos crianças que apresentavam já níveis elevados de disfuncionalidade, aquando da admissão, torna-se muito difícil dissociar este fenómeno dos outros. Por outro lado, há dificuldades óbvias em estabelecer comparações entre grupos com características diferentes, por exemplo, ao nível do tipo de maltrato vivenciado (Carrasco-Ortiz, Rodríguez-Testal, & Hesse, 2001). Comparam-se crianças institucionalizadas com crianças em famílias de acolhimento ou biológicas, sem se ter em conta informação sobre a história de vida prévia da criança (as suas características, as do seu contexto familiar), a qualidade dos cuidados fornecidos pela instituição e pelos pais de acolhimento ou biológicos. E facilmente se atribuem os resultados à institucionalização, não se explorando explicações alternativas.

Até que ponto os resultados desfavoráveis não se devem a outras variáveis, não controladas ou tidas em conta nos estudos? Será que os défices encontrados ao nível da inteligência, da linguagem, se devem à institucionalização, ou estão associados a factores subjacentes às famílias biológicas? Qual o impacte que poderá ter o próprio processo de institucionalização, independentemente do tipo de instituição em que a criança/ /adolescente é acolhida? Segundo Alberto (2002), o próprio processo de institucionalização parece ter um impacte negativo nas crianças e adolescentes. Foram encontradas bastantes semelhanças na sintomatologia identificada em adolescentes institucionalizados com história prévia de mau trato e que foram retiradas das suas famílias e em crianças que se encontravam a estudar internas num colégio.

McCall (1999) apresenta uma revisão crítica da investigação realizada sobre os efeitos psicológicos da institucionalização. Partindo de uma imagem generalizada negativa, que defende que as instituições de acolhimento são prejudicais para as crianças, principalmente se acolhidas numa idade precoce e durante um período prolongado, o autor questiona até que ponto a investigação existente neste domínio apresenta metodologias adequadas e rigorosas, que garantam a sua validade interna e externa, ou seja, em que medida podemos atribuir os resultados encontrados à institucionalização (validade interna) e em que medida eles podem ser generalizados (validade externa).

Analisando os estudos marcantes de Bowlby (1951) e de Spitz (1945), McCall (1999) põe em causa uma série de procedimentos metodológicos e salienta a ausência de informação relevante sobre a forma como os estudos foram conduzidos. McCall (1999) considera que mais importante do que a presença da mãe, parece ser o que denomina de *consistent mothering*. Talvez não seja a separação/ausência da mãe em si que provoca os efeitos psicológicos a vários níveis, mas antes a severa privação social de alguém com quem a criança estabeleça uma relação de vinculação estável, continuada e segura.

Carrasco-Ortiz, Rodríguez-Testal e Hesse (2001) e McCall (1999) apontam outras fragilidades das pesquisas, nomeadamente o facto de partirem de amostras pequenas e de conveniência, reduzindo a validade externa dos estudos. Muitas vezes, não são explicitados os procedimentos utilizados na selecção dos sujeitos, nem até que ponto a amostra é representativa da população. Mas, mesmo assim, facilmente se generalizam os resultados... Em estudos correlacionais, torna-se mais crítica ainda a constituição das amostras, pois há factores "escondidos", não controlados, que podem estar a afectar os resultados.

Outro aspecto a ponderar é a diversidade e especificidade das instituições analisadas, em que não se ressalvam as características bastante diferentes que as definem (e.g. hospitais, pequenas unidades familiares, grandes instituições). Além disso, McCall (1999) chama a atenção para um tópico a não menosprezar na pesquisa nesta área, ou seja, a influência dos estereótipos do próprio investigador face às instituições de acolhimento como medida de promoção e protecção. O autor afirma, inclusivamente, que se verifica uma tendência nas editoras para rejeitar estudos que não apontam diferenças entre os grupos de comparação.

McCall (1999) refere que as instituições constituem um contexto privilegiado para estudar o desenvolvimento da criança, mas tal não tem sido plenamente aproveitado. Daí que uma sugestão do autor vá no sentido de se implementar investigação verdadeiramente desenvolvimental, avaliando as mudanças de forma sistemática ao longo do tempo. Realça a importância dos estudos longitudinais e prospectivos, em que as crianças possam ser observadas, aquando da entrada na instituição, em diversos momentos após a sua integração e também no momento da saída e futura integração num novo contexto.

Torna-se importante desenvolver estudos qualitativos que permitam às próprias crianças e adolescentes institucionalizados expressar o seu sentir, os significados atribuídos e o seu ponto de vista relativamente à sua experiência de acolhimento residencial. Como questiona Alberto (2002, p. 227), "Como se sentem as crianças e os adolescentes que as integram [as instituições]? Como percepcionam e avaliam a sua experiência de internamento nestas instituições?" Parece pertinente analisar as percepções das crianças e adolescentes relativamente à sua própria experiência de institucionalização, utilizando metodologias indutivas, construtivistas, mais do que hipotético-dedutivas. Há que realizar estudos de caso aprofundados, tentando identificar tendências e indicadores.

Sloutsky (1997), defendendo uma perspectiva contextual, realça a necessidade de se analisar as diferenças entre as instituições e as famílias, nomeadamente ao nível da sua organização e do papel que assumem os seus participantes. O autor descreve a instituição de acolhimento como um contexto fechado, caracterizado por isolamento social, onde há falta de acesso a uma interacção social diversa, nomeadamente ao nível do contacto entre os pares dos dois sexos. Para proteger as crianças e o património da instituição, limita-se a actividade lúdica, exploratória e relacional das primeiras. Por outro lado, Sloutsky (1997) refere a ausência de laços emocionais fortes no contexto institucional, dada a mobilidade, quer profissional, quer das crianças, que facilmente transitam de uma instituição para outra! Estas são variáveis que importa considerar a nível do impacte negativo que poderão acarretar para os sujeitos institucionalizados.

Uma área promissora diz respeito precisamente à identificação de boas práticas que possam ser divulgadas, contribuindo para a melhoria constante destes serviços. Há que estudar, de forma sistemática, a qualidade das instituições, o tipo de experiências e oportunidades que são proporcionadas às crianças. É preciso perceber que organização é mais vantajosa para o desenvolvimento das crianças, ao nível das rotinas, da gestão das tarefas escolares, da constituição dos grupos (homogeneidade ou heterogeneidade de género e de idade). Interessa compreender quais os factores de sucesso e de insucesso na experiência de institucionalização: como é gerido o dia-a-dia; que práticas educativas são utilizadas; que oportunidades de desenvolvimento são proporcionadas; como são resolvidos os problemas; que padrões de comunicação se estabelecem; se o modelo de funcionamento é mais profissional ou mais familiar; que relações se constituem com os pares; que tipo de relação tem com o exterior; que grau de participação e envolvimento têm as crianças e adolescentes na organização da instituição.

Tizard e Rees (já em 1974) consideram fundamental identificar as características do ambiente institucional que poderão ter um efeito adverso no desenvolvimento, como, por exemplo, múltiplos cuidadores ou uma reduzida estimulação. O que deverá ser feito para superar estas consequências mais danosas?

Tem-se verificado uma promoção na melhoria da qualidade das condições materiais nas instituições, mas a dimensão afectiva continua a constituir um grande desafio, uma vez que é a área mais afectada. A necessidade de estabelecer relações interpessoais consistentes e estáveis com a criança torna-se exigente, atendendo até a questões organizacionais, tais como mudanças de turno, diminuição do número de profissionais aos fins-de-semana, baixa formação dos auxiliares, baixa remuneração, baixo estatuto, elevada rotatividade.

Wolff e Fesseha (1998, 1999) compararam a saúde mental e o desenvolvimento cognitivo de órfãos de guerra dos 9 aos 12 anos da Eritreia, que residiam em dois orfanatos que apresentavam características qualitativamente diferentes ao nível da interacção entre o corpo de profissionais e os estilos de gestão. Os resultados indicam que, na instituição em que os profissionais participavam nas decisões relativas às crianças e em que estas interagiam intensamente com os profissionais, desenvolvendo a sua autonomia, demonstravam menos sintomas comportamentais de *stress* emocional (alterações de humor) e um desempenho cognitivo mais ele-

As Múltiplas Faces da Institucionalização de Crianças e Jovens   133

vado do que os órfãos que viviam num contexto em que o director tomava as decisões sozinho, as rotinas diárias eram determinadas pelas regras e horários e as interacções entre os profissionais e as crianças eram impessoais. Assim, a partilha de responsabilidades na gestão dos cuidados às crianças, a sensibilidade e a individualização da relação e o estabelecimento de laços pessoais estáveis parecem dar resposta, de forma mais eficaz, às necessidades emocionais das crianças e ao seu desenvolvimento psicológico (mesmo em orfanatos com muitas crianças, com poucos recursos materiais, com reduzido acesso a especialistas em desenvolvimento infantil). A qualidade dos cuidados fornecidos pelas instituições e o ambiente emocional vivido parecem desempenhar um papel importante na reabilitação psicológica de órfãos de guerra, servindo como um amortecedor dos efeitos adversos da exposição crónica aos perigos da guerra e à perda de ambos os pais. Num estudo de *follow-up* após 5 anos, os mesmos autores confirmaram a ideia principal referida. Mais uma vez, este estudo apresenta a limitação de não ter sido possível recolher informação sobre as experiências sociais prévias à institucionalização nas suas famílias de origem.

Num estudo realizado por Groark, Muhamedrahimov, Palmov, Nikiforova e McCall (2005), em três centros russos de acolhimento de bebés e crianças até aos 4 anos, verificou-se que a formação de profissionais com *backgrounds* educacionais baixos e as mudanças estruturais no funcionamento das instituições são eficazes, aumentando as relações de suporte e afecto por parte dos cuidadores, melhorando as interacções sociais com as crianças, pelo menos temporariamente (não é referido qualquer estudo de *follow-up* das mudanças verificadas). A formação teve como principal objectivo o desenvolvimento de competências relacionais nos profissionais, por forma a serem socialmente mais responsivos nas suas interacções com as crianças e a estarem mais atentos ao seu desenvolvimento emocional e social, em todos os aspectos da vida na instituição.

As mudanças implementadas consistiam, essencialmente, no desenvolvimento de relações persistentes e mais intensas entre os prestadores de cuidados e as crianças, através da:

- Constituição de "grupos familiares" (6-7 crianças), que incluíam dois cuidadores primários, que permaneciam com as crianças por um longo período de tempo. Cada grupo tinha o seu espaço próprio (e.g. a sua sala de estar e de jantar);

- Constituição dos grupos com base numa atmosfera familiar, que permitiam uma atenção mais individualizada a crianças de diferentes idades e capacidades (por exemplo, enquanto os bebés dormiam, os cuidadores podiam brincar com as crianças mais velhas);
- Criação de duas horas diárias reservadas para as crianças estarem no seu grupo com os seus cuidadores primários, sem visitas, para que pudessem brincar e aprofundar as suas relações;
- Eliminação da transferência periódica das crianças para novos contextos, à medida que avançavam na idade. Pelo menos nos dois primeiros anos de permanência na instituição, a criança permanecia com os mesmos cuidadores primários, o que reduziu drasticamente o número de cuidadores a que eram expostas as crianças nos primeiros anos do acolhimento institucional;
- O próprio espaço físico foi alterado, com a aquisição de mobília mais atractiva e salas mais pequenas.

Cada criança tinha, então, um grupo mais pequeno e mais estável de cuidadores. A observação informal levada a cabo na instituição revelou fortes melhorias nas relações entre cuidadores e crianças (passou a haver gestos calorosos, mais sorrisos e conversas entre pares e entre crianças e adultos, mais interacções recíprocas). Os cuidadores revelaram também menos ansiedade e menos sintomas depressivos. As crianças melhoraram no desenvolvimento a vários níveis: físico, mental, social e emocional.

Este estudo salienta as potencialidades da formação de profissionais e da organização institucional.

Sparling, Dragomir, Ramey e Florescu (2005), numa pesquisa realizada num orfanato romeno, verificaram que intervenções de âmbito educativo e organizacional podem facilitar o desenvolvimento das crianças. Foram promovidas relações estáveis entre os adultos e as crianças, constituíram-se grupos mais pequenos, proporcionaram-se actividades educativas ricas e variadas, ministrou-se formação aos profissionais. Ou seja, apostou-se na qualidade de vida das crianças e na quantidade e qualidade de estimulação educacional.

Com base na investigação existente, Raymond (1996, 1998) aponta os aspectos fundamentais a considerar para que uma instituição de acolhimento seja efectiva no seu papel de promoção do desenvolvimento e do bem-estar de crianças e adolescentes em risco, designadamente:

As Múltiplas Faces da Institucionalização de Crianças e Jovens

a) Securizante: uma organização estável, onde seja possível a previsibilidade através da implementação clara de regras e rotinas; distinção de espaços e objectos seus e dos outros. A instituição deve ser responsiva e sensível às necessidades de cada criança.

b) Contentora de angústias: importância da explicação dos porquês, das razões de ser das regras; congruência e coerência entre o discurso e as acções; promover a expressão de sentimentos, nomeadamente positivos.

c) Promotora do desenvolvimento pessoal e da construção da identidade: apostar na (re)construção do eu, trabalhando sentimentos de culpabilidade, a ausência de sonhos/projectos, a falta de controlo sobre a sua vida; promovendo a autonomia, a integração profissional, fomentando o contacto com diferentes realidades.

d) Evitar obviamente a revitimização da criança/jovem e o recurso à violência física e/ou verbal.

e) Co-construir projectos de vida.

f) Apostar em relações de vinculação estáveis, atender à relação cuidador-criança; esta relação pode ser melhorada através da constituição de grupos pequenos, de um bom rácio de cuidadores por criança; formação inicial e contínua dos cuidadores; sensibilidade e competências dos cuidadores (Carnegie Task Force, 1994, cit. in Graham, 2005).

g) Proporcionar actividades educacionais enriquecidas, disponibilizando recursos (por exemplo, brinquedos, livros) e experiências significativas.

Por sua vez, Fernández del Valle e Zurita (2000, pp. 151-170) apresentam uma proposta de dez princípios para uma actuação de qualidade por parte das instituições de acolhimento:

1. Individualização, em vez de massificação;
2. Respeito explícito pelos direitos da criança e da família;
3. Adequado suprimento das necessidades materiais básicas;
4. Aposta na escolarização/educação;
5. Promoção da saúde;
6. Integração social que ofereça à criança um estilo de vida tanto quanto possível semelhante ao das outras crianças da sua idade;
7. Promoção de desenvolvimento e preparação para a vida adulta;

8. Apoio às famílias;
9. Segurança e protecção;
10. Colaboração e coordenação centrada na criança e na sua família.

Da análise global da investigação realizada neste domínio, verificamos então que se destacam três grupos de factores essenciais nas vivências de institucionalização: a) a organização do contexto insttitucional; b) os cuidadores que asseguram a qualidade de vida das crianças (e.g. as suas percepções, dificuldades, atitudes, satisfação/insatisfação, motivações); c) as crianças/adolescentes institucionalizados.

Além disso, a análise da temática da institucionalização deverá ter em conta os outros factores (Silva, 2004) que poderão afectar a qualidade da experiência da institucionalização, o seu maior sucesso ou insucesso, nomeadamente:

a) A qualidade das condições/oportunidades oferecidas pela instituição, tendo em conta os 3 níveis de privação propostos por Rutter (1981, cit. in Silva, 2004): alimentação, higiene e saúde; cognição, linguagem, motricidade e sociabilidade; relacionamento estável.

b) A idade da criança na admissão à instituição.

c) A história de vida prévia (gravidez, parto, dinâmicas familiares,...).

d) As características individuais das crianças/adolescentes (vulnerabilidade/resiliência; factores genéticos e congénitos);.

e) Duração da institucionalização.

f) Cuidados diferenciados dentro da instituição (assumindo que há os que adquirem o estatuto de "preferidos" ou "favoritos").

g) As características do meio e as vivências posteriores à saída da instituição.

Dito de outra forma, temos então três tipos de factores, ou seja, os pré-institucionais, os institucionais e os pós-institucionais (Gunnar, Bruce, & Grotevant, 2000; Wilson, 2003).

Podemos então considerar que os problemas identificados nas crianças e adolescentes com vivências institucionais não podem ser atribuídos linearmente à institucionalização em si. Não podemos afirmar que a colocação institucional é sempre a pior opção, até porque pode ser mesmo a única! Como refere MacLean (2003), a institucionalização pode constituir um factor de risco ao nível do desenvolvimento das crianças e adolescentes, mas não condena obrigatoriamente a criança a efeitos psicológicos graves e irreversíveis. O impacte da institucionalização parece ser mais marcante quando se associam factores de risco no contexto pós-institucional (e também no contexto pré-institucional). Não é de negligenciar a provável influência das representações sociais em torno da institucionalização, nem das relações que a comunidade tem com as suas instituições.

Assim, a pesquisa científica tem um papel fundamental para a construção de um olhar mais objectivo na temática da institucionalização, e apontamos algumas variáveis que nos parece ser pertinente estudar com mais profundidade:

a) O relacionamento/afastamento dos irmãos: segundo McCall (1999), manter os irmãos juntos pode atenuar alguns problemas de ajustamento.

b) A manutenção de contactos regulares com as famílias biológicas (fins-de-semana, férias): alguns estudos (Berridge, & Cleaver, 1987, cit. in Wise, 1999; Bullock, Little, & Millham, 1993, cit. in Wise, 1999) defendem que as crianças que mantêm contactos regulares com os seus pais gerem melhor as relações com os adultos e manifestam mais elevada competência social e educacional.

c) O relacionamento com os pares dentro (e fora) da instituição: será que o grupo de pares constitui uma alternativa de suporte social que pode proporcionar estabilidade emocional e de certa forma atenuar os efeitos negativos da ausência da família? Segundo Yoo, Han e Choi (2002, cit. in Han & Choi, 2006), sim. Contudo, os adolescentes institucionalizados tendem a exibir problemas de sociabilidade (Warger, & Kleman, 1986, cit. in Han & Choi, 2006), têm dificuldade em revelar-se/expor-se aos pares (Choi, Yoo, & Han, 2002, cit in Han & Choi, 2006; Park, 1994, cit. in Han & Choi, 2006), frequentemente manifestam relações problemáticas com os pares (Hutchinson, Tess, Gleckman, & Spence, 1992) e percepcionam menos apoio social por parte dos adultos e dos pares (Yoo, Han & Choi, 2002, cit. in Han & Choi, 2006).

Segundo Han e Choi (2006), a forte solidão evidenciada pelos adolescentes institucionalizados revela que o grupo de pares não está a funcionar como uma rede social de apoio alternativa à família. Apesar de viverem em grupo, a qualidade da interacção com pessoas dentro e fora da instituição não está a ser suficiente. Coloca-se a questão sobre o que poderá estar a moderar esta gestão da relação com os pares!

d) As famílias de afecto: num estudo realizado por Flores, Cicchetti e Rogosch (2005), verificou-se que a capacidade de construir uma relação interpessoal positiva com um adulto fora do sistema familiar era um preditor de resiliência em crianças (latinas, a viver nos Estados Unidos) vítimas de maus-tratos. Em Portugal, verificamos o recurso a famílias que abrem as suas casas ao acolhimento voluntário de crianças e adolescentes institucionalizados, em períodos de férias e aos fins-de-semana. É necessária investigação sistemática sobre esta realidade, no sentido de identificar as suas mais-valias e constrangimentos.

e) As imagens sociais das crianças e adolescentes institucionalizados: uma área que merece ser estudada mais a fundo diz respeito à análise das representações, estereótipos, preconceitos, atitudes em torno desta problemática (Colton, Drakeford, Roberts, Scholte, Casas, & Williams, 1997). Como refere Alberto (2002), uma das implicações negativas do processo de institucionalização é a estigmatização e discriminação social, por um lado, e a auto-exclusão ou diferenciação negativa, por outro. Interessa, portanto, ter informação objectiva e actualizada sobre estas hetero e auto-imagens.

f) A abertura/relações das instituições com a comunidade: as instituições manifestam diferentes graus de ligação com a comunidade envolvente, que importa conhecer ao nível das práticas e suas implicações a vários níveis. A abordagem ecológica (Bronfenbrenner & Morris, 1998), aplicada às instituições de acolhimento, pode dar grandes contributos.

g) A realização de estudos preditivos (através de regressões hierárquicas) do sucesso da colocação institucional, tal como encontramos relativamente à colocação em famílias de acolhimento (Cautley & Aldridge, 1975). Legault, Anawati e Flynn (2006) testaram diversos factores, tentando construir um modelo preditivo do ajustamento psicológico de crianças e adolescentes colocados em instituições e em famílias de acolhimento. Os resultados salientam a importância das relações interpessoais (quer com o cuidador primário, quer com os amigos) na redução da ansiedade em adolescentes em medidas de colocação extra-familiar. Há que ter em conta factores pessoais (a auto-estima funciona como um recurso protector), relacionais (relações positivas, de apoio, com os pares e com os cuidadores; há que ajudar o jovem a reconstruir ou manter uma rede social de apoio; reforçar as suas competências sociais) e factores contextuais (acontecimentos de vida adversos).

h) É necessário realizar mais estudos sobre os possíveis efeitos da institucionalização na idade adulta e nas gerações seguintes. Dowdney, Skuse, Rutter, Quinton e Mrazek (1985, cit. in Sigal, Perry, Rossignol, & Ouimet, 2003) descobriram que as mulheres criadas em instituições assumem uma parentalidade mais inadequada junto dos seus bebés e tendem a solicitar a institucionalização dos seus filhos.

i) Uma outra variável interessante a explorar diz respeito à vivência espiritual ou religiosa. A adaptação parece estar facilitada quando há um suporte de crenças religiosas/espirituais para gerir as adversidades e parece haver um sentimento mais forte de se ser feliz, no caso de existir um investimento espiritual ou religioso (Sigal, Perry, Rossignol, & Ouimet, 2003).

Em jeito de finalização, podemos referir que a institucionalização de crianças e adolescentes tem múltiplas faces, que não podem ser ignoradas ou analisadas de forma linear. Trazem riscos e oportunidades, limites e potencialidades, perdas e conquistas, sonhos e desilusões ... pintando de forma mais ou menos colorida as histórias de vida de cada criança ou adolescente, todas elas ultrapassando os limites temporais e espaciais de uma instituição!

REFERÊNCIAS BIBLIOGRÁFICAS

ALBERTO, I. (2002). "Como pássaros em gaiolas"? Reflexões em torno da institucionalização de menores em risco. In C. Machado & R. Gonçalves (Orgs.), *Violência e vítimas de crimes*. Coimbra: Quarteto.

BATCHELOR, J. (1999). Adaptation to prolonged separation and loss in institutionalized children: Influences on the psychological capacities of adults "orphaned" throughout childhood. *Dissertation Abstracts International Section, 59*, 3205.

BOUCHARD, J. (1997). Partenariado: A família, a escola e os serviços para pessoas com dificuldades... In A. Rodrigues-Lopes (Org.), *Problemática da família: Contributo para uma reflexão sobre a família na sociedade actual. Actas da conferência internacional sobre a problemática da família* (pp. 82-104). Viseu: Instituto Superior Politécnico.

BRONFENBRENNER, U., & Morris, P. (1998). The ecology of developmental processes. In W. Damon (Ed.), *Handbook of Child Psychology*. New York: John Wiley & Sons.

CARRASCO-ORTIZ, M., Rodríguez-Testal, J., & Hesse, B. (2001). Problemas de conducta de una muestra de menores institucionalizados com antecedentes de maltrato. *Child Abuse & Neglect, 6*, 819-838.

CAUTLEY, P., & Aldridge, M. (1975). Predicting success for new foster parents. *Social Work*, 48-53.

COLTON, M., Drakeford, M., Roberts, S., Scholte, E., Casas, F., & Williams, M. (1997). Child welfare and stigma. Principles into practice. *Childhood, 4*, 265-283.

FERNÁNDEZ DEL VALLE, J., & Zurita, J. F. (2000). *El acogimiento residencial en la protección a la infância*. Madrid: Editora Pirâmide.

FLORES, E., Cicchetti, D., & Rogosch, F. (2005). Predictors of resilience in maltreated and nonmaltreated Latino children. *Developmental Psychology, 41*, 338-351.

GRAHAM, M. (2005). International Struggles and strategies in improving caregiving/ /child relationships in group care. *Infant Mental Health Journal, 26*, 93-95.

GROARK, C., Muhamedrahimov, R., Palmov, O., Nikiforova, N., & McCall, R.

(2005). Improvements in early care in Russian orphanages and their relationship to observed behaviors. *Infant Mental Health Journal, 26*, 96-109.

GUNNAR, M. R., Bruce, J., & Grotevant, H. D. (2000). International adoption of institutionally reared children: Research and policy. *Development and Psychopatology, 12*, 677-693.

HAN, E., & Choi, N. (2006). Korean institutionalized adolescents' attributions of success and failure in interpersonal relations and perceived loneliness. *Children and Youth Services Review, 28*, 535-547.

HODGES, J., & Tizard, B. (1989a). IQ and behavioural adjustment of ex-institutional adolescents. *Journal of Child Psychology and Psychiatry, 30*, 53-75.

HODGES, J., & Tizard, B. (1989b). Social and family relationships of ex-institutional adolescents. *Journal of Child Psychology and Psychiatry, 30*, 77-97.

HUTCHINSON, R., Tess, D., Gleckman, A., & Spence, W. (1992). Psychosocial characteristics of institutionalized adolescents: Resilient or at risk? *Adolescence, 27*, 339-356.

JOHNSON, D. (2000). Medical and developmental sequelae of early childhood institutionalization in Eastern European adoptees. In C. Nelson (Ed.), *The Minnesota symposia on child psychology* (pp. 113-162). Mahwah: Lawrence Erlbaum Associates.

LEGAULT, L., Anawati, M., & Flynn, R. (2006). Factors favoring psychological resilience among fostered young people. *Children and Youth Services Review, 28*, 1024-1038.

MACLEAN, K. (2003). The impact of institutionalization on child development. *Development and Psychopathology, 15*, 853–884.

McCALL, J. (1999). Research on the psychological effects of orphanage care: A critical review. In R. McKenzie (Ed.), *Rethinking Orphanages for the 21st Century*. Thousand Oaks: SAGE.

McKENZIE, R. (1996). Orphanages: The real story. *Public Interest, 123*, 100-104.

McKENZIE, R. (1997). Orphanage alumni: How they have done and how they evaluate their experience. *Child and Youth Care Forum, 211*, 87-111.

RAYMOND, M. (1996). Reflexões sobre o acompanhamento em instituição de adolescentes difíceis. *Infância e Juventude, 2*, 21-139.

RAYMOND, M. (1998). Reflexões sobre o acompanhamento em instituição de adolescentes difíceis. *Infância e Juventude, 3*, 21-139.

SIGAL, J., Perry, J., Rossignol, M., & Ouimet, M. (2003). Unwanted infants: Psychological and physical consequences of inadequate orphanage care 50 years later. *American Journal of Orthopsyquiatry, 73*, 3-12.

SILVA, M. (2004). Crianças e jovens a cargo de instituições: Riscos reversíveis/ /irreversíveis. In M. Silva, A. Fonseca, L. Alcoforado, M.Vilar, & C.Vieira (Eds.), *Crianças e jovens em risco: Da investigação à intervenção*. Coimbra: Almedina.

SLOUTSKY, V. (1997). Institutional care and developmental outcomes of 6- and 7-year-old children: A contextualist perspective. *International Journal of Behavioral Development, 20*, 131-151.

SPARLING, J., Dragomir, C., Ramey, S., & Florescu, L. (2005). An educational intervention improves developmental progress of young children in a romanian orphanage. *Infant Mental Health Journal, 26*, 127-142.

TIZARD, B., & Rees, J. (1974). A comparison of the effects of adoption, restoration to the natural mother, and continued institutionalizadion on the cognitive development of four-year-old children. *Child Development, 45*, 92-99.

VALENCIA, M., Torres, A., Vazquez, A., & Dominguez, M. (1993). La depression en los ninos tutelados. *Revista de Psiquiatria Infanto-Juvenil, 4*, 239-242.

VORRIA, P., Sarafidou, J., & Papaligoura, Z. (2004). The effects of state care on children's development: New findings, new approaches. *International Journal of Child and Family Welfare, 7*, 168-183.

WILSON, S. (2003). Post-institutionalization: The effects of early deprivation on development of romanian adoptees. *Child and Adolescent Social Work Journal, 20*, 473-483.

WISE, S. (1999). *The UK Looking After Children approach in Australia*. Australian Institute of Family Studies. Disponível em: http://www.aifs.gov.au/institute/pubs/resreport2/ main.html.

WOLFF, P., & Fesseha, G. (1998). The orphans of Eritrea: Are orphanages part of the problem or part of the solution? *American Journal of Psychiatry, 155*, 1319-1324.

WOLFF, P., & Fesseha, G. (1999). The orphans of Eritrea: A five-year follow-up study. *Journal of Child Psychology and Psychiatry, 40*, 1231-1237.

ZAMFIR, E. (1997). Social services for children at risk: The impact on the quality of life. *Social Indicators Research, 42*, 41-76.

O PAPEL DO EDUCADOR SOCIAL NA INTERVENÇÃO COM MENORES – ALGUNS MODELOS DE INTERVENÇÃO SÓCIO-EDUCATIVA –

Cristina Maria Ferreira da Costa Ribeiro Maia
Instituto Politécnico do Porto – Escola Superior de Educação

Introdução

O Educador Social, um agente de intervenção sócio-educativa que actua com sujeitos e comunidades no sentido de potenciar o seu desenvolvimento e transformação, trabalha em múltiplos contextos de intervenção, sendo um deles com famílias e menores em situação de risco ou de institucionalização. Inserido no quadro de uma identidade socioprofissional do trabalho social, enquadra-se no núcleo das novas profissões em Portugal. Conhecer o seu perfil, funções e competências neste quadro de intervenção é uma das intenções deste artigo, no sentido de percebermos a mais valia deste profissional no trabalho de âmbito multidisciplinar em que se enquadra a acção socioeducativa.

Considerando que o trabalho com menores em situação de institucionalização não pode passar por um enfoque meramente assistencialista, o Educador Social vem introduzir uma perspectiva educativa no trabalho a realizar com este público, associada ao trabalho de âmbito social.

Os conhecimentos, as estratégias e as ferramentas específicas do Educador Social na sua prática de intervenção junto de famílias e menores em situação de risco ou de institucionalização são suportados por alguns modelos teóricos de referência, que estão também relacionados com os modelos de formação adoptados em cada país e instituição de formação. A análise destes modelos de referência clarifica algumas das opções tomadas no âmbito das práticas.

Enfim, os intentos deste artigo passam pela apresentação da Educação Social também como uma prática em contextos de intervenção com famílias e menores em situação de risco ou de institucionalização e pela análise dos suportes teóricos dessa intervenção.

Que conceito de Educação Social? Que funções tem o Educador Social?

Torna-se difícil encontrar apenas uma única concepção ou definição das situações sócio-educativas que podem ser abarcadas pela denominação de Educação Social, sobretudo pelas solicitações da sociedade complexa em que vivemos. O termo Educação Social encerra em si uma enorme diversidade de situações, contextos e públicos, o que explica a dificuldade de atingir uma conceptualização simples desta disciplina de acção. A abrangência da intervenção em Educação Social é actualizada pelo próprio devir histórico, gerador de novas procuras sociais, que impõem novas exigências ao trabalho do Educador Social e que motivam um grau de dificuldade elevado no estabelecimento de fronteiras específicas da sua intervenção profissional. Tal facto é gerador de uma enorme constelação de significados da sua acção: educação, socialização, prevenção, mediação, integração e inserção, formação, acção social… O Educador Social tem o triplo papel de actor, educador e mediador social, que decorre do seu estatuto de ser humano implicado na complexa vida social; da sua função de apresentar a outros projectos de vida alternativos, em que, naturalmente, o outro tem total liberdade de opção, facto que lhe confere o papel de mediação do processo, pois encontra-se nesta duplicidade de actuação: por um lado, de distanciamento face ao problema e, por outro, de empreendimento e gestão criativa da situação-problema (Adalberto, 2001).

Neste sentido, encontramos, nas demandas sociais, um dos fundamentos da Educação Social, uma vez que esta tem a comunidade como referente na sua acção (educar para a comunidade, na comunidade e com a comunidade) vai reivindicando novos contextos educativos e novas exigências, no sentido de optimizar essa comunidade. Também ajuda a tomar consciência das necessidades sociais que não se encontram satisfeitas e dos direitos sociais dos cidadãos (Petrus, 1998). Convém salientar o *enfoque integrador e transformador da Educação Social*, pois esta actua em função do contexto social, das ideologias políticas, das culturas passadas e presentes, da situação económica, da realidade educativa e dos seus des-

O Papel do Educador Social na Intervenção com Menores 147

tinatários, o que não nos permite reduzir a Educação Social a uma única perspectiva, sendo, em última instância, a realidade do tecido social que lhe confere a sua configuração (Petrus, 1998).

Do nosso ponto de vista, há que encarar a *Educação Social sobretudo como trabalho social educativo*, uma vez que, apesar de se enquadrar no âmbito do trabalho social, este é realizado numa perspectiva educativa e não meramente assistencialista, perspectiva que dá uma nova dimensão ao trabalho social, convertendo-o num compromisso de mudança da realidade social, trabalhando as causas que provocam essas desigualdades (Petrus, 1998). Deste modo, a Educação Social apresenta um modo terapêutico de prevenção, ao nível de prevenção primária, ou de remediação de situações-problema sociais, sempre de um ponto de vista educativo (Mondragón & Trigueros, 2002).

Petrus (1993, cit. in Romans, 2003) procurou detalhar as funções do Educador Social em várias categorias, sendo a combinação destas funções o resultado das necessidades dos contextos e dos públicos a que se destina a intervenção, ou seja, decorrente da definição das prioridades a partir das necessidades existentes:

- função detectora e de análise dos problemas sociais e das suas causas;
- função de orientação e de relação institucional;
- função de relacionamento e de diálogo com os educandos;
- função reeducativa no seu sentido mais amplo, mas nunca do ponto de vista clínico;
- função organizadora e de incentivo à participação na vida comunitária;
- função de animação comunitária;
- função promotora de actividades socioculturais;
- função formativa, informativa e orientadora;
- função docente social.

O Educador Social num contexto de institucionalização de menores

A intervenção do Educador Social em contexto de institucionalização de menores tem sido uma das novas respostas de intervenção do trabalho social (Mondragón & Trigueros, 2002). Estes públicos e contextos de intervenção referem-se a indivíduos que sofrem danos familiares e sociais e que, portanto, se encontram, muitas vezes, numa situação de exclusão social.

Após a 2.ª Guerra Mundial, e até à década de 70 do século XX, a institucionalização de menores cresceu substancialmente nos países do mundo ocidental, tendo sido a partir de meados dos anos 70 que se começou a desenvolver outras soluções, como as famílias de acolhimento, ou então uma diminuição considerável do período de institucionalização (Boutin & Durning, 1997).

O Educador Social desenvolve um trabalho em múltiplos espaços que estão relacionados com os menores, seja o bairro, a família, a instituição de acolhimento dos menores ou as instituições dos serviços sociais (Mondragón & Trigueros, 2002). Através da sua formação específica, promove o desenvolvimento pessoal e social dos menores, utilizando métodos e técnicas pedagógicas, psicológicas e sociais (ibid.).

Em países como a Itália, França e Países Baixos, cabe mesmo a este profissional o atendimento e acompanhamento a menores em situações de risco familiar ou social (Mondragón & Trigueros, 2002). Convém, no entanto, salientar que outros profissionais colaboram com o Educador Social, e vice-versa, no desenvolvimento de projectos de intervenção socioeducativa, tais como psicólogos, assistentes sociais, educadores de infância, outros técnicos de acção social, de forma a enfatizar a importância de um trabalho multidisciplinar, no quadro de uma acção socioeducativa. Os vários elementos da equipa apresentam diferentes contributos, reconhecendo as funções próprias de cada um, segundo um modelo de trabalho que aglutina diferentes conhecimentos, técnicas e recursos para atender a um objectivo comum, numa partilha de responsabilidade mútua dos resultados (Mondragón & Trigueros, 2002).

Os princípios deontológicos que regem o Educador Social são o respeito pela pessoa e a protecção dos direitos humanos (Mondragón & Trigueros, 2002). Para tal, este tem de possuir um conjunto de competências (conhecimentos, capacidades e atitudes) que lhe permitam concretizar esses princípios no exercício da sua profissão (Romans, 2003). Ser Educador Social implica saber, saber fazer e saber ser, competências que se cruzam na sua prática profissional: sentido de responsabilidade e sinceridade para com o público-alvo da sua intervenção; amadurecimento e equilíbrio pessoal, que se reflecte num carácter optimista, dinâmico e de distanciamento emocional em relação à problemática social que está a trabalhar; solidez

O Papel do Educador Social na Intervenção com Menores 149

de conhecimentos para que a sua prática adquira uma fundamentação científica; capacidade de desenvolver um trabalho em equipa; espírito crítico e criativo (Mondragón & Trigueros, 2002; Romans, 2003).

Trabalhar num contexto de intervenção de menores institucionalizados pressupõe sempre uma atitude de reconhecimento do direito da individualidade de cada menor, atendendo às necessidades individuais, culturais e familiares de cada caso. Ou seja, o Educador Social delineará intervenções específicas para cada caso, sempre com um carácter educativo. Para tal, parte da observação e análise da situação-problema, desenha uma intervenção e põe-na em prática, tendo sempre por base uma avaliação ao longo de todo o processo, condição essencial para adequar melhor a sua prática às necessidades. A intervenção profissional do Educador Social e de toda a equipa profissional, depois de conhecer os documentos orientadores do funcionamento e da acção educativa da instituição, assenta no desenho de programas educativos, segundo uma metodologia de análise da intervenção profissional. Este trabalho em equipa interdisciplinar organiza-se numa divisão de funções; análise e acompanhamento de cada caso; elaboração de recursos para desenvolver determinadas estratégias de trabalho; reuniões periódicas e avaliação da intervenção (Mondragón & Trigueros, 2002).

O Educador Social pode desenvolver uma intervenção com uma dupla abordagem: para os menores, intervindo no âmbito das questões socializadoras (desenvolvimento das capacidades e atitudes sociais) e dos mecanismos de estimulação e compensação de dificuldades, por exemplo com a detecção de problemas de evolução ao nível da educação escolar; para as famílias, favorecendo um trabalho de integração dos pais junto dos menores, dando a conhecer as necessidades do menor e ajudando, por vezes, a desenvolver competências básicas do ponto de vista da organização doméstica, até à reorganização dos papéis entre os membros da família, funcionando, assim, como "espaço de formação e informação" (Mondragón & Trigueros, 2002).

No quotidiano do menor institucionalizado, o Educador Social adquire múltiplas funções sempre com um carácter pedagógico. Mondragón e Trigueros (2002) apresentam a seguinte categorização:

    a) área de hábitos sociais e de convivência básicos: ligada à vida quotidiana, compreende os hábitos de higiene pessoal, da roupa, do quarto, da alimentação; hábitos de diálogo e comportamento social; organização do espaço e do tempo;

150 *Intervenção com Crianças, Jovens e Famílias*

b) *área da escola e do trabalho*: organizar todo o processo de documentação para a escola; orientação escolar através de apoio educativo; acompanhamento da integração em meio escolar; contactos com o Director de Turma e outras reuniões na escola; resolução de situações problemáticas, quer ao nível do aproveitamento escolar, quer quanto aos aspectos de âmbito disciplinar; medidas educativas tomadas pela equipa de trabalho da instituição, de acordo com as informações psicopedagógica, por exemplo relacionadas com a sua motivação e interesse; colaborar na orientação profissional e desenvolver condutas de inserção laboral;

c) *área do ócio e tempo livre, de inserção no meio social imediato e de participação e implicação*: organização do tempo do menor em actividades lúdicas, culturais e desportivas, favorecendo o processo de socialização do menor; promoção da autonomia do menor na participação em diferentes ofertas culturais, tais como visionamento de programas televisivos, visitas culturais, acampamentos ou idas à biblioteca; promoção dos fins-de-semana em família; implicação do menor no desenvolvimento do sentido de responsabilidade, como parte fundamental do seu processo de desenvolvimento pessoal e social, através da aquisição de normas de convivência, participação e implicação;

d) *desenvolvimento afectivo e das relações interpessoais*: trabalho de tutoria do menor, tendo em consideração a sua evolução em termos emocionais, nomeadamente a resistência à frustração e o desenvolvimento da sua auto-estima; trabalho de dinâmica de grupo para desenvolvimento de mecanismos nas relações interpessoais;

e) *inserção familiar, laboral e social*: face à análise das problemáticas familiares do menor, promover mecanismos de relacionamento familiar e responsabilização da família, numa atitude de implicação na tomada de decisões no processo de evolução do menor e sua integração social, nomeadamente em relação à sua situação escolar, saúde, actividades de tempos livres, desenvolvimento pessoal; apoio ao menor na análise objectiva e crítica da sua realidade familiar; contactos pré-laborais e normas de convivência social.

Em resumo, o Educador Social desenvolve uma intervenção educativa dirigida ao menor relacionada com os vários aspectos da sua vida quotidiana e com os âmbitos de socialização do menor (contexto social, família, escola e trabalho), bem como de informação, orientação e assessoramento do menor e da família, designadamente no acesso a recursos jurídicos, psicológicos e médico-sanitários. O seu trabalho de organização interna do quotidiano da instituição é também fundamental para potenciar o desenvolvimento pessoal do menor. Assim, questões práticas, como a rentabilização dos espaços e a programação de actividades, também são objecto da sua preocupação.

Por tudo isto, o desempenho profissional do Educador Social abrange quatro eixos fundamentais (Romans, Petrus, & Trilla, 2003):

- *detecção e análise* das necessidades e problemáticas;
- *intervenção educativa*, de acordo com as características individuais de cada caso;
- *encaminhamento* dos casos para outros profissionais, no sentido de dinamização de um trabalho em equipa;
- *gestão* da actividade educativa de uma forma personalizada ou ao nível da instituição, quando o Educador Social estiver a exercer funções de direcção.

Os objectivos da acção educativa do Educador Social são muito diversos, de acordo com as múltiplas necessidades dos menores. Com efeito, podemos sintetizar o exercício do seu trabalho em três grandes eixos: desenvolvimento do processo de *socialização*, através da interiorização de normas de conduta social segundo um ponto de vista crítico; favorecimento da *integração* do menor, através do desenvolvimento de competências sociais; estímulo da *autonomia* na tomada de decisões pessoais ou colectivas (Mondragón & Trigueros, 2002).

O Educador Social de instituições de acolhimento de menores partilha com estes as situações da vida quotidiana e intervém, tanto junto destes, como sobre o contexto ou ambientes que os rodeiam, que têm interferência nas suas vidas, procurando promover uma integração e interacção entre a pessoa e a sociedade (Mondragón & Trigueros, 2002). Este trabalho implica o desenvolvimento de uma especialização ligada a uma área de trabalho que é a família, pois a problemática social em questão pressupõe uma incapacidade temporária desta para desenvolver o seu papel. Nesta medida, o Educador Social desenvolve um trabalho de apoio e orientação à família, no sentido de a auxiliar a superar o conflito ou crise (Mondragón & Trigueros, 2002).

152 *Intervenção com Crianças, Jovens e Famílias*

James Whittaker (1992, cit. in Boutin & Durning, 1997) defende que o empenhamento na manutenção de relações entre o menor e a família e a qualidade do trabalho desenvolvido com a família, ao longo do processo, são condições essenciais para o êxito do retorno do menor ao seu seio familiar. Estudos como *Lost in care*[1] revelam que o período de institucionalização do menor provoca uma diminuição das relações do menor com a família, independentemente dos motivos que originaram a sua situação de institucionalização (Boutin & Durning, 1997). Esta situação agrava-se quando há uma situação de fraco acompanhamento das famílias, por parte da equipa de profissionais da instituição, que é fundamental para a preparação do regresso do menor à família. Muitas vezes, criam-se algumas tensões entre os profissionais e os pais, no processo educativo do menor, revelando, em alguns casos, situações de conflito entre a instituição e a família. A actual tendência de retorno do menor à família exige um trabalho de actuação conjunta com esta e do próprio acompanhamento dos seus elementos, de forma a favorecer o desenvolvimento de mecanismos de maturação familiar (Boutin & Durning, 1997).

Modelos teóricos de intervenção socioeducativa

As múltiplas funções do Educador Social em contexto de institucionalização de menores estão também subjacentes a um conjunto articulado de teorias e práticas que passamos a apresentar e a analisar. Os modelos em análise focalizam-se em distintos núcleos de objectivos, uns ligados ao comportamento de cada sujeito, outros que procuram potenciar o sistema de relações, e ainda os que se preocupam com o desenvolvimento dos processos cognitivos. Actualmente, cada vez mais se procura desenvolver um trabalho de integração destes vários enfoques nas práticas de intervenção (Boutin & Durning, 1997). Cada uma destas teorias apresenta estratégias de intervenção intra-familiar. A aplicação destes modelos teóricos varia de país para país, consoante a linha de formação do trabalhador de âmbito social.

---

[1] Investigação britânica sobre 450 crianças institucionalizadas, que decorreu num período de dois anos.

O *Papel do Educador Social na Intervenção com Menores*

O modelo behaviorista é o modelo mais seguido na América do Norte, ou seja, um trabalho assente na modificação dos comportamentos e de reforço das relações interpessoais, com o objectivo de pôr fim a comportamentos considerados inapropriados ou reprováveis e contribuir para a aquisição de condutas assentes em normas, valores e atitudes necessários para a boa convivência social. Esta corrente foi sendo desenvolvida desde um ponto de vista mais clássico, com os trabalhos de Watson e Raynor (1920, cit. in Boutin & Durning, 1997) e dos seus discípulos, ao mais radical, entre 1938 e 1974, com Skinner, e ainda o behaviorismo sócio-cognitivo com os trabalhos de Bandura, entre 1969 e 1986, e o de Staats, em 1964 (cit. in Boutin & Durning, 1997). A aplicação destas teorias alcançou um grande desenvolvimento a partir, principalmente, da segunda metade dos anos 50 do século XX, na América do Norte, face às novas necessidades das famílias e da escola. Estes teóricos favoreceram um trabalho de desenvolvimento de competências parentais, através de programas específicos de formação de pais:

- *Home Instruction Program for Pré-school Youngsters* (HIPPY) (*Programa "pré-escolar em casa" para crianças 4-6 anos*), adoptado em Israel, em 1969, e nos EUA, em 1984;
- *Seminário para pais de crianças deficientes*, na Bélgica, em 1984;
- *Projecto de Friburgo*, na Suíça.

Estes projectos constituem *training programs* que procuram ensinar os pais, através de técnicas de modificação da conduta[2] –, com o objectivo de alcançar o desenvolvimento de competências educativas (Boutin & Durning, 1997).

Um outro modelo teórico de intervenção intra-familiar privilegia um trabalho sobre a dimensão interrelacional, focalizando a sua atenção nas imagens recíprocas entre agente educador e família, através da relação interpessoal que entre estes se estabelece. Por outras palavras, a forma como se desenrola a comunicação e o significado desse intercâmbio são os

---

[2] Essas técnicas estão relacionadas com o behaviorismo operante, ou seja, um trabalho que determina o comportamento que se pretende reforçar ou aniquilar e que desenvolve um conjunto de estratégias, por exemplo o reforço positivo, o castigo e a aprendizagem por reforço, para progressivamente conseguir um determinado comportamento, até finalmente, concluir que foi alcançada a conduta desejada.

154 *Intervenção com Crianças, Jovens e Famílias*

factores essenciais para produzir aprendizagem e facilitar o desenvolvimento pessoal. Podemos destacar três correntes dentro deste modelo (Boutin & Durning, 1997):

- corrente humanista, rogeriana, que privilegia o indivíduo e a sua capacidade de auto-desenvolvimento pessoal de forma construtiva, centrando as atenções nos seus aspectos positivos. O educador terá, então, um papel de estimulação, reconhecimento, compreensão da problemática, apoio, tolerância e respeito pela pessoa. Ou seja, todo um trabalho centrado na pessoa foi favorecido pelas teorias de Gordon Allport, Charlotte Bühler, Eric Fromm, Abraham Maslow, em 1972; Carl Rogers, em 1968 e 1985, e Eugen Gendlin, em 1975;
- corrente adleriana que salienta o papel parental, inspirada nas ideias de Adler, a partir dos anos 30, muito aplicada nos EUA, procura reforçar o valor do indivíduo num trabalho de interacção social, pela partilha de experiências entre pais em encontros promovidos para tal. O educador ajuda o indivíduo a implicar-se na tomada de atitudes e de decisões e adquire a função de orientação do indivíduo no seu contexto;
- corrente ecossistémica, que contextualiza o processo educativo num determinado sistema, alargando a noção de processo educativo, ao considerar que a família faz parte de um sistema funcional, que tem influência na forma como os indivíduos interagem. Assim, o contexto físico e social mais próximo do indivíduo, como a família nuclear; os locais que a criança e a sua família frequentam, tais como a escola, o local de trabalho dos pais; as políticas públicas e o contexto cultural, que se reflecte em crenças, atitudes e valores, são factores determinantes para o processo educativo e consequente caracterização da família. Este corrente baseia-se, sobretudo, nos trabalhos de Bronfenbrenner (1979), mas também noutros teóricos, como Pourtois (1984), Terrisse e Boutin (1983), Carlson (1992) Lambert e Lambert-Boite (1993), apresentando a novidade de integração de um conjunto de variáveis que interagem no complexo tecido social, familiar e pessoal. Desta forma, o espectro da intervenção é mais extenso, exigindo uma intervenção comunitária com a redefinição de tarefas e papéis dos agentes.

Finalmente, o trabalho sobre os processos cognitivos, desenvolvido a partir da década de 70 do século XX, salienta a importância da estimula-

O Papel do Educador Social na Intervenção com Menores 155

ção precoce na educação, procurando atingir o desenvolvimento da capacidade de tomada de decisões e da resolução de problemas tanto nas crianças como nos seus pais (Boutin & Durning, 1997).

O trabalho de integração destes modelos, correntes teóricas e programas educativos permitir-nos-á uma acção mais adequada a cada contexto de intervenção e, sobretudo, a cada criança ou jovem institucionalizado. Conhecer as suas necessidades é condição fundamental para definirmos estratégias de trabalho junto de cada um destes indivíduos e suas famílias.

Conclusão

Considerando a Educação Social como a acção sócio-educativa que tende para a transformação social de pessoas e grupos com diferentes características e de diversos contextos, implicando processos de prevenção, promoção ou reinserção social, defende-se uma acção que implique reflexividade e planificação, apoiada numa metodologia de investigação socioeducativa e em métodos de intervenção definidos após o diagnóstico social, destinada a provocar mudança social. O contexto de intervenção de menores institucionalizados exige diferentes lógicas de intervenção educativa que não são antagónicas, mas sim complementares, e que se cruzam constantemente num trabalho multidisciplinar.

REFERÊNCIAS BIBLIOGRÁFICAS

BOUTIN, G., & Durning, P. (1997). *Intervenciones Socioeducativas en el medio familiar*, Madrid: Narcea.

CARVALHO, A., & Baptista, I. (2004). *Educação Social. Fundamentos e estratégias*. Porto: Porto Editora.

CARVALHO, A. (2001). O Educador Social como sujeito da Construção dos Direitos Humanos. In Universidade Portucalense Infante D. Henrique (Ed.), *Espaço(s) de construção de identidade profissional* (pp.). Porto: Universidade Portucalense Infante D. Henrique.

FERMOSO, P. (1994). *Pedagogía Social. Fundamentación científica*. Barcelona: Editorial Herder.

GOMÀ, E., & Torres, M. (2004). *Contexto y metodologia de la intervención social*, Barcelona: Editorial Altamar.

MONDRAGÓN, J., & Trigueros, I. (2002). *Intervención con menores. Acción socioeducativa*. Madrid: Narcea.

SERRANO, G. (2003). *Pedagogía Social. Educación Social. Construcción científica e intervención práctica*. Madrid: Narcea.

PETRUS, A. (1998) (Ed.). *Pedagogía Social*. Barcelona: Editorial Ariel.

ROMANÍ, J. (1998). *Concepto, Formación y Profesionalización de: el Educador Social, el Trabajador Social y el Pedagogo Social. Un enfoque interdisciplinar e interprofesional*. Valencia: NAU llibres.

ROMANS, M., Petrus, A., & Trilla, J. (2003). *Profissão Educador Social*. São Paulo: Artmed Editora.

SEGURA, A., Sancho, F., González, C., Gamero, R., Prado, R, & Antuña, M., Verdú, M. (2006). *Educador Especial de la Xunta de Galicia*. Sevilla: Editorial MAD.

THERAPEUTIC ALLIANCE AND RE-ED: RESEARCH ON BUILDING POSITIVE RELATIONSHIPS WITH YOUTH

Mary E. Rauktis*, / Ana Regina Andrade* / Ann Doucette*
*Director of the Evaluation and Research Department
at Pressley Ridge (Pittsburgh)
**Research Associate at the Center for Evaluation
and Program Improvement at Vanderbilt University (Nashville)
***Senior Research Scientist at the Center for Health Services
Research and Policy, George Washington
University Medical Center (Washington)

For the past decade, researchers and practitioners have hypothesized that the therapeutic alliance between client and therapist is the critical element in the therapeutic process. A therapeutic alliance is the working relationship between a client and therapist, defined in terms of the emotional bond between the client and the therapist, agreement on therapeutic tasks and the goals of treatment, as well as the perceived openness and truthfulness of the relationship (Doucette & Bickman, 2001). While the concept of therapeutic alliance is rooted in psychodynamic theory, its importance cuts across all approaches.

This chapter will discuss how Re-ED and therapeutic alliance (TA) relate, briefly review the literature on TA, and describe the TA research performed at Pressley Ridge. It will then conclude by presenting the findings of this 4 year program of research, and discuss the implications for Re-ED practice and future research.

Re-ED and Therapeutic Alliance

Although Hobbs never used the term "therapeutic alliance," developing an alliance is consistent with the psychological and educational prin-

160   *Intervenção com Crianças, Jovens e Famílias*

ciples of Re-ED. The cornerstone on which every Re-ED program is built is the belief youth can be "re-educated" to be competent and to manage their own behavior, and that this is done with the help of a professional teacher-counselor. The trust between the youth and the teacher-counselor is "the foundation on which all of the principles rest, the glue that holds teaching and learning together, the beginning point for reeducation" (Hobbs, 1982, p. 245). Hobbs conceptualized trust as the "glue" and the "foundation," and the fact that in the last 20 years researchers have not been able to find a consistent difference in the success of psychotherapy across varying orientations suggests that alliance may be the "quintessential integrative variable" of therapy (Wolfe & Goldfried, 1988).

Hobbs believed that in order to gain the trust of a child, it is necessary to believe that the problem of trust is real and that progress towards forming trust will mean progress toward the child's learning (Hobbs, 1982, p. 250). Hobbs saw the processes of building trust (or an alliance) as an end in itself, a prerequisite to any re-education or learning. This is prescient of Shirk and Russell's observation that relationship and technical processes work in concert, priming increased collaboration with treatment tasks (Shirk & Russell, 1996).

Hobbs also referred to the achievement of competence for teacher-counselors as evidenced by their "skillful management of individual children and adolescents, groups, ecosystems, as facilitators of change" (Hobbs, 1982, p. 87). He described a process of "precision programming" by which teacher-counselors and youth (1) share identification and definition of a problem; (2) agree on a means to effect desired change; (3) specify the outcomes sought, preferably in behaviors that can be counted, measured or validated; (4) assign and accept responsibilities for carrying out the plan by specified target dates; and (5) periodically evaluate progress (Hobbs, 1982). Therapeutic alliance, defined as a "working relationship," means that the clinician and the youth agree on the goals of treatment as well as what must be done in order to achieve goals. What Hobbs describes as "precision programming by the teacher-counselor" is very similar to the concept of therapeutic alliance.

Hobbs also identified the personal characteristics and behaviors of a teacher-counselor that enhance the building of the relationship. Hobbs described a teacher-counselor as

> " ...a decent adult; educated, well-trained; able to give and receive affection, to live relaxed, and to be firm; a person with private resources for

the nourishment and refreshment of his own life; not an itinerant worker but a professional through and through..." (Hobbs, 1982, p. 82).

He also described the process by which a teacher-counselor builds trust as one in which

"She must do what she says she will do....but...her behavior must be sensitively tuned to the uncertainties of a particular child or adolescent....A teacher-counselor must be able to define appropriate limits for a particular student....but again, drawing the limits sensibly and not rigidly....She will nurture trust...by keeping communication...at an optimum level, being neither aloof nor inquisitive, but clearly concerned" (Hobbs, 1982, p. 247).

Finally, in Re-ED, the teacher-counselor is the professional with the responsibility for working with children, not someone who does "therapy." The expectation is that all activities, inside the class and outside, day and night, all lead to learning and "therapeutic" progress for the youth. This approach requires a special kind of person:

"The teacher-counselor is a participant in an emergent situation, not the producer of a designed product. The teacher-counselor must be able to deal freely and confidently with complex transactions among people who are trying to discover satisfactory and satisfying ways to live. A child, his parents, a teacher, and the teacher-counselors themselves are experimenting with the possible in a dynamic system of interpersonal negotiations, some of which succeed and some fail. The balance between success and failure often depends on a teacher-counselor's perceptiveness and ability to act immediately, guided both by an agreed-upon strategy and a private surmise about what should be done" (Hobbs, 1982, p. 88).

In summary, in Re-ED the teacher-counselor is a critical person, the professional who knows the child and adolescent best, and thus can influence, encourage and provide direction for change. Change occurs in the context of a relationship that is built on trust, with shared understanding of goals and the steps to achieve these goals. The next section of this chapter examines the research on therapeutic alliance and the relationship between alliance and treatment outcomes.

Therapeutic Alliance Literature

Focus on therapeutic alliance and attention to its importance in optimizing treatment and intervention outcomes has increased markedly in the past decade (Norcross, 2002; Oetzel & Scherer, 2003). While research continues to be predominantly focused on adults, youths bring distinct characteristics to intervention settings that differentiate them from the traditional populations studied in psychotherapy research (Rubenstein, 1998). The differences between adults and youths can complicate the task of securing sufficient engagement in treatment; child/adolescent developmental stages can add complexity to the therapeutic exchange between a youth and the intervening adults. In addition, characteristics of the intervening adult (such as the ability to empathize and demonstrate genuine interest in the youth without judgment) are considered important in initiating and sustaining a therapeutic relationship with the youth.

There has been much research on clinician and client factors that contribute to enhancing both therapeutic alliance and treatment effectiveness, though done largely with adult populations. The therapeutic alliance is thought to develop quickly, typically within the first few meetings. This rapidity makes it even more important to identify the characteristics that either enhance alliance or provide barriers to establishing an effective relationship. Strupp (1993) reports that clinician judgments and attitudes about clients solidify in the first few sessions of therapy, and seldom change in later sessions. In a sense, these initial impressions create a self-fulfilling prophecy (Merton, 1948); clinicians with more favorable attitudes towards clients generally had more positive outcomes with those clients.

Likewise, client attitudes about their clinicians are also linked to more positive outcomes. Clinicians perceived as caring, empathetic, and genuine were associated with more favorable client outcomes (Garcia & Weisz, 2002). Research clearly demonstrates that self-fulfilling prophecies by clinicians have the potential to influence not only clinical outcomes for adolescents (Jussim, Eccles, & Madon, 1996), but also outcomes associated with school achievement (Jussim et al., 1996; Rosenthal & Jacobson, 1968), self esteem (Campbell & Lavallee, 1993), and use of alcohol and drugs (Madon, Guyll, Spoth, Cross, & Hilbert, 2003).

Most recent meta-analyses examining the effectiveness of specific treatment modalities have met with disappointing results (Ahn & Wampold, 2001, Wampold, 2000, 2001). Results of these studies indicate that all treatments are equally efficacious. There is growing evidence that the process of treatment, including the nature of the alliance, accounts for the variance in outcomes (Horvath & Symonds, 1991; Martin, Garske, & Davis, 2000; Wampold, 2001). While alliance has been widely studied in adults, child psychotherapy process research has "lagged behind its adult counterpart" (Shirk & Karver, 2003, p 452; Russell & Shirk, 1998). Children and adolescents bring unique attributes to the therapy process that distinguish them from other therapy populations (Shirk & Saiz, 1992). For example, children and adolescents do not voluntarily engage in treatment. Children typically enter treatment because adults recognize the need for intervention. Establishing a relationship with an adult helper may be at odds with an adolescent's developmental task of establishing independence and autonomy from adults (DiGiuseppe, Linscott, & Jilton, 1996; Oetzel & Scherer, 2003). In addition, cognitive changes and neurological growth during adolescence may influence behavioral and impulse control and emotional regulation (Spear, 2000; Walker, 2002).

Yet, creating an alliance is as important for children and adolescents as it is for adults. Among adults, past research has shown that the quality of the relationship is related to premature termination of treatment (Horvath & Symonds, 1991; Martin, Garske, & Davis, 2000). Failure to establish a relationship may lead to premature termination, estimated for youth to range from 40% to 60% (Armbruster & Kazdin 1994). In one of the few studies in this area, Hawley and Weisz (2003) found child caregiver-therapist alliance associated with greater persistence in therapy (fewer drop outs) and more family participation for children being seen in out-patient community mental health centers.

Is therapeutic alliance associated with treatment outcomes for children and youth? In a recent meta-analysis of 23 studies, Shirk and Karver (2003) found that therapeutic relationship was modestly associated with outcomes, across both different types of treatment and levels of child development. In addition, the authors found that youth characteristics and methodological factors moderated the association between alliance and outcomes. For example, youth characteristics are not consistent across developmental stages; cognitive, emotional, physical, and behavioral changes have the potential to affect a youth's conceptualization of the treatment process and the therapeutic relationship (Kendall, 1984). Developmental stages are also likely to impact the accuracy of self-reflection and reporting. Furthermore, many youths with mental health challenges experience cognitive delays that can potentially impede engagement in the therapeutic process (Steinberg & Cauffman, 1996).

In addition, studies of alliance have varying data collection strategies, some collecting alliance ratings of the clinician/counselor by the youth only while others collect dyadic ratings from both youths and clinicians. Few studies collect data at multiple points across the course of treatment. Shirk and Karver (2003) suggest that future research on therapeutic alliance and outcomes focus on using longitudinal designs, collecting data on perceptions of the therapeutic alliance on multiple occasions throughout the course of treatment. Likewise, it is equally important to consider that the characteristics of the intervening adults in establishing a sound therapeutic relationship. In order to establish alliance with the youth, adults need to balance the appropriateness of empathy, know when to validate adolescent behavior, coordinate candor with a youth's developmental capacities, and understand when and how to confront youths so as not to indicate rejection or judgment.

Although the research in this area is limited, the results suggest that therapeutic alliance is a critical variable that can impact the outcome of child treatment.

Therapeutic Alliance Research at Pressley Ridge

Pressley Ridge entered into a collaboration with Vanderbilt University in 1999 to study therapeutic alliance in both the Day School and therapeutic wilderness camp settings. Our purpose was to examine the processes and outcomes related to building and sustaining therapeutic relationships between teacher-counselors and Pressley Ridge youth. The following section summarizes the research carried out in this four- year period of study.

Method

Settings and Participants

Therapeutic alliance was examined in two settings: a Day School and a therapeutic wilderness camp. The Pressley Ridge Day School provides education and behavioral health treatment to 130 children and youth with DSM-IV diagnoses and functional impairments. It operates on a school-year calendar, and is licensed by the Commonwealth of Pennsylvania to provide both special education and partial hospitalization services. In addition, there is an experiential education component in which the teacher-counselor and youths go for one week to the therapeutic wilderness camp and participate in camping, back-packing and other outdoor activities. The goal of the Day School is to provide intensive, relatively short-term educational and therapeutic services that facilitate successful community adjustment and school reintegration. During the school year of 2000-2001, 68% of the youth lived at home with parents or other relatives, while 32% had been placed outside their homes for additional services. Only about 20% of the youth population lived with both natural parents. The majority of youths met the DSM-IV criteria for behavioral and/or oppositional disorders (75%), while 15% had been diagnosed as having attention deficit disorder. More than one-fourth had been adjudicated delinquent. Forty-five teacher-counselors and liaison teacher-counselors are employed at the Day School. The program consists of 12 self-contained classrooms, each with a capacity for 12-14 youths. Two teacher-counselors (a special educator and a mental health specialist, who may be special education teachers or professionals in another related field) work in each of the self-contained classrooms. The average length of stay for youths enrolled in the Day School is slightly more than two school years, with approximately 50 youths discharged each year.

The therapeutic wilderness camp is located on 1,300 acres of wooded land bordering Ohiopyle State Park in southwestern Pennsylvania. The camp at Ohiopyle is modeled after Campbell Loughmiller's work in Texas (Loughmiller, 1965; 1979). Enrollment capacity is 60 boys, ages 9 to 16 at time of intake. Students are referred by local county agencies including Children, Youth, and Family Services and Juvenile Court. The majority of the youths have been diagnosed with attention deficit and conduct disorder, and many have a secondary diagnosis of mood disorder (Maxon, 2003). All have exhibited behaviors so troublesome that a therapeutic placement outside the home is seen as the most appropriate alternative setting. The therapeutic wilderness camping process developed at Ohiopyle temporarily removes youths from their home environments and places them in this new and secure environment. Assignment of a youth to a particular group is based on his age, level of maturity, and physical and emotional characteristics and needs. The youths in each treatment group reside in independent campsites, which are approximately one-quarter mile apart. Each group designs, builds, maintains, and lives in this semi-permanent campsite, plans and cooks about one-third of its meals. Planning and

implementation are important competencies learned as the group delibera-
tes, executes, and evaluates its daily, weekly, and longer range goal plans.
Teacher-counselors and liaisons work non-traditional/flexible hours, enabling them to respond to and meet the daily needs of the youths and families. The teacher-counselors work in teams of three, with each team assig-
ned to a group of 10 youths.

Measures

Therapeutic Alliance Scale (TAS). Doucette and Bickman (2001)
have developed a multi-respondent, youth-focused Therapeutic Alliance
Scale (TAS). The TAS provides three respondent forms (youth, thera-
pist/clinician, and caregiver), and is recommended for use as an assessment of the youth-therapist relationship. The initial scale consisted of 35
items. Subsequent psychometric analyses reduced the final scale to 30
items. The TAS uses a 3-point response scale (disagree, somewhat agree,
agree) based on the youth's perspective; the therapist/clinician and caregiver respondent version uses the same measurement model. The research
done in the Day School and the wilderness camp uses the dyadic TAS
rating between the youth and teacher-counselor.

Initial Rasch analyses, using principal components analysis, revealed
two dimensions: (1) items characterizing the therapeutic relationship; and
(2) resistance/an unfavorable outlook on therapy in general. The therapeutic relationship dimension measures the mutuality and empathic qualities
of the relationship, as well as the collaborative working rapport. Examples
of the items under each respective dimension are provided below:

1. Therapeutic Alliance

(a) Mutuality/Empathic Qualities: "I like my therapist/counselor."
(b) Collaborative Relationship: "My therapist and I work on my problems as a team."

2. Resistance/Unfavorable outlook on therapy:

"My counselor focuses on things that are not important to me."

In the findings, the therapeutic alliance (TA) scores are reported as the combination of the mutuality/empathic and collaborative subscales. The resistance subscale is considered and reported separately. The reliabilities (Cronbach's alpha) reported for the TAS subscales (resistance, mutuality, and collaborative relationship) are well within acceptable ranges, with .83, .86, and .90 respectively (Bickman, de Andrade, Lambert, Doucette, Sapyta, Boyd, Rumberger, Moore-Kurnot, McDonough, & Rauktis, 2004).

16 Personality Factor (16 PF). Personality characteristics of the teacher-counselors were measured using the Sixteen Personality Factor Questionnaire (16 PF) (Russell & Karol, 1994), one of the most widely used normal personality tests (Schuerger, 2000). The 16 PF is a self-report questionnaire of 187 items categorized into primary and secondary factors. There are 16 primary factors or dimensions and 4 secondary factors. The primary factors are organized into bipolar scales (e.g., reserved vs. warm-hearted) and account for where an individual falls within the range of that dimension. Secondary factors are viewed as broader influences that contribute to the primary factors (e.g., introversion vs. extraversion).

Child and Adolescent Measurement System (CAMS). The CAMS consists of five subscales: acuity, social competence, hopefulness, problems and victimization. Total scores are created for each problem subscale by averaging all of the items; total scores for internalizing and externalizing problems are also created by averaging internalizing and externalizing items (Doucette & Bickman, 2001). The CAMS was administered to youths in the Day School four times a year; teacher-counselors likewise completed a CAMS for each youth in their classrooms.

Data Collection

TA data were collected in eight classrooms in the Day School. Once a month, all youths rated the TA for each of the two teacher-counselors in every classroom. All youths in each classroom rated the same teacher-counselor at the same time. To control for time of day, each teacher-counselor was rated at alternating times of day. In turn, both teacher-counselors completed TA ratings once monthly for all youths in their classroom.

At the therapeutic wilderness camp, TA data were collected in each of the six treatment groups over six-week intervals to parallel the staff and youth schedules. All youths rated their TAs for each of the three teacher-counselors once every six weeks by rating one of the teacher-counselors every two weeks. The therapeutic alliance ratings were staggered between three time intervals (early morning, midmorning, and afternoon) to control for time of day. The counselors also performed TA ratings for each youth in the group on the same day as the youths completed their ratings for teacher-counselors. A staff person read the questions to the youth at both sites, and the counselor being rated was not present when the questionnaires were completed.

There were, therefore, two sources of therapeutic alliance data. When the counselor rates the TA, it is designated as Counselor rated Therapeutic Alliance (CTA). When the youth rates the TA, it is called Youth-rated Therapeutic Alliance (YTA). Both teacher-counselors and youths rate the same concepts for almost all items. For example, the teacher-counselor is asked, "I am liked by this youth," while the youth is asked, "I like my counselor." The 16 PF was completed by teacher-counselors at both the Day School and the therapeutic wilderness camp.

Qualitative information was also obtained regarding perceptions about the therapeutic alliance using focus groups comprised of youths from the Day School and the therapeutic wilderness camp. Youths were divided into homogeneous groups based on their lengths of stay in the programs. Teacher-counselors participated in a separate series of focus groups; these groups were created based on job tenure. Questions about therapeutic alliance were asked of both groups. For example, one youth question was, "What are the things that a teacher-counselor does that help to build a relationship with you?" A similar question for the teacher-counselor was, "What do you think helps to build a good relationship with a youth?"

In order to address the nested and longitudinal structure of the therapeutic alliance data, we used multilevel models (MLM), also known as hierarchical linear models (HLM) (Bryk & Raudenbush, 1992), random coefficient models (RCM), individual growth models, and mixed models. Because youth and teacher-counselors are nested within classrooms, and classrooms within schools, MLM are the most appropriate models for addressing this hierarchical data structure. MLM are also ideal for examining changes in therapeutic alliance at both the individual level and across groups of individuals simultaneously (Hedeker, Gibbons & Flay, 1994; Littell, Milliken, Stroup, & Wolfinger, 1996; Singer & Willett, 2003).

Multilevel model procedures recognize that individuals within one group may be more similar to one another than individuals in another group and therefore explicitly model and account for the variability within both individuals and groups. In addition, MLM allows use of all available assessments without omitting cases with missing measurements (Akers, Boyce, Rowley, & Price, 2003).

Qualitative data obtained from the focus groups were tape recorded and transcribed. Transcripts were reviewed by two researchers working independently. They looked for themes across and within groups, then classified the themes into two categories: teacher-counselor behaviors and teacher-counselor personalities.

Findings: What We Learned About TA at Re-ED

What we have learned over the course of this research can be summarized into twelve major points about therapeutic alliance. The reader is referred to the referenced reports or articles in order to learn more about the details of methods and findings.

1. Youths and teacher-counselors have positive relationships.

Both youths and teacher-counselors report having positive relationships: their average alliance ratings are higher than 2.0 therapeutic alliance points on a 3-point scale where 1 indicates a poor alliance score, 2 is neutral, and 3 is excellent (Figure 1). Alliance ratings vary across classrooms, youth, and teacher-counselors; substantial variation in the ratings across teachers and youths suggests that both teacher-counselors and youths can differentiate how their relationships are doing (Doucette & Andrade, 2003).

2. Alliance is established early for the youth.

Alliance between the youth and the teacher-counselor is formed early in the relationship (Figure 2). For youths, the relationship stays constant over time (Bickman, de Andrade, Lambert, Doucette, Sapyta, Boyd, Rumberger, Moore-Kurnot, McDonough, & Rauktis, 2004). If therapeutic alliance is formed early and remains relatively constant, this means that teacher-counselors may only have an early "window of opportunity" (Doucette & Andrade, 2003; Doucette, Bickman, & Andrade, 2002).

Figure 1: Average Therapeutic Alliance per Program

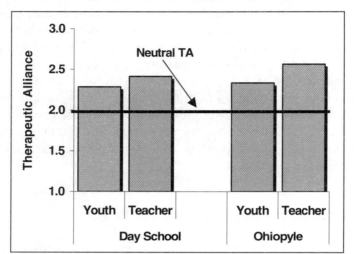

Figure 2: Youth Alliance Trajectory per Program

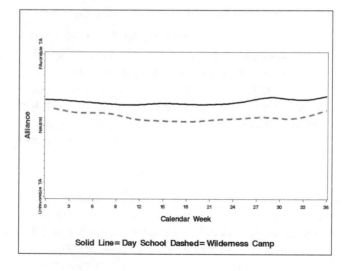

3. Youths think differently about therapeutic alliance than adults.

Teacher-counselors do not accurately perceive how youths view their relationship. On average, teacher-counselor alliance ratings are higher than youth ratings; in other words, teacher-counselors perceive a better relationship than the one described by the youth. Figure 3 shows the discrepancies between the therapeutic alliance ratings reported by the youths and their corresponding teacher-counselors (Doucette & Andrade, 2003; Doucette, Bickman & Andrade, 2002).

Figure 3: Teacher-Counselor and Youth TA rating discrepancies

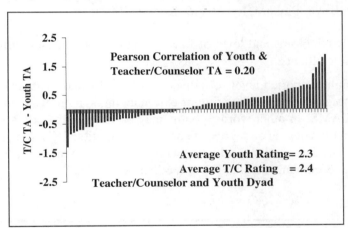

4. People with a certain personality profile seem to be better at fostering therapeutic alliance.

The teacher-counselor personality profile (as measured by the 16 PF) found higher youth reported alliance to be associated with higher levels of: *warmth, flexibility, stability,* and *tranquility*. In addition, *being genuine*, or not focused on "managing appearances," was associated with higher reported youth alliance. This finding was also corroborated by the youths in the focus group interviews (Boyd, Pinkard, Rauktis, & Kurnot, 2003; Doucette & Andrade, 2003).

5. Certain teacher-counselor behaviors foster therapeutic alliance.

If personality is the "trait," then behaviors can be thought of as the "state," more easily influenced than personality. Behaviors associated with higher youth reported alliance include: (a) knowing each youth's treatment goals and helping the youth to work on those each day, (b) holding youth accountable to program expectations, (c) knowing and implementing treatment program strategies, (d) demonstrating leadership with the youth and the group, (e) keeping events in perspective and modeling this skill, (f) being fair in dealings with youth, (g) demonstrating how to work as part of a "team," and (h) being able to "play" and use humor in an appropriate manner (Boyd, Pinkard, Rauktis, & Kurnot, 2003).

6. Youth symptoms and level of functioning do not adversely affect therapeutic alliance.

Youths' reported levels of alliance are not affected by their levels of functioning or their internalizing or externalizing symptoms as measured by the CAMS. In other words, youths may be functioning at a low level, or have a high degree of depression or another emotional disorder, and still report that they feel an alliance with a teacher-counselor (Doucette, Andrade, Bickman, Rauktis, Kurnot, & Boley, 2003).

Figure 4: Associations between youth functional status and youth ratings of alliance

Associations Between Youth Functional Status and Youth Ratings of Alliance		October 2002 (Beginning school year)	June 2003 (End school year)
Product-moment Correlations			
Youth Report			
Total Problems		-.042	-.012
	Externalizing	-.022	-.018
	Internalizing	-.080	.005
Teacher/Counselor Report			
Total Problems	-.007	-.087	
	Externalizing	-.004	-.073
	Internalizing	-.012	-.065
All correlations are non-significant			

7. Youth age affects therapeutic alliance.

Younger youths report a higher rate of TA improvement than adolescents. To illustrate, if two youths start out reporting low alliance with their teacher-counselor, the younger will show a faster level of improving alliance than the adolescent. Adolescents who start out reporting a lower level of alliance show no improvement or even deterioration over time. What might this mean? It suggests that younger youths believe that their relationships with teacher-counselors improve during the school year, whereas adolescents may feel that once their relationship is established, it is more difficult to change (Doucettte & Andrade, 2003).

8. Teacher-counselors feel that alliance with a youth improves by spending time with the youth.

Teacher-counselors believe that spending more time with youths will improve their relationships with both adolescents and younger youths. Regardless of the youth's response, teacher-counselors do not differentiate between spending time with younger children or adolescents (Doucette & Andrade, 2003).

9. A youth can be resistant to a teacher-counselor and still report high therapeutic alliance.

Although this may appear to be a contradictory statement, we have found that a youth can report both resistance to, and alliance with, a teacher-counselor. Recall that therapeutic alliance includes liking the teacher-counselor and having a "working" rapport. Being resistant to treatment is measured on a separate subscale. A youth can report high levels on the alliance dimensions and high levels of resistance. An analogy is the relationship between a parent and child in which the child is highly bonded to the parent, but also very resistant to the parent.

Interestingly, while a youth can be both aligned and resistant, teacher-counselors think differently (see Figure 5). They believe that when youths are resistant, they have more difficulty in building an alliance (Doucette & Andrade, 2003; Doucette, Bickman & Andrade, 2002). This is an important perceptual difference and a critical training and supervision issue. Working with troubled youth and adolescents can be frustrating. The positive results of their work may not be fully realized until after the youth leaves the program, so they often do not have the satisfaction of seeing the youth changing his/her behaviors and going on to achieve success in school, social, and family life. Therefore, it is not surprising that a teacher-counselor may give up, believing that resistance from a youth means "I am not reaching this kid."

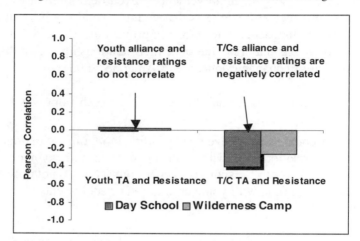

Figure 5: Correlation between Alliance and Resistance Ratings

Hobbs identified that building a relationship with an adolescent can be particularly difficult, since the task of adolescence is to begin establishing independence and the adolescent may have had experiences that lead to wariness of adults. However, he counsels teacher-counselors "to accept genuinely the adolescent's need for privacy, autonomy and idiosyncratic selfhood. Patience, a reserved availability, and a dependable acceptance are part of the adult's needed response pattern" (Hobbs, 1982, p. 250). Teacher-counselors also need to look to others for support and "to use private resources for personal understanding and support, especially when the going is tough" (Hobbs, 1982, pp. 250-251).

10. Experience and education make a difference for teacher-counselors.

Teacher-counselors with higher levels of education and more years of experience seem to foster better alliance (Doucette & Andrade, 2003; Doucette, Bickman, & Andrade, 2002).

11. Aggression affects therapeutic alliance, but this changes over time.

At the beginning of the school year when relationships are new, Day School youths with aggressive behaviors who are restrained report weaker alliances with their counselors. Similarly, at the beginning of the school year, teacher-counselors believe relationships with youths are more difficult; youths with aggressive behaviors get less favorable ratings by their counselors than non-aggressive youths. However, aggressive youths also believe that their relationships with their teacher-counselors improve over time and the alliances get better during the school year. Day School teacher-counselors believe that the relationships improve over time as well (Doucette & Andrade, 2003).

A different pattern was seen at the therapeutic wilderness camp. As seen in the Day School, when relationships are new, youths with aggressive behaviors and high numbers of restraints report weaker alliances with their counselors. However, youths at the therapeutic wilderness camp did not believe that relationships with their corresponding teacher-counselor improved over time. The rate of improvement in alliance was flat for aggressive youths in that setting. While additional analyses need to be performed in order to determine why TA differs by setting, it may be that the isolation of the camp and the fact that it is a residential setting may affect how youths view physical interventions. If you are out in the woods, and dependent upon a teacher-counselor, you may give a different meaning to a physical intervention.

12. Restraints affect youth therapeutic alliance.

Using a dynamic method of analysis for looking at restraints and therapeutic alliance over time, we found that youth therapeutic alliance went down temporarily after a restraint, but after a few days returned to the previous level. Thus, youth therapeutic alliance seems to be relatively resilient. Teacher-counselor alliance was unaffected: restraints did not affect teacher-counselor therapeutic alliance (Doucette & Andrade, 2003).

Implications for Re-ED Practice and Future Research

To anyone who has worked with youths in a Re-ED setting, these findings are probably not surprising. However, while they provide some answers, they also raise additional questions:

176   *Intervenção com Crianças, Jovens e Famílias*

1. Do youths with higher levels of therapeutic alliance have better outcomes than youths with lower levels? That is, if a teacher-counselor has a high degree of alliance with a youth, and provides treatment in a Re-ED setting, does this youth function better at home, at school, and in the community?

2. Can we train and supervise teacher-counselors so that they improve their alliances with youths?

3. How do we share results with teacher-counselors and supervisors?

This last section of the chapter reviews how these findings support the psychological and educational principles as well as the practices of Re-ED. It also explores how we are seeking to answer these questions.

Recruitment, Selection, and Retention

Hobbs believed that "the teacher-counselor is 'the heart of Re-ED'" (Hobbs, 1982, p. 92). In the original grant proposal to NIMH, nine personal attributes of teacher-counselors were listed: "[1] ability to experience, accept and handle feelings with minimum distortion...., [2] ability to tolerate anxiety without dulling...., [3] ability to exercise authority...., [4] ability to refresh... independently of work...., [5] commitment to children...., [6] effective interpersonal relationships with adults...., [7] skills in general teaching...., [8] skills in special teaching...., [and] [9] general culture" (Hobbs, 1982, pp. 97-98). In 1982, Hobbs added that while he would continue to stress commitment to children, he would also be disposed to add to the above list the following:

> "...[S]ensitive, resolute, creative or inventive, exuberant or zestful or quietly purposeful, serious and joyous altogether, inquisitive, enthusiastic, warm and affectionate, stern even, professional in the demanding sense of that word, playful perhaps, resourceful surely, responsible and aware – aware of themselves, of their world, of children in all their marvelous simplicity and complexity" (Hobbs, 1982, pp. 98-99).

Hobbs (1982) also believed that the best way to select teacher-counselors is to look for evidence of a long commitment to children in the life histories of applicants, look for special interests and skills, and require a college degree. He advised that self-selection is one of the most reliable indicators.

Our findings validate that there are personal characteristics that correlate with higher alliance with youth. However, much has changed in our funding and public health systems in the more than twenty years since Hobbs wrote *The Troubled and Troubling Child*. Re-ED is a competence model, while funding is currently based upon a medical model. In fact, when an informal survey was done with state funding sources, not one recognized Re-ED as a model of treatment (Personal Communication with Edith Jardine, *OPEN MINDS*, 2003). Funding using the medical model of care tends to emphasize hierarchy and degrees rather than "commitment to children." As early as 1986, the American Re-Education Association identified that inadequate funding limits how a Re-ED program hires and uses staff (AREA, 1986). Nonetheless, Hobbs may have been right on target when he advised looking for, recruiting, and selecting teacher-counselors on the basis of certain attributes, in addition to a history of commitment to children. Interviews can be structured around eliciting examples of how people respond in certain situations, and applicants can be asked to write "life histories." Applicants can do a personality Q-Sort where they sort descriptors ("organized"; "spontaneous") into piles from "least like" to "most like." Looking for a commitment to youth through a history of various volunteer activities and paid work is another selection technique.

Retaining teacher-counselors who have the ability to establish alliance is a separate, but equally important, issue. The personality characteristics of someone who establishes alliance with youth may not be the same as the personality characteristics of a good manager. Yet many supervisors and program managers were once teacher-counselors. While some may desire a management position, many seem to transfer because the best way to increase salary and continue advancing in a career is by switching to a management position. Therefore, career paths are needed for teacher-counselors who want to continue working in a direct way with children and youth. Career paths allow an employee, through education, training, and experience to advance in competence, responsibility, and compensation (Lee, 2003). As Hobbs notes, self-selection may be the best way to identify those individuals who are interested in a teacher-counselor career path (Hobbs, 1982, p. 101). This will likely be the teacher-counselor who says "I love working with the kids, and I think that I'm good at it, but I need to feel that I'm learning and growing-and making a little more money."

Skills Training and Supervision of Staff

While limited research exists on how therapist interventions or behaviors contribute to child or family alliance formation, our research suggests that alliance, particularly for adolescents, is formed early in treatment and may be associated with therapist behaviors. The question then becomes, can you train a teacher-counselor to have the capacity to establish therapeutic alliance?

In a study of the effects of structured clinician training on adult client perspectives of alliance, one research group (Hilsenroth, Ackerman, Clemence, Strassle, & Handler, 2002) found that patients rated their therapeutic alliance very positively with graduate clinicians who had received structured clinical training. Specifically, the clinical training focused on training the graduate students on how to identify patient goals collaboratively and agree on tasks of treatment early in the treatment process. These findings were similar to an earlier study of structured clinical training and alliance (Crits-Christoph, Siqueland, Chittams, Barber, Beck, Frank, Liese, Luborsky, Mark, Mercer, Onken, Najavits, Thase, & Woody, 1998).

In addition, how does ongoing supervision impact the alliance between the youth and the teacher-counselor? Despite the logical connection between supervisory styles and the impact on training and supervision, most treatment outcome studies have not examined the differential effects of supervisors on patient outcomes (Hilsenroth et al., 2002). The work of Hilsenroth et al. with trainees suggests that supervision which is supportive but also provides structured technical directions, is more effective in promoting alliance. Clearly, the examination and training of supervisors to provide training that promotes and supports alliance is essential future work.

Future Work

This chapter has reviewed the research on alliance, looked at the congruence between Re-Education and alliance, and summarized what we have learned about therapeutic alliance in our research at Pressley Ridge. While these findings are enlightening, additional work remains to be done. Figure 6 is an overview of a theoretical model showing the linkages between training, supervision, and the Pressley Ridge system with the characteristics of its teacher-counselors, supervisors, and youth.

Figure 6: Theoretical Overview

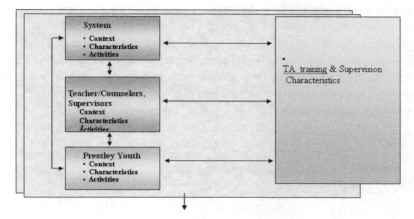

Our reviews of the alliance research, as well as our program's experiences, suggest the importance of looking at many variables in order to understand alliance. Teacher-counselor or therapist characteristics are some of the most neglected variables in treatment research, particularly for children (Shirk, 2001). We will continue to examine teacher-counselor characteristics such as education, experience, and personality in conjunction with system characteristics as they are represented in the treatment setting. Youth characteristics such as diagnosis and level of functional impairment, educational achievement, trauma and aggression must also be considered.

However, the "missing piece" of our theoretical work in alliance has been the training and supervising of teacher-counselors, specifically, the *supervisors* of teacher-counselors. Supervisors support the culture of Re-ED; they provide support and technical instruction to teacher-counselors. In order to enhance alliance with youths, a curriculum and training manual ("building therapeutic relationships") must be created for both teacher-counselors and supervisors. The manual would include content on how to form a positive relationship early in the treatment process, ways of checking with the youths about their perceptions of the progress of the relationship, and how to manage resistance to treatment and aggressive behavior. Implementation of the manual would include supervision tools such as observation checklists and self-assessment checklists.

Our vision for this work is summarized in Figure 7, a logic model/ /flow chart for implementation and outcomes of therapeutic alliance. The

180   *Intervenção com Crianças, Jovens e Famílias*

extreme left of the graphic shows the context, goals and objectives, resources, and preliminary work that need to occur prior to implementing a manualized intervention on alliance. The middle of the graphic shows a logic model for the intervention and monitoring of the process. Outcomes are pictured at the extreme right and include both short term and longer term outcomes. Outcomes of particular interest are whether truancy and aggressiveness decrease for youths and if job satisfaction increases for the teacher-counselors when there is a strong therapeutic alliance.

Figure 7: Logic Model

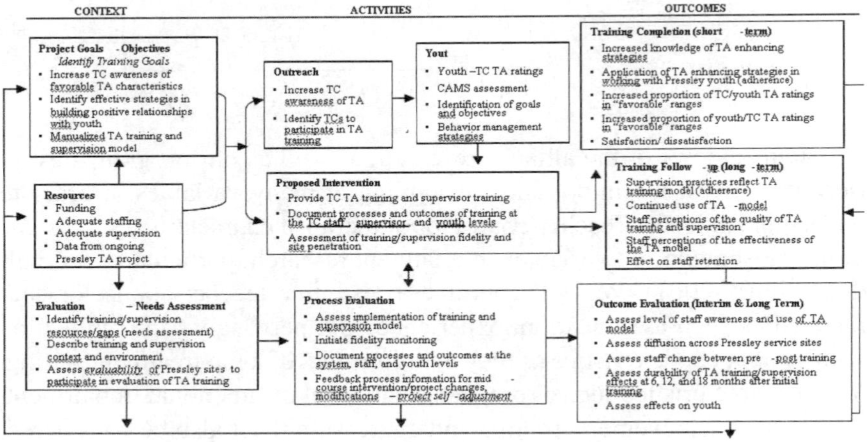

CONTEXT

Project Goals - Objectives
Identify Training Goals
- Increase TC awareness of favorable TA characteristics
- Identify effective strategies in building positive relationships with youth
- Manualized TA training and supervision model

Resources
- Funding
- Adequate staffing
- Adequate supervision
- Data from ongoing Pressley TA project

Evaluation - Needs Assessment
- Identify training/supervision resources/gaps (needs assessment)
- Describe training and supervision context and environment
- Assess evaluability of Pressley sites to participate in evaluation of TA training

ACTIVITIES

Outreach
- Increase TC awareness of TA
- Identify TCs to participate in TA training

Yout
- Youth –TC TA ratings
- CAMS assessment
- Identification of goals and objectives
- Behavior management strategies

Proposed Intervention
- Provide TC TA training and supervisor training
- Document processes and outcomes of training at the TC staff, supervisor, and youth levels
- Assessment of training/supervision fidelity and site penetration

Process Evaluation
- Assess implementation of training and supervision model
- Initiate fidelity monitoring
- Document processes and outcomes at the system, staff, and youth levels
- Feedback process information for mid - course intervention/project changes, modifications – project self -adjustment

OUTCOMES

Training Completion (short - term)
- Increased knowledge of TA enhancing strategies
- Application of TA enhancing strategies in working with Pressley youth (adherence)
- Increased proportion of TC/youth TA ratings in "favorable" ranges
- Increased proportion of youth/TC TA ratings in "favorable" ranges
- Satisfaction/ dissatisfaction

Training Follow - up (long - term)
- Supervision practices reflect TA training model (adherence)
- Continued use of TA - model
- Staff perceptions of the quality of TA training and supervision
- Staff perceptions of the effectiveness of the TA model
- Effect on staff retention

Outcome Evaluation (Interim & Long Term)
- Assess level of staff awareness and use of TA model
- Assess diffusion across Pressley service sites
- Assess staff change between pre - post training
- Assess durability of TA training/supervision effects at 6, 12, and 18 months after initial training
- Assess effects on youth

Conclusion

A principle of Re-ED is that the person closest to the youth, the teacher-counselor, has the ability to influence, encourage and provide direction for change. Our research has demonstrated that the relationship between youths and teacher-counselors can be observed and measured, and that certain youth and teacher-counselor characteristics affect the relationship. It is as critical now as it was when Project Re-ED was first funded that we identify, train, supervise, and support individuals who work most closely with youths. Fostering a trusting and committed relationship between youths and helping adults is an important part of the Re-ED model and a prerequisite for meaningful change, regardless of the therapeutic orientation.

REFERENCES

AHN, H., & Wampold, B. (2001). Where oh where are the specific ingredients? A meta-analysis of component studies in counseling and psychotherapy. *Journal of Counseling Psychology, 48*, 251-257.

AKERS, J., Boyce, G., Rowley, S., & Price, C. (2003). *Child and family outcome findings in the Utah Frontiers Project: HLM and triangulation support evidence for positive effects.* Paper presented at The 16th Annual Research Conference: A system of Care for Children's Mental Health: Expanding the Research Base, Tampa.

American Re-EDucation Association. (1986). The ideal elements of Re-ED. Westerville: The American Re-Education Association.

ARMBRUSTER, P., & Kazdin, A. (1994). Attrition in child psychotherapy. *Advances in Clinical Child Psychology, 16*, 81-108.

BICKMAN, L., de Andrade, A., Lambert, E., Doucette, A., Sapyta, J., Boyd, A., Rumberger, D., Moore-Kurnot, J., McDonough, L., & Rauktis, M. (2004). Youth therapeutic alliance in intensive treatment settings. *Journal of Behavioral Health Services and Research.*

BOYD, S., Pinkard, T., Rauktis, M., & Kurnot, J. (2003, January). *Establishing favorable relationships between clinicians and youth in therapeutic day school and wilderness camp settings: A qualitative study.* Poster session presented at the Seventh Annual Conference of the Society for Social Work and Research, Washington.

BRYK, A., & Raudenbush, S. (1992). *Hierarchical linear models: Applications and data analysis methods.* Thousand Oaks: Sage.

CAMPBELL, J., & Lavallee, L. (1993). Who am I? The role of self-concept confusion in understanding the behavior of people with low self-esteem. In R. Baumeister (Ed.), *Self-esteem: The puzzle of low self-regard* (pp. 3-20). New York: Plenum Press.

CRITS-CHRISTOPH, P., Siqueland, L., Chittams, J., Barber, J., Beck, A., Frank, A., Liese, B., Luborsky, L., Mark, D., Mercer, D., Onken, L., Najavits, L., Thase, M., & Woody, G. (1998). Training in cognitive and supportive-expressive, and drug counseling therapies for cocaine dependence. *Journal of Consulting and Clinical Psychology, 66*, 484-492.

DiGIUSEPPE, R., Linscott, J., & Jilton, R. (1996). Developing the therapeutic alliance in child-adolescent psychotherapy. *Applied and Preventive Psychology, 5*, 85-100.

DOUCETTE, A., & Andrade A. (2003). *Therapeutic Alliance Project: Final Year Report 2002-2003.* The Center for Mental Health Policy, Vanderbilt University.

DOUCETTE, A., Andrade, A., Bickman, L., Rauktis, M., Kurnot, J., & Boley, L. (2003). *The Quality of the Therapeutic Relationship and Youth Clinical Characteristics.* Paper

182 *Intervenção com Crianças, Jovens e Famílias*

presented at The 16th Annual Research Conference: A System of Care for Children's Mental Health: Expanding the Research Base. Tampa.

DOUCETTE, A., & Bickman, L. (2001). *Child Adolescent Measurement System: User Manual*. Unpublished Manuscript. The Center for Mental Health Policy, Vanderbilt University.

DOUCETTE, A., Bickman, L., & Andrade, A. (2002). *Therapeutic Alliance Project: Final Year Report 2001-2002*. The Center for Mental Health Policy, Vanderbilt University.

GARCIA, J., & Weisz, J. (2002). When youth mental health care stops: Therapeutic relationship problems and other reasons for ending youth outpatient treatment. *Journal of Consulting and Clinical Psychology, 70*, 439-443.

HAWLEY, K., & Weisz, J. (2003). *Engaging Families in Mental Health Services: Focus on the Therapeutic Working Alliance*. Poster session presented at The 16th Annual Research Conference: A System of Care for Children's Mental Health: Expanding the Research Base. Tampa.

HEDEKER, D., Gibbons, R., & Flay, B. (1994). Random – effects regression models for clustered data with an example from smoking prevention research. *Journal of Consulting & Clinical Psychology 62*, 757-765.

HILSENROTH, M., Ackerman, S., Clemence, A., Strassle, C., & Handler, L. (2002). Effects of structured clinician training on patient and therapist perspectives of alliance early in psychotherapy. *Psychotherapy: Theory, Research, Practice, Training, 39*, 309-323.

HOBBS, N. (1982). *The troubled and troubling child: Re-Education in mental health, education and human services programs for children and youth*. San Francisco: Jossey-Bass, Inc.

HORVATH, A., & Symonds, B. (1991). Relation between working alliance and outcome in psychotherapy: A meta-analysis. *Journal of Counseling Psychology, 38*, 139-149.

JUSSIM, L., Eccles, J., & Madon, S. (1996). Social perception, social stereotypes, and teacher expectations: Accuracy and the quest for the powerful self-fulfilling prophecy. In M. Zanna (Ed.), *Advances in experimental social psychology* (pp. 281-388). San Diego: Academic Press.

KENDALL, P. (1984). Behavioral assessment and methodology. *Annual Review of Behavior Therapy: Theory and Practice, 9*, 39-94.

LEE, N. (2003). *The Pressley Ridge Personnel System*. Pittsburgh, PA: Human Resources Department, Pressley Ridge.

LITTELL, R. C., Milliken, G. A., Stroup, W. W., & Wolfinger, R. D. (1996). *SAS system for mixed models*. Cary: SAS Institute.

LOUGHMILLER, C. (1965). *Wilderness road*. Austin: Hogg Foundation for Mental Health.

LOUGHMILLER, C. (1979). *Kids in trouble: An adventure in education*. Tyler: Wildwood Book Company.

MADON, S., Guyll, M., Spoth, R., Cross, S., & Hilbert, S. (2003). The self-fulfilling influence of mother expectations on children's underage drinking. *Journal of Personality & Social Psychology, 84*, 1188-1205.

MARTIN, D., Garske, J., & Davis, M. (2000). Relation of the therapeutic alliance with outcome and with other variables: A meta-analytic Review. *Journal of Consulting and Clinical Psychology, 68*, 438-450.

MAXON, G. (2003). Outcome Report for the Ohiopyle Therapeutic Wilderness Camp, 2002. Pittsburgh: Department of Evaluation & Research, Pressley Ridge.

MERTON, R. (1948). The self-fulfilling prophecy. *Antioch Review, 8*, 193-210.

NORCROSS, J. (2002). *Psychotherapy relationships that work: Therapists contributions and responsiveness to patients.* New York: Oxford University Press.

OETZEL, K., & Scherer, D. (2003). Therapeutic alliance with adolescents in psychotherapy. *Psychotherapy: Theory, Research, Practice, Training, 40*, 215-225.

ROSENTHAL, R., & Jacobson, L. (1968). Teacher expectations for the disadvantaged. *Scientific American, 218*, 19-23.

RUBENSTEIN, A. (1998). Guidelines for conducting adolescent psychotherapy. In P. Koocher, J. Norcross, & S. Hill (Eds.), *Psychologists' desk reference* (pp. 265-268). New York: Oxford University Press.

RUSSELL, M., & Karol, D. (1994). *The 16 PF Fifth Edition Administrator's Manual.* Champaign: Institute for Personality and Ability Testing.

RUSSELL, R., & Shirk, S. (1998). Child psychotherapy process research. In T. H. Ollendick, & R. J. Prinz, (Eds.), *Advances in clinical child psychology* (pp. 93-124). New York: Plenum Press.

SCHUERGER, J. (2000). The sixteen personality factor questionnaire (16 PF). In C. Watkins & V. Campbell (Eds.), *Testing and assessment in counseling practice* (pp. 73-110). Mahwah, NJ: Erlbaum.

SHIRK, S. (2001). The road to effective child psychological services: Treatment processes and outcome research. In: J. Hughes & A. LaGreca (Eds), *Handbook of psychological services for children and adolescents* (pp. 43-59). London, England: Oxford University Press.

SHIRK, S., & Karver, M. (2003). Prediction of treatment outcome from relationship variables in child and adolescent psychotherapy: A meta-analytic review. *Journal of Consulting and Clinical Psychology, 71*, 452-464.

SHIRK, S., & Russell, R. (1996). *Change processes in child psychotherapy: Revitalizing treatment and research.* New York: Guilford Press.

SHIRK, S., & Saiz, C. (1992). Clinical, empirical and developmental perspectives on the therapeutic relationship in child psychotherapy: *Development and psychopathology, 4*, 713-728.

SINGER, J. & Willett, J. (2003). *Applied longitudinal data analysis: Modeling change and event occurrence.* New York: Oxford University Press.

SPEAR, L. P. (2000). Neurobehavioral changes in adolescence. *Current Directions in Psychological Science, 9*, 111-114.

STEINBERG, L., & Cauffman, E. (1996). Maturity of judgment in adolescence: Psychosocial factors in adolescent decision making. *Law and Human Behavior, 20*, 249-272.

STRUPP, H. (1993). The Vanderbilt psychotherapy studies: Synopsis. *Journal of Consulting and Clinical Psychology, 61*, 431-433.

WALKER, E. (2002). Adolescent neurodevelopment and psychopathology. *Current Directions in Psychological Science, 11*, 24-28.

WAMPOLD, B. (2000). Outcomes of individual counseling and psychotherapy: Empirical evidence addressing two fundamental questions. In S. Brown & R. Lent (Eds.), *Handbook of Counseling Psychology* (pp. 711-739). New York: John Wiley.

184 *Intervenção com Crianças, Jovens e Famílias*

WAMPOLD, B. (2001) *The great psychotherapy debate: Models, methods and findings.* Mahwah: Erlbaum.

WOLFE, B., & Goldfried, M. (1988). Research on psychotherapy integration: Recommendations and conclusions from an NIMH workshop. *Journal of Consulting and Clinical Psychology, 56*, 448-451.

Acknowledgements

Support for this chapter was provided by a grant from The Pressley Ridge Foundation. We are grateful to the youth and teacher-counselors who have supported this research through their participation. Special thanks to the following individuals for their intellectual and practical support and expertise: Scott Finnell, Ph.D., Len Bickman, Ph.D., Richard Reed, Clark Luster, Lynne Boley, Mary Lynn Pleczkowski, Luke McDonough, David Rumberger, A. Suzanne Boyd Ph.D., and Joyce Kurnot-Moore. Finally, special thanks to Jim Doncaster and Jim Akers Ph.D. for their careful reading and editing of this chapter.

LA RESILIENCIA PARENTAL EN SITUACIONES DE RIESGO PSICOSOCIAL: IMPLICACIONES PARA EL TRABAJO PROFESIONAL

Maria José Rodrigo López
Facultad de Psicología Universidad de La Laguna

Contexto psicosocial de la resiliencia: riesgos y apoyos

En la vida diaria nos enfrentamos a un buen número de estresores que tienen importantes repercusiones sobre nuestro funcionamiento personal y familiar. Hay que distinguir entre tres niveles de estrés según su menor o mayor gravedad: a) el estrés cotidiano que se produce en el cumplimiento de múltiples obligaciones, horarios apretados, atascos de tráfico, sobrecarga laboral, etc.; b) el estrés crónico que va asociado a situaciones de violencia doméstica, dolor crónico, graves dificultades económicas y laborales, vivienda en barrios inseguros y violentos, inmigración; y c) la presencia de sucesos vitales negativos como pérdida de un familiar, divorcio, incapacidad debida a accidente o enfermedad, cárcel, desalojo de la vivienda, embarazo no deseado, etc.

La presencia de alguno o varios de estos estresores, sobre todo en la medida en que pertenecen a los niveles más altos de la jerarquía, obligan a cambios importantes en el funcionamiento familiar y, en particular, en el sistema parental. La necesidad de realizar dichos cambios aumenta la vulnerabilidad de los padres para hacer frente a los mismos. Por lo que se pueden dar con mayor probabilidad desajustes que provienen de la necesidad de llevar a cabo un buen afrontamiento de la situación mediante reestructuración cognitiva, un manejo adecuado del estrés, búsqueda de apoyos sociales, entre otros. Concretamente, la tarea de ser padres en presencia de estresores psicosociales se lleva a cabo con grandes dificultades que provienen de la sobrecarga que supone la atención a dichos estresores y que compite con la necesaria atención e implicación que requiere la labor educativa. Por ello, la presencia de dichos estresores en la vida de la familia desvía el foco de la atención de los padres hacia otros temas más acuciantes, los hace insensibles hacia las características de sus hijos y a sus reacciones en la vida diaria, promueve una toma de decisiones rígida y automática, y no permite prestar atención a las consecuencias de sus acciones educativas sobre los hijos. Todo ello disminuye la capacidad de atención y evaluación reflexiva de las situaciones cotidianas promoviendo respuestas poco flexibles y articuladas ante dichas situaciones.

Sin embargo, algunos padres son capaces de educar adecuadamente a sus hijos incluso estando bajo la presión de dicho estrés psicosocial. Son aquellos que demuestran tener lo que se podría denominar resiliencia parental. Definimos la resiliencia parental como un proceso dinámico que permite a los padres desarrollar una relación protectora y sensible ante las necesidades de los hijos/as a pesar de vivir en un entorno potenciador de comportamientos de maltrato. Este es un concepto relativamente nuevo, a pesar de que una serie de autores ya señalaran la importancia que tiene un ambiente familiar cálido y acogedor y unas buenas relaciones padres-hijos como factor protector y potenciador de la resiliencia de los hijos (Baldwin Y cols., 1992; Masten & Coatsworth, 1998; Ackerman y cols., 1999; Wyman y cols., 1999). Asimismo, en otros estudios se ha descrito la llamada resiliencia familiar como aquellos procesos que posibilitan a las familias, que tienen que lidiar con situaciones de crisis o estrés crónico, salir fortalecidas de dichas situaciones (Yunes, 2006; Walsh, 1998, 2003). El concepto se refiere por tanto a procesos de afrontamiento y adaptación de la familia como unidad funcional ante tales estresores. Nuestro concepto de resiliencia parental se limita al componente del sistema educativo parental, una parte muy sensible del sistema familiar que, como hemos señalado más arriba, puede quedar muy afectada en aquellas familias que viven bajo situaciones de estrés psicosocial.

¿Cuáles son los indicadores de riesgo psicosocial que aparecen relacionados con ese funcionamiento inadecuado del sistema parental del que pueden derivar situaciones de maltrato o que, al menos, constituyen predictores de su posible aparición? La respuesta a esta importante pregunta ha ido ligada, en un primer momento, a los diferentes modelos etiológicos que se han planteado para explicar la aparición de dichos comportamientos parentales. Citaremos a dos de los modelos que han propiciado un enfoque más integrador al problema. Belsky (1980) propuso que las carac-

La Resiliencia Parental en Situaciones de Riesgo Psicosocial 187

terísticas individuales de los padres, el microsistema o ambiente inmediato de desarrollo, el exosistema o comunidad de la que forma parte la familia y el macrosistema o valores sociales y culturales son los cuatro factores que contribuyen de manera conjunta y probabilística a la ocurrencia de comportamientos de maltrato por parte de los padres. Por su parte, Cicchetti y Rizley (1981) presentaron un modelo ecológico transaccional, en el cual describen la existencia de factores potenciadores y compensadores del riesgo de maltrato, que están presentes en los distintos niveles que influyen en el desarrollo. Tanto los factores potenciadores como los compensadores pueden ser transitorios o duraderos. Las relaciones entre ellos determinan la cantidad de riesgo biológico, psicológico y social que el individuo tiene que afrontar, y así, el maltrato tiene lugar cuando los factores de riesgo superan a los de protección. En ambos modelos queda patente que la acumulación de múltiples factores de riesgo es más relevante para determinar un posible resultado evolutivo que la presencia de algunos de ellos por separado (Garmezy & Masten, 1994).

El apoyo social es uno de los factores de protección que puede contribuir a contrarrestar el efecto del riesgo. Lin y Ensel (1989) definen el apoyo social como el proceso por el cual los recursos sociales que proporcionan las redes formales e informales de apoyo permiten satisfacer a las personas necesidades instrumentales y expresivas en situaciones cotidianas y de crisis. Los servicios formales de ayuda implican a profesionales especializados que operan de modo unidireccional a partir de un sistema de categorías explícitas para evaluar las necesidades, decidir quiénes se van a beneficiar de los servicios, seguir reglas formales y protocolos estándar para actuar en los diversos casos y establecer criterios objetivos acerca de lo que constituye éxito o fracaso de la ayuda (Gracia, 1997; Gracia, Herrero, & Musitu, 1995; Lila & Gracia, 1996). Por su parte, las redes informales de apoyo son la red natural como la familia, las amistades, los vecinos, etc. y las organizaciones de ayuda informal como las organizaciones voluntarias y grupos cívicos solidarios (Cowen, 2000; Navarro, 2004). En las redes informales la ayuda forma parte de un sistema ecológico de intercambios mutuos más privados, plurales y continuados, donde las personas desempeñan roles complementarios e interdependientes de ayuda dentro de un marco amplio de derechos y obligaciones en el grupo primario, vecindario, comunidad o cultura.

Ambos sistemas no son incompatibles sino que se recomienda que los sistemas formales fortalezcan el rol de los sistemas informales para que descubran nuevos recursos existentes en la comunidad, potencien la utilización de los mismos y actúen como facilitadores de los grupos y colectivos que pueden llegar a asumir funciones de apoyo (Garbarino, 1977; Litwak, 1978; Navarro, 2004). Las fuentes de apoyo informal no suelen menoscabar los sentimientos de competencia y de control de las personas sobre sus propias vidas, a diferencia de lo que puede ocurrir cuando se acude a una ayuda profesional. Tienen una accesibilidad natural, se utilizan espontáneamente en el lugar y momento apropiado, están enraizadas en las relaciones interpersonales, son muy variables y se adaptan a muchos tipos de problemas y necesidades y suelen reportar mayor beneficio psicológico al proveedor (Gottlieb, 1983). Por ello, las personas tienden a buscar en primer lugar estas fuentes informales de apoyo cuyo uso incrementa los propios sentimientos de competencia y de control sobre sus vidas y potencia el compromiso, la reciprocidad y la responsabilidad por el cuidado de los otros.

En los dos siguientes apartados describiremos los resultados de estudios que analizan los indicadores de riesgo y las fuentes de apoyo social en las madres resilientes comparadas con las que presentan conductas de maltrato.

Factores de riesgo psicosocial en la resiliencia / maltrato

En la Comunidad Canaria hemos llevado a cabo una evaluación extensa de los niveles de riesgo psicosocial observados en las familias usuarias de los Servicios Sociales municipales que están en situación de riesgo psicosocial (Rodríguez, Camacho, Rodrigo, Martín y Máiquez (2006). Entendemos por familia en situación de riesgo psicosocial a aquella en la que los responsables del cuidado, atención y educación del menor, por circunstancias personales y relacionales, así como por influencias adversas de su entorno, hacen dejación de sus funciones parentales o hacen un uso inadecuado de las mismas, comprometiendo o perjudicando el desarrollo personal y social del menor, pero sin alcanzar la gravedad que justifique una medida de amparo, en cuyo caso se consideraría pertinente la separación del menor de su familia. La intervención que se lleva a cabo con estas familias desde los servicios sociales municipales sigue una filosofía de preservación familiar, según la cual la familia es una fuente importante de estabilidad y de apoyo para el menor, por lo que deben hacerse todos los esfuerzos necesarios para que pueda seguir manteniendo estas funciones del modo mejor posible.

La existencia de tales programas de preservación familiar ha sido posible a partir de que en 1997 se promulgara la Ley 1/97 de Atención Integral al menor y a la Familia que promueve, entre otras acciones, una organización multi-nivel de los servicios de protección a la infancia. En dicha ley, las funciones de los servicios autonómicos, insulares y locales se articulan según sus competencias respectivas en materia de protección ante el riesgo y el desamparo del menor. Con esta distinción se inaugura un nuevo espacio de actuaciones preventivas con los menores y sus familias que, aún presentando una serie de indicadores de riesgo psicosocial que comprometen en mayor o en menor medida el desarrollo del menor, pueden seguir manteniendo a sus hijos con ellas. La puesta en práctica de la ley ha puesto de relieve la importancia crucial que tiene la evaluación del grado de severidad del riesgo psicosocial que afecta al menor. Hay que tener en cuenta que, si la evaluación del riesgo no es adecuada, pueden tomarse decisiones incorrectas respecto al futuro del niño, ya sea en la familia o fuera de ella.

El estudio que describimos tuvo como primer objetivo analizar qué perfil o perfiles de riesgo psicosocial permiten discriminar mejor entre tres niveles de riesgo: bajo, medio y alto. Para ello se parte de la valoración caso por caso, llevada a cabo por los técnicos especializados de los servicios municipales, de la ocurrencia de una serie de indicadores de riesgo que reflejan la gravedad de la situación familiar en términos de su peligrosidad para el desarrollo del menor. En esta evaluación del riesgo psicosocial de estas familias se han tenido en cuenta factores contextuales (Redes de apoyo, la Organización familiar, y la Historia personal y las características del padre/madre) y factores proximales de riesgo (Relación de pareja, las Prácticas educativas de riesgo y los Problemas de adaptación del hijo/a), con el fin de observar de qué modo se combinan unos y otros para dar lugar a los diferentes perfiles de riesgo. Asimismo, para cada caso los técnicos emitían un juicio global de severidad del riesgo, calificándolo como bajo, medio o alto. Mediante análisis estadísticos, se pretendían obtener aquellos perfiles de riesgo psicosocial que mejor discriminan entre tales niveles de riesgo.

El estudio fue llevado a cabo con 468 casos de menores y sus familias de las islas de Gran Canaria, Tenerife y La Palma. Todas las familias eran usuarias de los servicios sociales de su comunidad e iban a participar en el programa de formación para padres elaborado por la Universidad de La Laguna y la Fundación ECCA. Del total de familias, 245 eran biparentales y 223 eran monoparentales, según que convivieran los dos o un solo miembro de la pareja en núcleo familiar. La valoración del riesgo fue realizada por 45 profesionales de los servicios sociales municipales que conocían los casos de primera mano (a razón de 8 a 10 casos evaluados por cada profesional). Los resultados indican que existe un perfil de indicadores que describen una situación de desventaja psicosocial que caracteriza tanto a las familias de riesgo medio como a las de riesgo alto. Estos indicadores comunes son los siguientes: Estructura familiar con alta presencia de monoparentalidad femenina; Insuficiencia de recursos e inestabilidad laboral; Historia personal de abandono; Malestar psicológico; Deprivación sociocultural; Relación de pareja inestable/conflictiva. Se trata de indicadores que reflejan una situación de virtual exclusión social.

Sin embargo, las familias con comportamientos de maltrato hacia sus hijos presentaban además de los anteriores los siguientes indicadores de riesgo que componen un perfil que podríamos denominar de violencia familiar y maltrato: Dificultades en la organización doméstica; Falta de higiene y control sanitario del hijo/a; Historia personal de maltrato físico y de conducta antisocial; Relación padres-hijos conflictiva; Relación entre hermanos conflictiva; Retraso y absentismo escolar; Problemas de conducta del menor en el ámbito escolar, familiar y social. Se trata de indicadores que reflejan una mayor desorganización en la vida familiar, un mayor deterioro de las relaciones familiares y un mayor desajuste del menor. En suma, mientras que las familias con un nivel de riesgo medio presentaban una media de 7 indicadores de riesgo, las familias con un nivel alto presentaban una media de 14 indicadores de riesgo con repercusiones mucho más negativas en la vida familiar. Las familias de riesgo bajo no se asocian a ninguno de los perfiles anteriormente citados. Como pudimos comprobar posteriormente en otra investigación con madres resilientes y madres que maltratan, el perfil de riesgo de las primeras equivale al perfil de las de riesgo medio, mientras que el perfil de las que maltratan equivale al perfil de riesgo alto (Rodríguez, 2005; Rodríguez, Rodrigo, Janssens, & Triana, in press).

Relación entre el nivel de riesgo y el apoyo formal e informal

Veamos ahora cómo son los apoyos sociales de las familias según sus niveles de riesgo psicosocial, pues ahí podemos encontrar algunas claves diferenciales que permiten analizar los factores de protección con los que cuentan unas familias y otras. En este estudio, la muestra estuvo compuesta por 481 madres, 235 referidas por los servicios sociales de la Comunidad Autónoma de Castilla y León y 246 madres no referidas por dichos servicios, pero todas ellas asistiendo al programa de educación para padres organizado por nosotros en dicha comunidad (Rodrigo, Martín, Máiquez, & Rodríguez, 2007). Tras evaluar el nivel de riesgo psicosocial de las madres referidas por los servicios sociales, siguiendo el mismo protocolo que en el estudio anterior, se obtuvo que 140 madres presentaban un nivel bajo de riesgo, 60 presentaban niveles medios y 35 niveles altos. A todos los grupos se les administró una *Escala de Apoyo Personal y Social*, adaptada de la Escala de Apoyo social en los sistemas informales y la Escala de Apoyo social en los sistemas formales de Gracia, Herrero y Musitu (2002). Consta de 8 items que evalúan la percepción de ayuda derivada de la red personal y la institucional, en dos tipos de circunstancias: cuando se tiene un problema con alguno de los hijos/as y cuando se tiene un problema personal.

Los resultados obtenidos por medio de un análisis discriminante para comparar las diferencias en las variables de recibir apoyo de las redes personales e institucionales indican que los mayores apoyos percibidos para el grupo sin riesgo proceden del colegio y de la pareja, mientras que para el grupo de riesgo proceden de los servicios sociales, de Caritas, de la policía y en menor medida de la Dirección General del Menor, del vecino y del amigo. Por tanto, lo distintivo de las familias sin indicadores de riesgo es que concentran principalmente su ayuda en dos pilares del microsistema (familia, escuela) y su posible relación en el mesosistema, mientras que lo que caracteriza diferencialmente a las de riesgo es que tienen restringidas las ayudas del microsistema y se dirigen a fuentes de ayuda situadas en el exosistema, tanto hacia aquellas instituciones tradicionalmente de ayuda como a personas no pertenecientes a la familia (vecinos y amigos). Ello indica que estas familias son muy vulnerables ante los entornos sin recursos ya que dependen para su buen funcionamiento de los apoyos sociales del exosistema que, a menudo, requieren de una buena planificación y provisión de recursos (Garbarino, 1977).

Dentro del grupo de riesgo, los mayores apoyos percibidos para el grupo de bajo riesgo proceden de los amigos, de la pareja, de los vecinos y de la escuela, mientras que para el grupo de medio-alto riesgo proceden de otras instituciones (sanidad, Cruz Roja u otras ONGs), otras personas, la Dirección General del Menor, la policía y los abuelos. Es comprensible que los padres de riesgo alto, las madres que son las que mayoritariamente contestaron al cuestionario, con tales perfiles de violencia y maltrato, en muchos casos pidan ayuda a otras instituciones y a la policía. Sin embargo, parece sorprendente que en el riesgo medio-alto, donde nos encontramos con situaciones de gran deterioro de la convivencia familiar, se vuelva a contar con la familia cercana. La clave puede estar en que estos miembros familiares hacen labores de apoyo y de sustitución cuando los padres se encuentran en la imposibilidad de atender a sus hijos, lo que sucede muy a menudo en sus circunstancias. Los Servicios Sociales conocen y valoran también la presencia de este apoyo "incondicional" de los abuelos que se pone en marcha en numerosas ocasiones de crisis y que puede llegar a ser permanente.

En suma, mientras que en el grupo de riesgo en comparación con el de no riesgo se observan redes en el exosistema más difusas, que dependen del buen funcionamiento de las instituciones, en el bajo riesgo frente al medio alto se observa más integración comunitaria, y menos dejación de funciones parentales.

Perfil cognitivo-conductual de las madres resilientes y las que maltratan

Una vez analizado el contexto psicosocial en el que se mueven las familias ahora se trata de analizar, de modo más micro, el funcionamiento cognitivo de las madres en situación de resiliencia y contrastarla con la de las madres con comportamiento de maltrato. Estos aspectos más mentalistas son muy importantes para entender por qué se reacciona de una manera o de otra ante los estresores psicosociales. A continuación nos plantearemos también la observación de su comportamiento en situaciones interactivas con sus hijos.

La muestra del estudio estuvo compuesta en este caso por 100 madres de varios municipios de Tenerife y su hijos/as preadolescentes (Rodríguez, 2005; Rodríguez, Rodrigo, Janssens, & Triana, in press). La mitad de estas madres presentaban comportamientos de maltrato (25 negligentes y 25 coercitivas), 25 de ellas no manifestaban maltrato hacia sus hijos a pesar de tener que lidiar en sus vidas con adversidades (resilientes) y las otras 25 eran un grupo de madres de control con el mismo bajo nivel educativo que las otras para poder establecer comparaciones. Debemos aclarar que la clasificación de madres resilientes surgió de una definición operativa proporcionada por los técnicos de los servicios sociales. Esto es, preguntábamos por aquellas familias que a pesar de tener un nivel de riesgo medio o alto no parecían tener a juicio de los técnicos problemas importantes en la educación de los hijos e hijas e incluso éstos no presentaban problemas de ajuste significativos, si exceptuamos un cierto retraso escolar. Una vez detectado el grupo se trataba de indagar empíricamente sus teorías y praxis educativas y compararlas con las de los otros grupos.

A partir de la entrevista semiestructurada de Newberger (1980) que pregunta sobre las concepciones que tienen las madres sobre los hijos, sobre su relación con ellos y sobre su papel como madres, se obtuvo un perfil de contrastes entre los cuatro tipos de madres. Para ello se analizó la estructura de razonamiento de las madres obtenida en la entrevista articulada en cuatro niveles de complejidad, cualitativamente diferentes entre sí y ordenados jerárquicamente, que suponen cada vez mayor flexibilidad y capacidad para integrar la información desde varias perspectivas. Estos niveles los citamos a continuación:

Orientación egoísta (nivel 1). Los padres se centran en sus propias necesidades, intereses y sentimientos, y esperan que sus hijos comprendan cuáles son estas necesidades y deseos como padres.

Orientación convencional (nivel 2). Los padres consideran las costumbres, tradiciones y normas prescritas por la sociedad; la paternidad se define siguiendo las costumbres sociales predeterminadas, y está dirigida a que los hijos alcancen las conductas socialmente deseables.

Orientación subjetivista (nivel 3). Los padres adoptan la perspectiva de cada niño particular, teniendo en cuenta sus necesidades; la paternidad implica construir una buena relación emocional con el niño y respetar sus necesidades evolutivas.

Orientación a la relación (nivel 4). Los padres se ven a sí mismos y a los niños como individuos con sus propios intereses y necesidades, pero formando parte de una relación de intercambio mutuo, que está en constante cambio.

Cada uno de los niveles introduce una nueva perspectiva que no se tenía en cuenta en los anteriores, funcionando en cada caso como una matriz organizadora del pensamiento a través de la cual los padres se representan la relación con sus hijos y organizan sus acciones respecto a ellos. Los diferentes niveles indican un desarrollo de la flexibilidad cognitiva y de la capacidad de integrar información procedente de diferentes puntos de vista. A medida que se avanza en ellos, se logra alcanzar una mejor comprensión del significado de la parentalidad, lo cual puede subyacer a las actitudes y creencias de los padres acerca de la relación parento-filial.

Los resultados indican que la estructura del razonamiento de las madres resilientes era muy similar a las madres control ya que ambas tienden a razonar centradas en las necesidades del niño (nivel 3) lo que indica que lo han individualizado y han construido un rol parental concreto no un rol genérico. Por su parte las madres con tácticas de coerción y negligencia presentaban un perfil similar entre sí y diferente del anterior ya que tendían a razonar (sobre todo las madres negligentes) centradas en sus propias necesidades.

A partir de los datos de la misma entrevista, se realizó un estudio de los esquemas interpersonales o modelos de relación que presentaban las madres. Estas son estructuras cognitivas que las personas desarrollan para representar los patrones de relaciones interpersonales, y que funcionan como mapas cognitivos para navegar en el mundo social. Desde esta perspectiva, el foco de interés no está en las cogniciones sobre los demás o sobre el propio individuo, sino en las cogniciones sobre las relaciones interpersonales en sí mismas. Para el presente estudio analizamos las siguientes dimensiones interpersonales:

1) La dimensión de poder, que entiende la relación en términos de autoridad, control, establecimiento de normas, restricciones, y obediencia. En ella podemos describir dos extremos, en uno de ellos se encuentra el esquema interpersonal de alto poder, y en el otro el esquema de bajo poder.

2) La dimensión de reciprocidad, que entiende la relación en términos de confianza, mutualidad y como forma de compartir vivencias e inquietudes. Se valoran dos polos, la presencia de reciprocidad y la ausencia de reciprocidad.

3) La dimensión de afecto, que conceptualiza la relación como un intercambio de cariño, amor y armonía. Sus dos extremos se encuentran en el afecto y/o aceptación, y en la Falta de afecto y/o rechazo.

4) La dimensión de apoyo, que considera el papel de guía, ayuda y sostén emocional e instrumental. Se tiene en cuenta dos polos, por un lado el apoyo parental, y por otro el apoyo filial (inversión de roles).

Los resultados indicaron que tanto las madres resilientes como las del grupo de control tienen un esquema de reciprocidad para las relaciones con sus hijos basado en la comprensión y confianza mutua y no basado en el poder o la jerarquía. Sin embargo, las madres coercitivas y negligentes tienen un esquema de bajo poder según el cual perciben que no pueden dominar a sus hijos aunque desearían hacerlo y sienten que salen adelante gracias al apoyo del hijo/a (inversión de roles). En suma, las madres resilientes y control demuestran más perspectivismo y más reciprocidad en las relaciones con sus hijos que las madres que maltratan.

A estas mismas madres, se les tomaron registros de video mientras que interactuaban con sus hijos preadolescentes durante una tarea cooperativa. Esta tarea consistía en hacer una serie de recados en lugares situados en un plano imaginario de un barrio, para lo cual tenían que elegir la ruta más corta. También se observó el comportamiento de los hijos. Las categorias de conducta observadas tanto en la madre como en el hijo fueron las siguientes: Calidez (mostrarse afectuoso con el otro, mostrar placer y entusiasmo sobre lo que hace el otro, sonreir, hacer bromas); Afecto negativo (mostrar hostilidad, falta de respeto al otro, agresión física o verbal); Pasividad (desentenderse de la tarea, no hacer nada, no mostrar iniciativas); Evitación (no hacer caso a las demandas del otro y resistirse intencionalmente a la interacción); Intrusismo (controlar la conducta del otro e interferir en sus planes de modo impositivo); Sensibilidad (responder de modo contingente a las demandas del otro, apoyarle y animarle cuando lo hace bien); y Comentarios sobre la tarea (hablar con el otro sobre la estrategia utilizada, sobre los planes a seguir).

Los resultados indican que las díadas resilientes y de control tendían a tener madres menos pasivas, hijos menos evitativos, los hijos resilientes más centrados en hacer comentarios sobre la tarea, los hijos control más cálidos, y las madres control más cálidas y sensibles. Sin embargo, las díadas de Coerción/negligencia se caracterizaban por el siguiente perfil: Madres negligentes más pasivas, menos responsivas e hijos menos cálidos y más evitativos; hijos coercitivos más intrusivos (conflicto de poder).

En suma, las díadas resilientes eran las más activas y centradas en la tarea pero eran menos expresivas y sensibles que las de control. Por su parte, en las díadas coercitivas o de negligencia se observaban problemas en la capacidad de colaborar con sus hijos adecuadamente en la tarea interactiva, dándose comportamientos de evitación, pasividad y de conflictos sobre el poder. En general se observa además menos calidez en las interacciones y eso que se trataba de una tarea sin estrés y con tiempo ilimitado. Parece pues que tener un mayor nivel de perspectivismo induce a las madres a mostrarse mucho más cálidas y sensibles a las necesidades de los hijos y mucho más cooperativas en sus interacciones diarias con sus hijos e hijas, que es donde se vehicular la mayor parte de los aprendizajes relevantes para éstos. Es interesante que las madres resilientes no llegaran al nivel de ajuste óptimo como las madres del grupo de control, pero el hecho de que se concentraran en la tarea indica un afán por llevar a cabo acciones concretas y cumplir con las demandas, actitud que puede facilitar un modelaje positivo para los hijos.

Claves para fomentar la resiliencia

A partir de los resultados anteriores podemos definir una serie de claves que debemos tener en cuenta cuando se llevan a cabo programas de intervención con estas familias. Es muy importante el fomento de características resilientes, no de las "ideales" puesto que estas condiciones podrían no funcionar en situaciones donde el balance entre el riesgo y el apoyo está desequilibrado a favor del primero. Por tanto no nos tenernos que basar en los modelos parentales que sólo funcionan en aquellas poblaciones que no están tan sometidas a factores de riesgo como los que hemos analizado.

Hemos organizado las claves en dos grandes grupos que hacen referencia al contexto psicosocial y al perfil cognitivo/conductual que hemos trazado en los anteriores apartados.

Mejorar sus relaciones con el contexto psicosocial y fortalecer su rol de padres

En primer lugar, hay que lograr como decíamos antes un balance más equilibrado entre riesgos y apoyos sociales. Una de las claves es fomentar no solo la búsqueda de apoyos formales, que a menudo promueven la dependencia del técnico, sino también algunos apoyos informales sobre todo aquellos provenientes de fuentes comunitarias: amigos y vecinos, además del apoyo de los abuelos. Con ello se logra que la familia normalice más su funcionamiento ya que estos apoyos son naturales y refuerzan el sentimiento de valía personal.

En segundo lugar, hay que fomentar el reconocimiento de su papel central como padres. Muy a menudo son padres muy poco implicados que no consideran que su papel sea importante o bien lo trivializan suponiendo que ya lo han cubierto haciéndose cargo de las necesidades materiales de los hijos e hijas. Los padres tienen que verse a sí mismos como figuras importantes en su papel protector y educador de los hijos y no como actores secundarios que casi salen fuera de la escena familiar.

En tercer lugar, hay que promover el reconocimiento de que lo que ocurre en la familia afecta al niño. Los padres suelen buscar factores causales sobre el comportamiento de los hijos que están fuera de su alcance. Ellos no sienten que lo que les ocurre pueda tener que ver con sus comportamientos y actitudes. No se trata de culpabilizarlos al respecto sino de que asuman que tienen capacidad para cambiar favorablemente la vida de sus hijos y la de ellos mismos.

En cuarto lugar, hay que fomentar la colaboración para llevar el mensaje a los padres de que el cambio es posible. Si el técnico les dice lo que les pasa, lo que deben hacer y luego les controla para ver si han cumplido con la tarea, es muy difícil que los padres se sientan protagonistas de su proceso de cambio y que colaboren activamente en la propia definición y comprensión de la situación y de sus necesidades.

Por último, hay que darles estrategias de afrontamiento ante las dificultades que seguro van a experimentar. Ayudarles a seleccionar aquellos retos que es posible afrontar y que produzcan cambios más positivos en sus familias y enseñarles a buscar los apoyos necesarios para salir adelante.

El gran reto es conseguir todo lo anterior logrando la autonomía de los padres en la toma de decisiones y que éstos no tengan que pasar a depender del técnico

Mejorar la evaluación de situaciones educativas

En primer lugar, hay que conseguir que las cogniciones de las madres y padres se basen en cogniciones más centradas en el niño y sus necesidades. Esto es fundamental ya que, como señalábamos en la introducción, es muy frecuente que estos padres se focalicen en las duras condiciones de la vida diaria y desvíen su foco de atención de los hijos que deben estar siempre presentes.

En segundo lugar, hay que conseguir que los padres conciban las relaciones con sus hijos desde un punto de vista más horizontal. Ello no indica dejadez, ni negligencia, ni dejar al niño a su aire, sino todo lo contrario darle más entidad y protagonismo como un ser en construcción, una persona que merece respeto y atención. Es en definitiva concebir las relaciones con mayor reciprocidad basadas en las relaciones de confianza y comunicación. Pero para ello deben aprender a interesarse por los hijos y a supervisar sus actividades diarias.

En tercer lugar, deben tener mayor capacidad de perspectivismo y reflexión para poderse poner en el punto de vista de otros y poder valorar y tener en cuenta las circunstancias atenuantes. A menudo, no se puede evitar que la conducta de los padres se dispare sin mediar reflexión alguna pero cuando esto ocurre sistemáticamente, los padres quedan a merced de sus impulsos y pueden ser arbitrarios al no valorar adecuadamente que el niño estaba cansado, que quería jugar un poco más, etc.

En cuarto lugar, hay que ampliar el repertorio de conductas de los padres. A menudo se equivocan porque no conocen alternativas a sus propias reacciones. Deben saber que no hay una sola forma de actuar que es la correcta cualquiera que sea la situación sino que hay muchas opciones que hay que saber elegir para cada caso. En general hay que saber combinar dos tipos de tendencias. De un lado, la supervisión y el control del niño, señalando normas y límites a su conducta y demandando un comportamiento más maduro por parte de éste. De otro, los padres deben mostrar sensibilidad hacia las necesidades de sus hijos, afecto y cariño y sobre todo apoyo en todo lo que debe hacer, de modo que pueda alcanzar el éxito.

Por último, hay que fomentar en los padres el compromiso de cambio y la autocorrección de sus propias pautas en función de las consecuencias que observan en los hijos. Ningún padre o madre, sea de riesgo o normalizado, está libre de equivocarse con sus hijos. Pero la diferencia estriba en el grado en que están dispuestos a cambiar sus comportamientos cuando han observado reacciones adversas en los hijos y, sobre todo, hasta qué punto piensan siquiera sobre ello.

El gran reto es conseguir todo esto mejorando la percepción de sus capacidades parentales y su implicación en la tarea. Para todo ello es muy importante que los padres se sientan con fuerzas y tengan confianza en sus propias capacidades pues es muy peligrosa la sensación de falta de capacidad que a menudo aparece como consecuencia del comportamiento de

La Resiliencia Parental en Situaciones de Riesgo Psicosocial

los "expertos" que critican excesivamente y terminan retirando el control a los padres.

Conclusiones

El enfoque de la resiliencia parental que hemos presentado combina los enfoques ecológicos y comunitarios, centrados en analizar factores de riesgo y protección, con los enfoques más psicológicos, centrados en analizar mentalidades y praxis educativas. Estamos de acuerdo con Yunes (2006) en que sólo desde un enfoque integrador que ponga el acento en los procesos transaccionales que tienen lugar entre los padres y sus contextos psicosociales es posible vislumbrar algunas características de esta parentalidad resiliente. Cualquier postura reduccionista que ponga el acento sólo en el contexto o sólo en el individuo resulta insuficiente a todas luces. A partir de los resultados de nuestros estudios hemos observado que las madres resilientes, en contraste con las que presentan comportamientos de maltrato hacia sus hijos, cuentan con un balance más equilibrado entre riesgos y apoyos sociales. Presentan menos indicadores severos y cuentan con una red más adecuada de apoyos sociales, entre los que destacan los que provienen de la comunidad. No es extraño que con esta proporción más favorable de factores de riesgo y de protección sean capaces de cubrir mejor las necesidades de los hijos y proporcionarles un entorno educativo más adecuado.

También hemos hecho un viaje al interior de la mente de estas madres resilientes y hemos detectado concepciones más adecuadas (perspectivismo y reciprocidad) sobre la relación con sus hijos y su papel como madres. Además hemos observado que presentan interacciones con sus hijos más adecuadas, centradas sobre todo en que los hijos realicen las tareas, si bien en este apartado les queda mucho por aprender para mejorar la calidad de la interacción y mostrarse más sensibles e interactivas con sus hijos. Todo ello es indicativo de que ese mejor balance y equilibrio entre riesgo y apoyos que señalábamos anteriormente va asociado a una mejor disposición mental y conductual para educar adecuadamente a sus hijos. Probablemente algún papel pueda jugar el hecho de que estas madres interpreten su situación de riesgo de modo más positivo y constructivo. Observaciones incidentales de los técnicos nos indican que estas madres no adoptaban una postura de víctimas ni aludían a su futuro de modo fatalista. Por el contrario se mostraban optimistas y dispuestas a intentar el cambio, lo cual es bien sabido que es un factor de pronóstico favorable en la intervención.

Pero quizás lo más interesante y prometedor de todo ello es que el enfoque de la resiliencia puede suponer un cambio muy importante de mentalidad para los técnicos. En primer lugar, frente al pesimismo sobre las posibilidades de recuperación de las familias en situación de riesgo (Yunes & Szymanski, 2003) y el abuso de términos negativos como familias multiproblemas, disfuncionales, desintegradas, etc., hay que reconocer sus puntos fuertes y sus potencialidades, entre las que se cuenta la resiliencia parental. En segundo lugar, porque gracias a este concepto podemos dejar de buscar modelos ideales para guiar la intervención familiar. Los modelos a seguir no serán ya los de las familias normalizadas sino los de las familias resilientes que son las que han podido salir adelante en tales entornos. En tercer lugar, porque dada la gran variabilidad de situaciones familiares y de posibles formas de resiliencia en función de la especial combinación de factores de riesgo y protección de las familias, vamos a dejar de hablar de "recetas" que los padres deben seguir. En su lugar vamos a ayudar a los padres a que hagan de su parentalidad "un traje a medida" y no el traje estándar que se supone que deben realizar. Finalmente, porque para promover la resiliencia hay que fomentar un planteamiento en positivo centrado en el desarrollo de capacidades y competencias tanto para los padres como para los menores. Tomado de este modo, el concepto de resiliencia puede resultar un buen heurístico para cambiar las filosofías asistenciales en los servicios sociales y pasar a enfoques más preventivos y de promoción del desarrollo de las personas como usuarios de estos servicios.

Contamos para ello, como recursos imprescindibles de cara al trabajo con familias en situaciones de riesgo, con un conjunto de programas grupales dirigidos a los padres y a los hijos e hijas de estas familias usuarias de los servicios sociales que pueden ayudarles a desarrollar las competencias necesarias para mejorar su ajuste personal y familiar. Estos programas se están llevando a cabo en varias comunidades autónomas de España (v.g., Canarias, Castilla y León, Aragón). Con el programa dirigido a las madres y padres: Apoyo Personal y Familiar, podemos lograr cambios positivos en varias facetas fundamentales del funcionamiento parental de las madres y padres que maltratan a sus hijos o que los educan de modo muy inadecuado, mediante interacciones grupales con otros padres que

La Resiliencia Parental en Situaciones de Riesgo Psicosocial

duran unos ocho meses con hora y media a la semana (Máiquez, Rodrigo, Capote, & Vermaes, 2000; Martín, Máiquez, Rodrigo, Correa, & Rodríguez, 2004; Rodrigo, Máiquez, Martín, & Rodríguez, 2005; Rodrigo, Correa, Máiquez, Martín, & Rodríguez, 2006; Rodrigo, Máiquez, Correa, Martín, & Rodríguez, 2006). Es decir, que tomando como objetivos de la intervención, entre otras, las modificaciones cognitivo-conductuales antes indicadas, podemos obtener algunos cambios muy positivos que nos permiten seguir confiando en su papel como madres y padres. Contamos también con programas grupales para menores de 6 a 12 años, el "Programa La Caseta", y el programa "Construyendo mi futuro" para adolescentes (Rodrigo, Máiquez, García, Medina, Martínez, & Martín, 2006), ambos destinados a fomentar competencias personales y sociales en los hijos e hijas de estas familias. Sin duda, nos queda mucho por avanzar pero los lindes del camino están señalados y también la meta. Asimismo, debemos perseverar y seguir en el camino del fortalecimiento de la colaboración institucional que está haciendo posible estas experiencias de intervención. De este modo, es como mejor servimos a aquellas familias que necesitan una nueva oportunidad para rehacer sus vidas.

REFERENCIAS BIBLIOGRÁFICAS

ACKERMAN, B., Izard, C., Schoff, K., Youngstrom, E, & Kogos, J. (1999). Contextual risk, caregiver emotionally, and the problem behaviors of six and seven-year-old children from economically disadvantaged families. *Child Development, 70*, 1415-1427.

BALDWIN, A., Baldwin, C. & Cole, R. (1992). Stress-resistant families and stress-resistant children. En J. Rolf, A. Masten, D. Cicchetti, K.Nuechterlein & S. Weintraub (Eds.), *Risk and Protective Factors in the Development of Psychopathology* (pp. 257-280). Nueva York: Cambridge University Press.

BELSKY, J. (1980). Child maltreatment: an ecological integration. *American Psychologist, 35*, 320-335.

CICCHETTI, D., & Rizley, R. (1981). Developmental perspectives on the etiology, intergenerational transmission, and sequelae of child maltreatment. *New Directions for Child Development, 11*, 32-59.

COWEN, E. (2000). Community psychology and routes to psychology wellness. In J. Rappaport & E. Seidman (Eds.), *Handbook of community psychology*. New York: Kluwer/Plenum.

GARBARINO, J. (1977). The human ecology of child maltreatment: A conceptual model for research. *Journal of Marriage and the Family, 39*, 721-736.

GARMEZY, N., & Masten, A. (1994). Chronic adversities. In M. Rutter, E. Taylor & L. Hersov (Eds.), *Child and adolescent psychiatry: Modern approaches* (3.ª ed., pp. 191-208). Londres: Blackwell.

GOTTLIEB, B. (1983). *Social support strategies: Guidelines for mental health practice*. London: Sage.

GRACIA, E. (1997). *El apoyo social en la intervención comunitaria*. Barcelona: Paidós. Trabajo Social 1.

GRACIA, E., Herrero, J., & Musitu, G. (1995). *El apoyo social*. Barcelona: PPU.

GRACIA, E., Herrero, J., & Musitu, G. (2002). *Evaluación de recursos y estresores psicosociales en la comunidad*. Madrid: Síntesis

LILA, M., & Gracia, E. (1996). La integración de los sistemas formales e informales de apoyo social. *Información Psicológica, 58*, 28-34.

LIN, N., & Ensel, W. (1989). Life stress and health: Stressors and resources. *American. Sociological Review, 54*, 382-399.

LITWAK, E. (1978). Agency and family linkages in providing neighbourhood services. In D. Thurz & J. Vigilante (Eds.). *Reacing people: The structure of neighbourhood services*. London: Sage

MÁIQUEZ, M., Rodrigo, M., Capote, C., & Vermaes, I. (2000). *Aprender en la vida cotidiana: un programa experiencial para padres*. Madrid: Visor.

MARTÍN, J., Máiquez, M., Rodrigo, M., Correa, A., & Rodríguez, G. (2004). Evaluación del programa "Apoyo personal y familiar" para madres y padres en situación de riesgo psicosocial. *Infancia y Aprendizaje, 27*, 437-445.

MASTEN, A. & Coatsworth, J. (1998). The development of competence in favorable and unfavorable environments: Lessons from research on successful children. *American Psychologist, 53*, 205-220.

NAVARRO, S. (2004). *Redes sociales y construcción comunitaria*. Madrid: CCS.

NEWBERGER, C. (1980). The cognitive structure of parenthood: The development of a descriptive measure. En R. Selman & R. Yando (Eds.), *New Directions of Child Development: Clinical Developmental Research* (N.° 7, pp. 45-67). San Francisco: Jossey-Bass.

RODRIGO, M., Máiquez, M., Martín, J., & Rodríguez, G. (2005). El asesoramiento a familias con riesgo psicosocial. In C. Monereo & J. Pozo (Eds.), *La practica asesora a examen*. Barcelona: Graó.

RODRIGO, M., Correa, A., Máiquez, M., Martín, J., & Rodríguez, G. (2006). Family preservation services in Canary Islands: Predictors of the efficacy of a Parenting program for families at-risk of social exclusión. *European Psychologist, 11*, 57-70.

RODRIGO, M., Martín, J., Márquez, M., & Rodríguez, G. (2005). Redes formales e informales de apoyo para las familias en riesgo psicosocial: el lugar de la escuela. In R. Martínez-González, M. Pérez-Herrero & B. Rodríguez-Ruiz (Eds.), *Interrelation between family and education merging into social development*. Madrid: SM Group.

RODRIGO, M., Máiquez, M., Correa, A., Martín, J., & Rodríguez, G. (2006). Outcome evaluation of a community centre-based program for mothers at high psychosocial risk. *Child Abuse and Neglect, 39, 1049-1064*.

RODRIGO, M., Máiquez, M., García, M., Medina, A., Martínez, A., & Martín, J. (2006). La influencia de las características personales y contextuales en los estilos de vida en la adolescencia: aplicaciones para la intervención en contextos de riesgo psicosocial. *Anuario de Psicología, 37*, 259-276.

RODRIGO, M., Martín, J.; Máiquez, M., & Rodríguez, G. (2007). Informal and formal supports and maternal child-rearing practices in at-risk and non at-risk psychosocial contexts. *Children and Youth Services Review, 29*, 329-347.

RODRÍGUEZ, G. (2005). *Complejidad del razonamiento y de la acción en familias negligentes, coercitivas y resilientes*. Tesis doctoral sin publicar. Universidad de La Laguna.

RODRÍGUEZ, R., Camacho, J., Rodrigo, M., Martín, J., & Máiquez, M. (2006). La evaluación del riesgo psicosocial en las familias usuarias de los servicios sociales municipales. *Psicothema, 18, 200-206.*

RODRÍGUEZ, G., Rodrigo, M., Janssens, J., & Triana, B. (in press). Reasoning and action complexity in maltreating and resilient mothers when solving with their children a collaborative task. *Journal of Family Psychology.*

WALSH, F. (1998). *Strengthening family resilience.* New York, London: The Guilford Press.

WALSH, F. (2003). Family resilience: Framework for clinical practice. *Family Process, 42,* 1-18.

WYMAN, P. A., Cowen, E., Work, W., Hoyt-Meyers, L., Magnus, K., & Fagen, D. (1999). Caregiving and developmental factors differentiating young at-risk urban children showing resilient versus stress-affected outcomes: a replicant and extension. *Child Development, 70,* 645-659.

YUNES, M. (2006). Os discursos sobre a questão da resiliência: Expressões e conseqüências para a promoção do desenvolvimento saudável. In D. Colinvaux, L. B. Leite & D. Dalbosco Dell Aglio (Eds.), *Psicologia do Desenvolvimento: Teorias, Pesquisas e Aplicações* (pp. 225-246). São Paulo: Editora Casa do Psicólogo.

YUNES, M., & Szymanski, H. (2003). Crenças de trabalhadores sociais sobre famílias pobres e suas possibilidades de resiliência. *Psicologia da Educação PUC/SP, 17,* 117-135.

EDUCAÇÃO PARENTAL E PREVENÇÃO DO RISCO NA INFÂNCIA: RESPOSTA MILAGRE OU DESAFIO INCITADOR?

Maria Filomena Ribeiro da Fonseca Gaspar[1]
Faculdade de Psicologia e de Ciências da Educação
da Universidade de Coimbra

Introdução

O bem-estar emocional na infância determina o bem-estar emocional na idade adulta, sendo este último o factor mais associado à qualidade das relações na adultez e, deste modo, ao bem-estar emocional das comunidades e das sociedades.

Um número cada vez maior de crianças que vive em estruturas familiares complexas e com um grande nível de stresse (Kumpfer, 1999) redobra a necessidade de um movimento de prevenção, que se desloque de um papel de protecção centrado nas crianças para um papel preventivo, mais pró-activo na promoção do "bem-estar" das crianças e no combate à "exclusão social": combater os factores de risco associados ao mal-estar e promover os factores protectores associados com o bem-estar (Buchanan, 2002).

Dar a cada família o suporte de que precisa e deseja, principalmente àquelas que, por diferentes motivos, estão a experienciar riscos particulares, é a trajectória de intervenção sócio-educativa com mais probabilidades de promover o bem-estar de cada criança. A Educação Parental é uma das concretizações desta resposta.

Partindo deste enquadramento, reflectimos, neste texto, sobre a Educação Parental em contexto comunitário, como ponto nodal das interven-

---

[1] Membro do Centro de Psicopedagogia [FEDER/POCTI-SFA-160-490].

ções multimodais implementadas por equipas interdisciplinares, com o objectivo de inverter a espiral inerente aos modelos multifacetados pós--modernos do risco na infância. Discutimos os perigos de um modelo de Educação Parental que não se centre na capacitação das famílias e que surja descontextualizado de outras respostas sociais. Analisamos, ainda, resultados de investigações que realizámos com pais e mães portugueses de crianças em idade pré-escolar, com o objectivo de explorarmos a relação complexa entre as práticas educativas parentais e os problemas de comportamento e emocionais das crianças.

É nossa convicção que a Educação Parental é uma das respostas com mais potencial de promoção de mudança positiva. Porém, também é nossa convicção profunda de que não é, nem pode ser, a "resposta milagre" para a promoção do bem-estar emocional na infância, principalmente num momento em que esta modalidade de intervenção sócio-educativa "está na moda" em Portugal.

A promoção dos serviços de Educação Parental como medida de prevenção – o caso dos *Sure Start Children´s Center* no Reino Unido

No Reino Unido, a morte de uma criança, Victoria Climbié, na sequência de maus-tratos, originou um inquérito, coordenado por Lord Laming, que mostrou que todos os serviços falharam na protecção dessa criança. A pobre coordenação de serviços, a falta de partilha de informação, a falta de profissionais de intervenção directa nos contextos de vida e a falta de uma forte responsabilização dos profissionais foram alguns dos motivos mais evidentes. O culminar positivo desta, e de outras tantas situações próximas desta, foi a elaboração de um conjunto de propostas do Governo, que visam reformar os serviços para as crianças, jovens e suas famílias, no contexto de estruturas da comunidade que as crianças e suas famílias utilizam: crianças e jovens dos 0 aos 19 anos. Estas propostas tomaram corpo no programa governamental designado de *Every Child Matters: Change for Children*, publicado a 1 de Dezembro de 2004, que operacionaliza a meta governamental de uma reforma radical na vida das crianças, jovens e famílias (DfES, 2004). Entre as suas metas, está aumentar a garantia de que protegemos as crianças em risco de negligência ou maus-tratos e apoiamos todas as crianças a desenvolver o seu potencial ao máximo – Promoção *versus* Prevenção. Entre os seus objec-

Educação Parental e Prevenção do Risco na Infância 209

tivos, está a redução comportamento anti-social, do crime, do abandono e insucesso escolares, da gravidez na adolescência e dos problemas de saúde de diferentes tipos, do abuso e da negligência. A linha de força é reduzir os riscos e aumentar as oportunidades de sucesso das crianças e jovens.

No preâmbulo desse documento, o primeiro-ministro, Tony Blair, afirma que "Para a maioria dos pais, as crianças são tudo: as nossas esperanças, as nossas ambições, o nosso futuro. As nossas crianças são cuidadas e amadas. Mas, tristemente, algumas crianças não têm essa sorte. A vida de algumas crianças é muito diferente. Horrorosamente diferente. Em vez da alegria, afecto e segurança de uma vida familiar normal, a vida destas crianças está cheia de riscos, medos e perigos: e vindos de quem a maioria de nós consideraria a pior origem – as pessoas que lhe são mais próximas."

O ponto nodal das medidas enquadradas pelo programa *Every Child Matters* é o apoio às figuras parentais. E é enquadrado por este programa que, em Outubro de 2006, é publicado o documento *Parenting Support: Guidance for Local Authorities in England* pelo DfES que concretiza as orientações para a implementação do suporte parental ao nível das iniciativas do poder local (DfES, 2006). Há, deste modo, uma forte responsabilização, com apoio, do poder e estruturas locais das comunidades.

No que às famílias com crianças em idade pré-escolar diz respeito, os *Sure Start Children's Center* tornam-se o veículo preferencial para oferecer os "serviços integrados que as famílias necessitam". Assistimos, assim, a um movimento de iniciativas locais de intervenção separadas (pulverização dos serviços às famílias) para um serviço único, que centraliza todas as respostas que as famílias necessitam – os *Children's Centers* – com estabelecimento de parcerias com serviços locais. O objectivo é o de partir dos serviços que são já oferecidos e integrá-los.

A meta é, em 2010, serem 3.500 centros – um em cada comunidade (não apenas as mais pobres, pois existem famílias em risco, 35% em Inglaterra, em comunidades numa situação de vantagem social). Estes serviços têm de ser facilmente acessíveis a todos os pais, essencialmente àqueles que, de outro modo, terão dificuldade em aceder à informação de que necessitam. Devem ser construídos em locais centrais da comunidade, reconvertendo anteriores escolas de 1.° ciclo, jardins-de-infância e outras instituições privadas ou de solidariedade social, ou mesmo criados no interior desses mesmos locais: escolas, centros de saúde, ... A título ilustra-

210   *Intervenção com Crianças, Jovens e Famílias*

tivo, o *St. Martin's Children's Center*[2], inaugurado em Julho de 2006, resultou da reconversão de uma igreja local, em *Newcastle's East End*.

Entre as "boas práticas", legisladas para os *Children's Center*, encontram-se:

- atingir as famílias e crianças que vivem em situações de maior desvantagem, principalmente as famílias monoparentais e aquelas em que ambos os pais estão desempregados;
- atingir as famílias excluídas pelos serviços locais, adequando as respostas às suas necessidades e interesses. Grande ênfase em visitas a casa das famílias que não utilizam os serviços como ponto de partida para as conduzir à sua utilização;
- oferecer serviços que sejam atractivos para os pais utilizarem, mas sem perder de vista que o principal objectivo dos *Children's Center* é o de aumentar as oportunidades de sucesso na vida para as crianças. Importância de disponibilizar respostas "baseadas em evidência" no que se refere aos resultados positivos para as crianças. Por exemplo, não utilizar programas parentais que não sejam baseados em evidência e que, por isso, não garantem impacto positivo nas crianças;
- aumentar o trabalho multi-institucional (redes institucionais): com os serviços de saúde, sociais e com os serviços de emprego e formação profissional. Os programas melhor administrados (com um responsável pela gestão dos serviços) são os mais eficazes, com a existência de uma missão comum partilhada por todos os parceiros e com uma definição clara do papel de cada um;
- aumentar a qualidade da educação de infância[3] – factor amortecedor e protector mais eficaz. Envolver os pais na educação dos seus filhos;

---

[2] Tivemos oportunidade de visitar o *St. Martin's Children's Center*, no mês de Julho de 2006, na qualidade de "academic visitor" no *Department of Social Policy and Social Work, University of Oxford*, UK, a que pertencemos como membro internacional do *Oxford Centre for Research into Parenting and Children*. Usufruímos, durante esse período, de uma Bolsa da Fundação Calouste Gulbenkian e tivemos também o estatuto de *Short Term Member of Common Room at Wolfson College*, em Oxford.

[3] Para uma revisão das investigações e modelos que enquadram a centralidade de programas de intervenção/educação pré-escolar de qualidade na promoção de prontidão das aprendizagens e prevenção de atrasos desenvolvimentais ver o capítulo que escreve-

Educação Parental e Prevenção do Risco na Infância

- profissionais qualificados e com competências profissionais específicas para trabalhar com famílias e crianças pequenas.

Os serviços máximos que os *Children's Center* podem oferecer (sem duplicar os já existentes na comunidade, sejam públicos, privados ou do sector voluntários) são:

- educação de infância: 0 aos 5 anos – abertos, pelo menos, 10 horas por dia, 5 dias por semana, 48 semanas ano. Podem ser flexíveis e abrir à noite e durante o fim-de-semana;
- uma rede de amas;
- serviços de apoio e educação parental. Especificamente, no que se refere a estes serviços, o pressuposto é o de que todos os pais devem sentir-se confiantes em pedir apoio quando necessitam. Há, desta forma, uma normalização destes serviços, principalmente para as famílias que têm dificuldades em o fazer. Entres estas últimas, encontram-se as que vivem uma ou mais das seguintes situações: pobre saúde emocional e/ou física ou sentimentos de isolamento e depressão; toxicodependência; experiências negativas com diferentes serviços (sentimento de desqualificação); vivem em ambientes pobres, sem recursos financeiros, com meios de transporte limitados e em condições de habitação deficientes; monoparentais ou sujeitas a violência doméstica; sentem-se discriminadas, por pertencerem a minorias étnicas ou são refugiadas ou estão em asilo político; tiveram elas próprios experiências de parentalidade negativas e sem modelos de parentalidade positivos; estão a experienciar uma dificuldade particular com a criança, como problemas de comportamento; têm uma criança com deficiência de diferentes tipos;
- serviços de emprego e formação profissional;
- serviços de saúde;
- acesso a outros serviços já existentes tendo um papel de coordenação.

---

mos intitulado "Educação pré-escolar e promoção do bem-estar na infância e idade adulta: Novos desafios para velhas questões?" (Gaspar, 2007).

Os serviços mínimos que os *Children's Center* devem oferecer são:

- informação sobre serviços de educação de infância;
- informação e apoio para aceder aos outros serviços;
- informação e aconselhamento parental;
- apoio a amas;
- sessões de intervenção com as crianças: jogo, estimulação…;
- ligações aos serviços de emprego e de saúde.

Os *Children's Center* consubstanciam o que, na nossa opinião e metaforicamente, poderemos designar de "loja do cidadão pai e mãe".

Educação Parental: da desejabilidade à inevitabilidade?

A Educação Parental está, sem dúvida, "na moda" em Portugal. Pelas melhores e piores razões. Pelas melhores, porque estamos a iniciar um processo de investimento num tipo de intervenção sócio-educativa, que incide na variável mais susceptível de mudança nas trajectórias desadaptativas de crianças e jovens: as práticas educativas parentais e a qualidade das relações entre pais e filhos. Pelas melhores, porque indica uma consciência da necessidade que muitas figuras parentais têm de um apoio não estigmatizante e normalizado. Pelas piores, porque, de repente, parece ser a "resposta milagre" para um conjunto de situações sociais complexas e multideterminadas, que têm de ser abordadas de forma integrada, intervindo nas múltiplas e complexas variáveis a elas associadas: habitação, escolaridade, emprego, saúde física e emocional das figuras parentais. Pelos piores, também, porque com muita facilidade se confunde Educação Parental, enquanto medida de intervenção capacitadora, que reconhece as competências e singularidades de cada família, com "escolas de pais", próximas de um modelo reducionista e centrado no profissional. Pelas piores, também, porque um profissional de Educação Parental não é o que tem uma licenciatura ou um mestrado numa área específica, mas o que detém as competências profissionais reconhecidas por associações internacionais[4] para o exercício profissional responsável desta intervenção.

---

[4] A *Parenting UK* desenvolveu, em 2005, os *National Occupational Standards for Work with Parents*.

Educação Parental e Prevenção do Risco na Infância 213

O que nos mostram os dados da investigação sobre as relações entre as práticas educativas parentais e as trajectórias de desenvolvimento desadaptativas de crianças e jovens?

Um corpo consistente de investigações[5] mostra que diferentes problemas de comportamento na infância predizem comportamentos antisociais na adolescência e adultez e que, embora nem todas as crianças com problemas de comportamento se tornem adultos anti-sociais, quase todos os adultos anti-sociais foram crianças com problemas de conduta. Adicionalmente, de acordo com modelo desenvolvimental proposto por Patterson (Patterson, Reid & Dishion, 1992), e directamente relacionado com a nossa questão, o comportamento anti-social de início precoce não é um indicador de características ou disposições do indivíduo, mas reflecte falhas nos processos de aprendizagem social devido, entre outros factores, à falta de aptidões educativas da parte dos pais. A importância dos factores familiares no desenvolvimento precoce dos problemas de comportamento é visível na seguinte conclusão da investigação realizada por uma equipa do Instituto de Psiquiatria da Universidade de Londres: "Parece que, tal como pensávamos, as influências genéticas são mais determinantes no comportamento anti-social na idade adulta do que na infância. Os factores familiares são mais determinantes na infância e podem potencialmente ser modificados através de uma intervenção" (Institute of Psychiatry, 1997-1998).

E, se existe algum consenso sobre a importância das variáveis familiares, entre as quais as práticas educativas parentais, nas trajectórias que conduzem ao comportamento anti-social e delinquência, o mesmo se passa para as que conduzem ao insucesso e abandono escolares. A investigação sobre o abandono escolar na adolescência converge em algumas conclusões sobre as determinantes familiares[6]: os alunos que desistem, comparados com os seus pares que não abandonam, provêm muito mais de famílias em que existe um nível de adversidade social mais elevado, incluindo-se nesta adversidade factores como a pobreza, a monoparentalidade, famílias

---

[5] Para um revisão e síntese dos resultados destas investigações c.f. Baldry & Farrington, 2000; Fonseca, 2000; Gardner & Ward, 2000; Tremblay, LeMarquand & Vitaro, 2000).

[6] Para uma revisão da problemática do abandono escolar na adolescência cf. Janosz e Le Blanc, 2007.

numerosas e monoparentais, a que se vêm adicionar variáveis do funcionamento familiar. Neste último grupo podemos incluir famílias que utilizam práticas educativas demasiado permissivas, com baixa supervisão e acompanhamento, ou demasiado rígidas, com recurso frequente à punição física, acompanhado de baixo afecto.

Em Portugal, em 2004, iniciámos uma investigação[7] na qual procurámos, por um lado, compreender a relação entre as práticas educativas parentais de pais ou mães de crianças de idade pré-escolar e o desenvolvimento sócio-emocional dessas mesmas crianças e, por outro, avaliar se esse padrão de relação existe independentemente do contexto social em que se desenvolve ou se, pelo contrário, existe uma interacção. Estávamos interessados, não apenas em analisar como é que essas práticas se constituem como um factor de risco para o desenvolvimento sócio-emocional, mas também como factor protector, ao considerarmos não apenas os problemas e dificuldades, mas também a competência social das crianças.

Enquadrados pelos modelos bio-ecológico e sistémico do desenvolvimento distinguimos, então, variáveis próximais, especificamente as práticas educativas parentais, e variáveis mais globais, neste caso o nível socioeconómico das famílias.

As hipóteses orientadoras da nossa investigação eram:

- práticas parentais negativas estão associadas a níveis mais elevados de problemas emocionais e comportamentais e a níveis mais reduzidos de competência social nas crianças;
- práticas parentais positivas estão associadas a níveis mais baixos de problemas emocionais e comportamentais e a níveis mais elevados de competência social nas crianças;
- a relação entre as práticas educativas parentais, positivas e negativas, e os problemas e a competência das crianças é diferente em função do nível socioeconómico das famílias: essa relação será mais acentuada em famílias de níveis socioeconómicos inferiores.

---

[7] Uma parte desta investigação foi realizada, com a nossa supervisão, no contexto da elaboração de uma dissertação de mestrado em Ciências da Educação, especialização em Educação de Adultos e Intervenção Comunitária, na Faculdade de Psicologia e de Ciências da Educação da Universidade de Coimbra, por Paula dos Santos e Paiva, conducente à obtenção do grau de mestre em 2005, e intitulada "De pequenino se torce o.... Práticas educativas parentais: um estudo com pais de crianças em idade pré-escolar". Queremos manifestar-lhe o nosso agradecimento pela colaboração prestada.

Educação Parental e Prevenção do Risco na Infância 215

Com estes objectivos, seleccionámos 14 jardins de infância de uma zona predominantemente urbana. Aceitaram participar no estudo 12 (3 da rede pública, 3 do privado e 6 de cariz social).

A amostra final ficou constituída por 362 crianças, com idades compreendidas entre os 3 e os 6 anos e respectivos pai ou mãe.

As crianças tinham uma idade média de 55.4 meses (DP=10) com a seguinte distribuição etária[8]: 23.8% (n=86) de 3 anos; 37% (n=134) de 4 anos; 31.5% (n=114) de 5 anos; 3.3% (n=12) de 6 anos. 174 crianças eram rapazes e 188 raparigas.

No que se refere às variáveis da família 71.3% das crianças viviam em núcleos familiares intactos, 12.2% em famílias monoparentais (quase exclusivamente maternas), 4.4% em famílias reconstituídas e 7.2% em outras configurações familiares. Relativamente ao tamanho da fratria, 34.5% eram famílias com um único filho, 48.9% com dois, 12.7% com três, 3.6% com quatro ou cinco e uma família tinha sete filhos. O rendimento mensal do agregado familiar situava-se entre 357 e 1072 euros, em 25.4% das famílias; entre 1073 e 2146, em 33.7%; entre 2147 e 3320, em 21.3%; superior a 3221, em 6.9%.

As mães das crianças da amostra tinham uma idade média de 34 anos (DP=5.01) e os pais de 35.6 anos (DP=5.78). A escolaridade materna apresentava a seguinte distribuição: analfabetas ou com 1.º ciclo = 4.7%; 2.º e 3.º ciclos = 25.4%; ensino secundário = 21%; ensino superior = 42.3%; mestrado e/ou doutoramento = 5.2%. Quanto à escolaridade paterna, obtivemos a seguinte distribuição: analfabetos ou com 1.º ciclo = 8%; 2.º e 3.º ciclos = 24%; ensino secundário = 26.2%; ensino superior = 31.8%; mestrado ou doutoramento = 5%. Das mães, 79.3% estavam empregadas e 8.8% desempregadas, enquanto nos pais essa percentagem era de, respectivamente, 91.7% empregados e 6.4%. A maioria das mães exercia profissões classificadas no grupo das professoras e, imediatamente a seguir, nas auxiliares de acção educativa e domésticas. A maioria dos pais também exercia uma profissão classificada no grupo dos professores, seguidos pelos vendedores.

Para avaliarmos as práticas educativas, traduzimos e adaptámos, com Paiva (Paiva & Gaspar, 2004, cit. in Paiva, 2005), o questionário de práti-

---

[8] Não nos foi possível obter a data de nascimento de 16 crianças, assim como para 5% da amostra no que se refere ao tipo de família.

cas disciplinares do *Oregon Social Learning Center's* (OSLC), revisto para crianças pequenas (3 aos 8 anos) por Webster-Stratton, Reid e Hammond (2001). Este questionário, que designámos de Questionário de Práticas Parentais (QPP), é constituído por 7 escalas, que nos permitem avaliar as seguintes dimensões: disciplina rígida (14 itens; e.g. "Quando o seu filho/ a sua filha não se porta bem, com que frequência levanta a voz (ralha ou grita)?"); disciplina rígida para a idade (9 itens; e.g. "Se o seu filho/ a sua filha bater noutra criança, qual é a probabilidade de o/a castigar?"); disciplina inconsistente (6 itens; e.g. "Se pedir ao seu filho/ à sua filha para fazer algo e ele/ela não faz, com que frequência desiste de tentar que ele/ela o faça?"); disciplina apropriada (16 itens; e.g. "Se o seu filho/ a sua filha recusou fazer o que queria que ele/ela fizesse, qual é a probabilidade de lhe retirar privilégios (e.g. TV)?"); parentalidade positiva (15 itens; e.g.: "Quando o seu filho/ a sua filha se porta bem ou faz alguma coisa bem, com que frequência o/a elogia e lhe dá os parabéns?"); expectativas claras (3 itens; e.g. "Determine quanto concorda ou discorda com a seguinte afirmação: Eu estabeleci regras e expectativas claras para o meu filho/ a minha filha no que respeita às tarefas que tem que cumprir."); supervisão ou monitorização (9 itens; e.g. "Qual a percentagem de tempo em que sabe onde o seu filho/ a sua filha se encontra quando ele/ela está longe da sua supervisão directa?"). O resultado médio possível de obter em cada escala varia entre 1 e 7 pontos. Na investigação que estamos a descrever, usámos 5 das 7 escalas, especificamente: rígida, inconsistente, apropriada, positiva e supervisão; sendo as duas primeiras dimensões negativas e as duas últimas dimensões positivas das práticas educativas.

Com o objectivo de avaliarmos o desenvolvimento sócio-emocional das crianças, solicitámos aos pais que preenchessem a versão para pais do Questionário de Capacidades e Dificuldades (*Strengths and Difficulties Questionnaire*; SDQ) (Goodman, 1997, Goodman, Meltzer, & Bailey, 1998), traduzido para o português por Fonseca, Loureiro, Gaspar e Fleitlich (c.f. www.sdqinfo.com). Este instrumento é constituído por vinte e cinco itens, organizados em cinco escalas, cada uma composta por cinco itens. As quatro escalas de dificuldades são: problemas emocionais; problemas comportamentais; hiperactividade; problemas de relacionamento com os colegas. Pode avaliar-se o total das dificuldades, através da soma das pontuações das escalas dos itens acabados de referir. O indicador de capacidades é o comportamento pró-social, ou seja, a competência social, e é avaliado também por cinco itens. Em cada escala, é possível obter um

Educação Parental e Prevenção do Risco na Infância

mínimo de 0 e um máximo de 10 pontos (com o total de dificuldades a variar entre 0 e 40 pontos).

Os questionários foram entregues pelas educadoras de infância aos pais das crianças. Dos 660 inquéritos distribuídos, foram devolvidos 370 (56.1%), e destes, 74.6% foram respondidos pelas mães.

O que nos indicam os resultados obtidos?

Os resultados referentes à correlação entre as práticas educativas parentais, tal como foram avaliadas pelo QPP, e o desenvolvimento sócio-emocional das crianças, avaliado pelas mães/pais com o preenchimento do SDQ, encontram-se no Quadro 1. Uma leitura desses resultados permite-nos afirmar que, na nossa amostra:

* como esperado, as correlações entre o total de dificuldades e as práticas parentais negativas foram positivas e estatisticamente significativas para ambas as escalas negativas (rígida: r=.23, p<.01; inconsistente: r=.21, p<.01) e foram negativas e estatisticamente significativas para a escala positiva da supervisão (r=-.17, p<.01);
* quanto à competência social, e também como esperado, encontrámos correlações positivas e estatisticamente significativas com todas as três escalas de práticas parentais positivas (apropriada: r=.26, p<.01; positiva: r=.16, p<.01; supervisão: r=.12, p<.05).

Estes dois grupos de resultados mostram-nos que práticas rígidas e inconsistentes e baixa supervisão actuam como factores de risco para problemas no desenvolvimento sócio-emocional de crianças de idade pré-escolar, enquanto práticas apropriadas e positivas e alta supervisão actuam como factores protectores, ao promoverem o desenvolvimento da competência social.

Quando fazemos a análise dos resultados do Quadro 1 em função do tipo de dificuldades apresentadas pela criança, especificamente de externalização (Problemas de Comportamento e Hiperactividade) ou de internalização (Sintomas Emocionais), verificamos que, na nossa amostra, as práticas parentais de tipo rígidas e inconsistentes se correlacionam de forma positiva e significativa com os problemas de externalização (problemas de comportamento – rígida: r=.19, p<.01; inconsistente: r=.16, p<.01; hiperactividade – rígida: r=.22, p<.01; inconsistente: r=.19, p<.01;),

218 *Intervenção com Crianças, Jovens e Famílias*

mas não com os problemas de internalização (sintomas emocionais – rígida: r=.09, p>.05; inconsistente: r=.08, p>.05). A supervisão associa-se à hiperactividade e aos sintomas emocionais de forma negativa significativa (hiperactividade: r=-.17, p<.01; emocionais: r=-.13, p<.05). Quando consideramos a disciplina apropriada, encontramos uma correlação negativa estatisticamente significativa com a hiperactividade (r=-.11, p<.05). Para os problemas com colegas, os nossos resultados indicam uma associação positiva estatisticamente significativa com a disciplina inconsistente (r=.13, p<.05.) e negativa com a supervisão (r=-.15, p<.01).

Para respondermos à questão do nosso estudo sobre a interacção dos contextos de vida das crianças e famílias, avaliados através do nível socioeconómico (NSE) da família e do desenvolvimento sócio-emocional das crianças, começámos por calcular um índice compósito, a partir de cinco variáveis: profissão do pai, profissão da mãe, nível escolaridade do pai, nível de escolaridade da mãe, rendimento do agregado familiar. Criámos três categorias, para este índice compósito socioeconómico: baixo; médio; alto.

Quadro 1. Correlações entre os resultados no Questionário de Práticas Parentais (QPP) e os resultados no Questionário de Capacidades e Dificuldades (SDQ)

	Total Dif.	Emocional	Comport./	Hiperact./ Atent.	Colegas	/Comp. Pró-Social
QPP						
Rígida	.23**	.09	.19**	.22**	.08	-.07
Inconsistente	.21**	.08	.16**	.19**	.13**	-09
Apropriada	-.08	.06	-.07	-.11*	-.07	.26**
Positiva	-.02	.05	-.03	-.01	-.09	.16**
Supervisão	-.17**	-.13*	-.01	-.17**	-.15**	.12*

*p<.05, **p<.01

Os resultados obtidos sobre as correlações entre as práticas parentais e o desenvolvimento da criança, para cada um dos níveis considerados, encontram-se no Quadro 2. Uma leitura desses resultados permite-nos afirmar que existe uma correlação positiva estatisticamente significativa entre as disciplina rígida e o total de dificuldades nos NSE baixo e médio, mas não no alto (baixo: r=.19, p<.05; médio: r=.33, p<.01; alto: r=.17, p>.05). Encontramos uma distribuição de associações semelhante entre a disciplina apropriada e o comportamento pró-social: uma correlação posi-

Educação Parental e Prevenção do Risco na Infância

tiva significativa, para os NSE baixo e médio, mas não para o alto (baixo: r=.35, p<.01; médio: r=.38, p<.01; alto: r=-.08, p>.05). Relativamente à correlação entre a disciplina apropriada com o total de dificuldades, assim como para a correlação entre a disciplina inconsistente e a supervisão com o comportamento pró-social, os nossos resultados indicam a existência exclusiva de valores significativos, para o NSE baixo (apropriada – baixo: r= -.29, p<.01; médio: r=.01, p>.05; alto: r=.18, p>.05; inconsistente – baixo: r=-.19, p<.05; médio: r=.05, p>.05; alto: r=.06, p>.05; supervisão – baixo: r=.19, p<.05; médio: r=.06, p>.05; alto: r=.10, p>.05).

Quadro 2. Correlações entre os resultados no Questionário de Práticas Parentais (QPP) e os resultados no Questionário de Capacidades e Dificuldades (SDQ) em função do estatuto sócio-económico das famílias

	Total Dificuldades			Comp. Pró-Social		
	baixo[1]	médio[1]	alto[3]	baixo[1]	médio[1]	alto[3]
QPP						
Rígida	**.19***	**.33****	.17	-.02	-.02	-.12
Inconsistente	.15	.17	.13	**-.19***	.05	.06
Aprovada	**-.29****	.01	.18	**.35****	**.38****	-.08
Positiva	-.12	.05	.04	**.22***	.20	.01
Supervisão	-.12	-.11	-.15	**.19***	.06	.10

*p<.05, **p<.01   [1]n=116   [2]n=94   [3]n=33

O que nos mostram os resultados desta investigação?

Que as práticas parentais de tipo rígidas, inconsistentes e baixas em supervisão estão todas positiva e significativamente correlacionadas com o total de dificuldades sócio-emocionais das crianças. Como esperado, os pais de crianças com mais dificuldades utilizam mais punição (de tipo verbal e física), mas falham em tornar essa punição contingente com o comportamento porque são inconsistentes (desistem, mudam de ideias ou a aplicação da punição depende do seu humor). Se nos centrarmos no comportamento pró-social das crianças, os nossos resultados indicam que os pais das crianças pró-sociais recorrem mais a práticas apropriadas e positivas, ao mesmo tempo, que supervisionam mais os seus filhos. Dito de outra forma, quanto mais os pais usam práticas apropriadas (tais como retirar privilégios como ver TV ou brincar com os amigos, quando a criança se comporta de modo inadequado e premiar a criança, quando ela cumpre as suas tarefas), parentalidade positiva (como estímulos verbais, elogios e reforços) e supervisão, mais pró-social é a criança. Se tivermos presentes os resultados de diferentes investigações que nos mostram que o comportamento pró-social é uma competência que actua como factor de protecção em trajectórias de desenvolvimento, as implicações destes resultados são evidentes.

Quanto à interacção entre o contexto socioeconómico em que as famílias se movem e as práticas parentais no desenvolvimento sócio-emocional das crianças, os nossos resultados parecem-nos um importante contributo para a utilização do modelo bio-ecológico, quando analisamos estas problemáticas e elaboramos políticas sociais de diferentes tipos: a correlação entre as práticas parentais e o desenvolvimento sócio-emocional das crianças é diferente nos diferentes níveis socioeconómicos que considerámos. Um alto nível socioeconómico actua, de acordo com os nossos resultados, como factor protector no desenvolvimento de dificuldades pelas crianças, quando os seus pais utilizam práticas educativas rígidas. Adicionalmente, o uso de práticas educativas apropriadas por pais de nível alto não aparece como positiva e significativamente associado ao desenvolvimento de comportamentos pró-sociais pelas crianças, contrariamente ao que acontece nos outros dois níveis socioeconómicos. Exclusivamente no nível baixo, o uso de disciplina positiva e a supervisão pelos pais encontram-se positivamente associados ao desenvolvimento de comportamentos pró-sociais pelas crianças, enquanto o uso de práticas inconsistentes actua como um factor de risco para o desenvolvimento de problemas.

O nosso estudo encerra várias limitações. Entre elas, é um estudo de natureza correlacional, e não longitudinal. Portanto, os resultados obtidos não nos permitem conhecer a direcção do efeito entre as variáveis (por exemplo, as crianças pró-sociais são as que mais facilmente estimulam a utilização de práticas parentais positivas nos pais, enquanto as com maiores problemas de externalização são as que mais facilmente estimulam o recurso a práticas negativas). Sem dúvida, são necessários, neste domínio, mais estudos longitudinais prospectivos. Adicionalmente, não considerámos factores de protecção e de risco que outras investigações mostraram contribuir para as trajectórias de desenvolvimento das crianças (por exemplo, variáveis individuais, como o temperamento e personalidade das crianças, a saúde mental do pai e da mãe e da família e os recursos da comunidade).

Apesar de todas as limitações, enumeradas e não enumeradas, consideramos que os resultados da nossa investigação são um importante contributo que deve ser tido em conta, quando tomamos decisões sobre o conteúdo de intervenções sócio-educativas, designadas de Educação Parental, com pais de crianças em idade pré-escolar. Especificamente, os nossos resultados sugerem que essas intervenções devem considerar não apenas a redução da utilização de práticas educativas negativas (como disciplina rígida e inconsistente), mas também o aumento da parentalidade positiva e apropriada, assim como da supervisão. Entre os múltiplos programas de Educação Parental existentes, cuja eficácia foi já comprovada na redução de trajectórias de desenvolvimento desadaptativas, encontram-se os desenvolvidos com base nos princípios desenvolvidos por Patterson (Farrington, 2003). O Programa *Incredible Years*[9] de Webster-Stratton (c.f. www.incredibleyears.com) foi elaborado de acordo com esses princípios e o seu conteúdo adequa-se às conclusões do nosso estudo.

Outra importante contribuição do nosso estudo é na selecção do grupo de pais de "risco". Os nossos resultados sugerem a urgência de uma política social de serviços universais de Educação Parental para as famílias de crianças em idade pré-escolar, cujas características socioeconómi-

---

[9] A série *Incredible Years Parents* é constituída por três programas. O *Early Childhood Basic* (para crianças em idade pré-escolar); o *School Age Basic* (para crianças em idade escolar); o *Advanced* (para problemáticas dos pais enquanto adultos e membros de um par conjugal). Este programa é recomendado pelo Governo do Reino Unido (*Home Office*) como uma das intervenções que demonstraram ser eficazes (*evidence-based*) no comportamento anti-social; pelo programa *Sure Start* (UK) para famílias com crianças em idade pré-escolar e pela *American Psychological Association Task Force*. É indicado como um programa "Model" *Strengthening Families* pelo *Department of Health and Social Services, Centre for Substance Abuse Prevention* (CSAP) nos EUA e listado no *National Registry of Effective Prevention Programs* (NREPP). Está classificado como programa "exemplary" pelo *Office of Juvenile Justice Delinquency Prevention* (OJJDP) e programa "blueprint" e indicado como um programa baseado em evidência na *Database of Repicable Parenting Programmes*, elaborada pelo *Parenting UK* em parceria com o *Department for Education and Skills*. Tem sido alvo de estudos de eficácia em diferentes países, como programa de prevenção e como programa de intervenção indicada. Em Portugal o programa *Early Childhood Basic* foi já traduzido para português e está a ser objecto de implementação e avaliação no âmbito de um grupo de investigação do Centro de Psicopedagogia da Universidade de Coimbra (Unidade de investigação da FCT) com a nossa coordenação e com a colaboração de outros membros, com destaque especial para Maria João Seabra-Santos.

cas (pobreza e baixa escolaridade) as colocam no grupo de risco, com o objectivo de prevenirmos trajectórias de desenvolvimento marcadas por problemas de comportamento, insucesso e abandono escolar e, mais tarde, delinquência, comportamento anti-social, pobreza e problemas de saúde mental e física. O nosso estudo fundamenta a necessidade de um movimento de prevenção, que se mova de um papel de protecção da criança, para um papel preventivo mais pró-activo de promoção do bem-estar e de combate à exclusão social (Buchanan, 2002). Precisamos, cada vez mais, de respostas sociais e educacionais para crianças com problemas emocionais e de comportamento precoces, em vez de respostas exclusivamente ao nível da saúde mental. Uma vez que o baixo nível de escolaridade dos pais (essencialmente mães) é um dos factores de risco, temos de colocar mais esforços na promoção do sucesso escolar e na prevenção do abandono, para prevenirmos uma próxima geração de famílias com níveis de escolaridade baixos. Se não formos sensíveis aos resultados das investigações que vão de encontro aos nossos resultados, e às políticas, como as do Reino Unido, que explicitámos no início deste texto, e que respondem à necessidade de serviços integrados na comunidade para as famílias, sejamos, pelo menos, sensíveis ao efeito devastador que a colocação de um rótulo precoce de "caso problema" tem na vida de uma criança.

No contexto das perspectivas bio-ecológica e sistémica, que nos fundamentam, temos de usar um modelo de intervenção multifacetado. Porém, e sem dúvida, uma das facetas tem de ser a Educação Parental universal para as famílias que investigações como a nossa mostram mais necessitarem dela. Não é, com certeza, a "resposta milagre", mas é, com certeza, parte imprescindível da resposta necessária.

REFERÊNCIAS BIBLIOGRÁFICAS

BUCHANAN, A. (2002). Family support. In D. McNeish, T. Newman, & H. Roberts (Eds.), *What works for children? Effective services for children and families* (pp. 252-273). Buckingham: Open University Press.

BALDRY, A., & Farrington, D. (2000). Bullies e delinquentes: Características pessoais e estilos parentais. *Revista Portuguesa de Pedagogia, 34*, 195-222.

DfES (Department for Education and Skills) (2004). Every child matters: Change for children. [online] [consult. 20-1-2007]. Disponível em http://www.every childmatters.gov.uk/aims.

DfES (Department for Education and Skills) (2006). Parenting support: Guidance for local authorities in England. Disponível em http://www.everychildmatters.gov.uk/resources-and-practice.

FARRINGTON, D. (2003). Advancing knowledge for the primary prevention of adult antisocial behaviour: "High risk" or "population" strategies? In D. Farrington & J. Coid (Eds.), *Early prevention of adult antisocial behaviour* (pp. 1-31). Cambridge: Cambridge University Press.

FONSECA, A. (2000). Comportamentos anti-sociais: Uma introdução. *Revista Portuguesa de Pedagogia, 34*, 9-36.

GASPAR, M. (2007). Educação pré-escolar e promoção do bem-estar na infância e idade adulta: Novos desafios para velhas questões? In A. Fonseca, M. Seabra-Santos & M. Gaspar (Eds.), *Psicologia e Educação: Novos e velhos temas* (pp.391-417). Coimbra: Almedina.

GARDNER, F., & Ward, S. (2000). Parent-child interaction and children's well-being: Reducing conduct problems and promoting conscience development. In A. Buchanan & B. Hudson (Eds.), *Promoting children's emotional well-being* (pp. 95-127). New York: Oxford University Press.

GOODMAN, R, Meltzer, H., & Bailey, V. (1998). The strengths and difficulties questionnaire: A pilot study on the validity of the self-report version. *European Child and Adolescent Psychiatry, 7*, 125-130.

GOODMAN, R. (1997). The strengths and difficulties questionnaire: A research note. *Journal of Child Psychology and Psychiatry, 38*, 581-586.

Interdisciplinary Research Group, Research Report, 1997-1998 (2007). *London:*

Institute of Psychiatry. Disponível em http://www.iop.kcl.ac.uk/main/Res-Rep/Chapter7/Chilworp.htm.

JANOSZ, M., & Le Blanc, M. (2007). Abandono escolar na adolescência: Factores comuns e trajectórias múltiplas. In A.Fonseca, M. Seabra-Santos & M. Gaspar (Eds.), *Psicologia e Educação: Novos e velhos temas* (pp.247-304). Coimbra: Almedina.

KUMPFER, K. (1999). *Strengthening America's families: Exemplary parenting and family strategies for delinquency prevention.* U.S. Department of Justice. Office of Justice Programs. Office of Juvenil Justice and Delinquency Prevention. Disponível em http://www.strengtheningfamilies.org/htlm.

PAIVA, P. (2005). *De pequenino se torce o ... Práticas educativas parentais: Um estudo com pais de crianças em idade pré-escolar.* Dissertação de Mestrado não publicada. Faculdade de Psicologia e de Ciências da Educação da Universidade de Coimbra, Coimbra.

PATTERSON, G., Reid, B., & Dishion, T. (1992). *A social interactional approach: Vol. 4. Antisocial boys.* Eugene: Castila Publishing.

WEBSTER-STRATTON, C., Reid, J., & Hammond, M. (2001). Social Skills and Problem-solving Training for Children with Early-onset Conduct Problems: Who Benefits? *Journal of Child Psychology and Psychiatry, 42* (7), 943-952.

TREMBLAY, R., LeMarquand, D., & Vitaro, F. (2000). A prevenção do comportamento anti-social. *Revista Portuguesa de Pedagogia, 34,* 491-553.

PROPOSTAS DE INTERVENÇÃO FAMILIAR PARA CRIANÇAS EM RISCO

Maria Teresa Brandão
Departamento de Educação Especial
e Reabilitação da Faculdade de Motricidade Humana
da Universidade Técnica de Lisboa

Introdução

A investigação no campo das neurociências mostra, de forma inequívoca, a importância de, durante a primeira infância, fornecer resposta adequada às necessidades de desenvolvimento da criança por forma a colocá-la numa trajectória de vida positiva e maximizar as suas hipóteses para o sucesso a longo prazo. Contrariamente ao que é o pensamento corrente, vários trabalhos de investigação no domínio económico demonstram que investir no desenvolvimento da criança constitui, segundo Heckman (2006), uma politica economicamente eficaz. Intervir precocemente em situações de risco será, sem dúvida, uma decisão social e política com elevado retorno em termos de resultados futuros.

De acordo com Penha (2000), o conceito de "risco" está associado a um amplo conjunto de necessidades da criança, atendendo ao seu nível de desenvolvimento, bem como ao défice ou omissão na satisfação das referidas necessidades, no âmbito dos vários contextos, onde ocorre o seu desenvolvimento (na família, na escola e nos serviços de apoio e protecção). Tais necessidades podem ser de natureza física (alimentação, segurança, higiene e saúde, abrigo), ou de natureza sócio-emocional (interacção, atenção, estimulação, afecto, aceitação social, etc.) Assim, a "criança em risco" pode ser considerada como aquela que, pelas suas características biológicas ou enquadramento familiar, apresenta maior probabilidade de ser alvo de privações ou outra ordem de dificuldades, que venham a

226 *Intervenção com Crianças, Jovens e Famílias*

comprometer a satisfação das suas necessidades básicas, de natureza material ou afectiva e, necessariamente, a comprometer o seu processo de desenvolvimento.

Por outro lado, a expressão risco de desenvolvimento (*developmental risk*) é amplamente conhecida no âmbito do desenvolvimento infantil, tendo surgido, segundo Koop e Krakow (1983), por volta dos anos 60, para se referir a uma série de condições biológicas (e.g. prematuridade, traumatismo perinatal, infecções pré-natais) associadas a um acréscimo na probabilidade de ocorrência de problemas cognitivos, sociais, afectivos e físicos).

Numa definição que não contempla apenas os aspectos biológicos, Sameroff e Seifer (1983) consideram que em situações de "alto risco", as crianças apresentam uma probabilidade acima da média, de manifestar desvios no seu desenvolvimento, devido ao seu enquadramento num grupo populacional específico, que pode incluir outras crianças, para além das que estiveram sujeitas a problemas biomédicos (como, por exemplo, as crianças filhas de pais de baixo estatuto sócio-económico e/ou com problemas no âmbito da saúde mental). Embora existam definições específicas e claras para várias situações de deficiência, o mesmo não acontece relativamente às condições de "em risco" (*at-risk*) ou de "atraso de desenvolvimento" (Meisels & Wasik, 1992), particularmente fluidas e difíceis de caracterizar nos primeiros três anos de vida. Um dos modelos mais utilizados na classificação das condições de risco, a que as crianças podem ser sujeitas durante o período da infância, foi introduzido por Tjossem, em 1976. Trata-se, na nossa opinião, de um modelo nosológico bastante mais articulado, que integra critérios como os acima referidos (p. anterior), definindo três estatutos de risco claramente diferenciados:

– Risco estabelecido (*Established risk*): refere-se a crianças cujos problemas de desenvolvimento precoces se relacionam com distúrbios médicos de etiologia conhecida (ex.: Síndroma de Down, anomalias congénitas, erros congénitos no metabolismo, etc.);
– Risco biológico (*Biological risk*): refere-se a crianças que apresentam um historial de acontecimentos, durante os períodos pré-natal, peri-natal ou pós-natal, que sugerem a hipótese de insulto biológico no sistema nervoso central em desenvolvimento e, que isolada ou conjuntamente, aumentam a probabilidades de provocarem sequelas posteriores em termos desenvolvimentais (ex.: Deficiências

nutricionais da mãe, problemas obstétricos, baixo peso à nascença, anóxia, prematuridade e outros).

– Risco envolvimental (*Environmental risk*): refere-se a crianças biologicamente saudáveis, mas cujas experiências envolvimentais precoces se encontram particularmente limitadas em áreas como a vinculação, organização familiar, saúde, nutrição e cuidados básicos, assim como em oportunidades para a expressão de comportamentos adaptativos e padrões de estimulação física e social, que, na ausência de intervenção, implicam elevadas probabilidades de atrasos de desenvolvimento.

Particularmente no que se refere às crianças em risco dito "desenvolvimental", e tal como surge na literatura, Magalhães (2002) e Penha (2000) referem que a probabilidade de uma criança vir a ser negligenciada ou a sofrer de maus-tratos é influenciada pelas características parentais, da própria criança, do envolvimento familiar e sócio-económico. Relativamente às características parentais, diversos autores, como Dicker e Gordon (2006), referem a existência de vários factores de risco que parecem aumentar a predisposição para a ocorrência de maus-tratos, dos quais referimos:

* Maternidade na adolescência;
* Perturbação da saúde mental ou física;
* Atributos individuais (e.g. baixa auto-estima, impulsividade, agressividade, baixa tolerância às frustrações e ao stresse, ansiedade e depressão);
* Alcoolismo ou toxicodependência;
* História familiar de maus-tratos na infância;
* Desconhecimento sobre o desenvolvimento da criança, implicando expectativas pouco adequadas relativas à criança;
* Atitude intolerante e indiferente face às responsabilidades parentais;
* Perturbações no processo de vinculação com o filho.

No que se refere à criança, algumas circunstâncias podem afectar do seu desenvolvimento e comportamento, exigindo maior atenção, tolerância e capacidade de gestão do stresse, entre as quais salientamos:

* Deficiência física, mental ou sensorial;

- Prematuridade;
- Hiperactividade e défice de atenção, temperamento irritável.

São, por isso, susceptíveis de implicar dificuldades nos processos interactivos e afectar a dinâmica familiar.

Como acabámos de ver, as crianças em risco não constituem um grupo bem definido e delimitado. Muitas crianças, em diversas condições, podem ser vulneráveis aos factores de risco, em determinado momento do seu desenvolvimento, que, na ausência de serviços de prevenção e/ou intervenção adequados, que deverão actuar o mais precocemente possível, podem originar problemas duradoiros, que perpetuam o ciclo da pobreza, privação e disfunção familiar.

É, pois, fundamental que as famílias prestem atenção, orientação e cuidados adequados aos seus filhos, o que será determinante para o bem--estar das crianças, das suas famílias e da comunidade, em geral. Para tal, as políticas públicas e o sector privado devem perseguir dois objectivos fundamentais:

1) Apoiar e fortalecer as famílias nos seus esforços para dar resposta às necessidades das crianças;
2) Proporcionar apoios alternativos para ir ao encontro das necessidades fundamentais das crianças, quando as famílias não o conseguem fazer.

A intervenção precoce com crianças em risco de desenvolvimento tem sido, nos últimos 25 anos, uma área de intervenção e investigação em contínuo e acelerado processo de crescimento. A evolução dos modelos teóricos explicativos do desenvolvimento infantil, assim como a avaliação dos efeitos, impacto ou eficácia de muitos programas de intervenção precoce, particularmente profícua nos E.U.A., constituem os alicerces que fundamentam a mudança de paradigma: dos modelos centrados na criança aos actuais modelos centrados na família, nos quais o envolvimento da família é muito mais activo e participado. Assim, nos últimos anos, e por influência clara das perspectivas ecológicas e sistémicas, operou-se uma verdadeira revolução, quer em termos de filosofia, como das práticas que passaram a enquadrar-se num modelo claramente sócio-educativo. Este modelo, que defende a perspectiva de que as famílias, e não apenas as crianças, devem ser legítimos "clientes" (Dale, 1996) da intervenção precoce, marca o aparecimento na literatura, da referência à importância de programas que visem o suporte familiar de um modo global e integrado (*family support programs*) que, segundo Dunst e Trivette (1994), se definem como esforços no sentido de promover o fluxo de recursos e apoios à família, de modo a fortalecer o seu funcionamento e promover o crescimento e desenvolvimento dos seus membros e da família como um todo. Os mesmos autores, citando Zigler e Berman (1983), salientam que o objectivo dos programas de suporte à família, enquanto intervenções sociais (*social interventions*):

> "(…) is not provide families with direct services, but to enhance parent empowerment to enable families to help themselves and their children" (p. 30).

Modelos de promoção, como os sugeridos pelo conceito de *empowerment*, significam, necessariamente, mais capacidades, mais responsabilidades e também mais poder para os pais de crianças deficientes ou em risco (Coutinho, 2000). Implicam, também, a necessidade de uma colaboração estreita entre pais e profissionais, através do estabelecimento de parcerias efectivas, entre ambos. Ao reflectirmos sobre as implicações destas claras mudanças conceptuais, chegaremos à conclusão de que será fundamental melhorar o nível de informação dos pais, aumentar as suas competências no acesso aos recursos da comunidade, por forma a promover um estilo de funcionamento mais positivo, no seio da família, e consequentemente melhorar o bem estar dos seus membros individualmente. Considerando que a família como um todo é, actualmente o verdadeiro cliente da Intervenção Precoce, constituirão tarefas imprescindíveis: identificar as necessidades, os interesses e as prioridades das famílias, bem como avaliar os efeitos ou impacte, directo e indirecto, de tais intervenções, nas várias dimensões do sistema familiar (e não apenas através das modificações evidenciadas pela criança).

Os programas de Formação Parental (*Parent Education*) ou de Treino de Competências Parentais (*Parent Training*) parecem constituir excelentes oportunidades para melhorar os níveis de informação, bem como as competências educativas parentais, surgindo mesmo, em vários estudos, associados a resultados bastante positivos quanto à percepção de auto-eficácia no desempenho da função parental (e.g. Feldman, 1994; Moxley--Hagaert & Serbin, 1983).

Ao analisarmos a literatura disponível, constatamos que as estratégias de intervenção mediadas pelo pais, que são designadas como Treino de Competências Parentais (Baker, 1989; Anastapoulos, Shelton, DuPaul & Guevremont, 1993; Niccols & Mohamed, 2000) ou Formação de Pais (Boutin & Durning, 1994; Dunst, 1999; Mahoney Kaiser, Girolametto, MacDonald, Robinson, Safford & Spiker, 1999). São definidas como modelos estruturados, em que os objectivos se relacionam directamente com a modificação das competências parentais e, indirectamente, com o comportamento e ou desenvolvimento da criança, parecendo-nos detentoras de um enorme potencial, ainda por explorar. O Treino de Competências Parentais surge muito associado ao trabalho com pais de crianças com problemas de comportamento, enquanto que a Formação de Pais surge é particularmente conotada com crianças com problemas de desenvolvimento, ou, numa dimensão preventiva, dirigida a pais de crianças em risco biológico e envolvimental.

A formação de pais pode ser, então, definida como o processo de fornecer aos pais ou a outros prestadores de cuidados, conhecimentos específicos e estratégias para ajudar a promover o desenvolvimento da criança (Mahoney et al., 1999; McCollum, 1999; Kaiser Mahoney, Girolametto, MacDonald, Robinson, Safford & Spiker, 1999; Dinnebell, 1999). A formação parental inclui uma gama de conteúdos diversificada como, por exemplo: fornecer informação sobre os processos de desenvolvimento e aprendizagem da criança; apoiar os pais no ensino de determinadas habilidades ou competências aos seus filhos e na gestão de problemas de comportamento. Como referem Dunst, Trivette e Deal (1994) e Dunst (1999) a formação parental constitui um tipo particular de apoio que as famílias podem requerer.

Segundo Mahoney et al., (1999) os resultados que se esperam dos programas de formação parental abarcam aspectos diversos como, por exemplo, melhorias nos conhecimentos dos pais, melhorias na prestação de cuidados, melhorias na relação pais criança e aquisição de habilidades específicas por parte das crianças.

Para além de modificações positivas na auto-confiança e satisfação no desempenho das funções maternais, como já em cima referimos, a investigação relativa à formação parental em famílias de crianças em diversas situações de risco tem evidenciado: melhorias no processo interactivo (Fewell e Wheeden, 1998; Mahoney, et al., 1999); aumento do conhecimento sobre o desenvolvimento da criança (Fewell e Wheeden, op.cit; Olson & Burgess, 1997; Wagner, Spiker & Linn, 2002); ajuda aos pais na detecção de pequenos ganhos desenvolvimentais (Moxley-Haegert

& Serbin, 1983; Wagner, Spiker, & Linn, 2002); melhorias nas competências linguísticas da criança através da utilização de determinado tipo de estratégias por parte dos pais (Feldman, 1997; Kaiser, Hancock, & Hester, 1998); aumento de comportamentos positivos dos pais relativamente à criança (ex: elogio) e redução de comportamentos negativos (ex: críticas e castigos), especificamente em pais que infligem maus-tratos à criança (Barnett, 1997); melhorias nos conhecimentos dos pais sobre dimensões importantes do contexto familiar, como materiais facilitadores de determinadas aprendizagens (Bradley et al., 1994, cit. in Fewell, 1995; Wagner, Spiker & Linn, 2002); melhorias nos conhecimentos dos pais sobre recursos, legislação e aprender como comunicar de modo eficaz com os técnicos (Spiegel-McGill, Reed, Konig & McGowman, 1990).

A investigação sobre os efeitos de programas de formação parental em crianças em situação de risco envolvimental ou psicossocial demonstra:

- Evolução positiva no desenvolvimento cognitivo da criança (Wasik, Bryant & Lyons, 1990; Wagner, Spiker, & Linn, 2002);
- Efeitos positivos na prevenção dos maus-tratos e negligência, através da modificação da percepção de bem-estar e atitudes parentais e das percepções sobre a criança (Barnett, 1997);
- Efeitos positivos nos conhecimentos dos pais sobre o desenvolvimento da criança, os cuidados de saúde, os recursos disponíveis na comunidade (Cook, 2001; Wagner, Spiker & Linn, 2002).

Também, no que se refere ao treino parental, existem dados bastante encorajadores. Assim Lundahl, Risser e Lovejoy (2006), numa metanálise de 63 estudos sobre programas de treino parental, verificaram modificações positivas no comportamento da criança, bem como efeitos ligeiros a moderados nas percepções e atitudes parentais. Noutro estudo recente com pais de crianças autistas, Seung, Ashwell, Elder e Valcante (2006) verificaram efeitos positivos do treino de pais na comunicação com o seu filho com autismo.

Existe ainda outro aspecto particularmente relevante na concepção de serviços ou programas para pais, nomeadamente a criação de oportunidades para encontros de pais de crianças em condições idênticas. Este tipo de encontros, parece ser de extrema importância, permitindo criar condições válidas para aumentar as redes de apoio social informais (Dunst, Trivette & Cross, 1986), as quais podem oferecer o apoio emocional, instrumental ou informativo necessário. As redes de apoio sociais podem, como vários autores o têm demonstrado, influenciar positivamente pais e crianças de duas formas: reduzindo os acontecimentos perturbadores e facilitando a função parental ou funcionarem como filtro ou mediadores da resposta individual aos mesmos (Santinelli et al., 1993).

Em Portugal, a formação de pais tem sido uma área de pouco interesse e investimento (Brandão Coutinho, 1999, 2000), embora nos pareça bastante promissora, particularmente no âmbito da prevenção e da promoção da qualidade de vida, sobretudo em grupos em que as competências parentais parecem *a priori* ameaçadas, por várias ordens de factores, como no caso de ser mãe numa idade em que ainda não se está preparado para tal (adolescência).

Vários estudos evidenciam que a maternidade na adolescência, frequentemente associada à pobreza, má nutrição, problemas de saúde mental e atitudes parentais negativas, tem implicações extremamente nefastas no desenvolvimento da criança. Os programas de intervenção dirigidos a mães adolescentes implicam, frequentemente, formação parental e apoio domiciliário, sendo habitualmente intervenções de curta duração (Fewell & Wheeden, 1998) que visam melhorar o nível de informação das mães sobre o desenvolvimento da criança, ensinar-lhes como reagir ao comportamento da criança, estar mais atentas em relação às pistas do bebé e saber como interagir adequadamente com ele.

Mães adolescentes solteiras são consideradas por Reppucci, Britner e Woolard (2001) como um grupo de "alto risco", demonstrando a investigação, uma elevada incidência de situações de abuso, negligência e violência familiar. Os fundamentos subjacentes ao desenho de programas específicos para estes grupos, assentam na ideia de que se conseguirmos reduzir o stresse parental, melhorar os conhecimentos destas mães sobre o desenvolvimento e comportamento das crianças e, ainda, se ocorrerem melhorias nas suas redes sociais de apoio, então as competências parentais também serão mais adequadas e assim será possível prevenir muitas formas de maus-tratos infligidos à criança (Willis, Holden & Rosenberg, 1992, cit. in Reppucci, Britner & Woolard, 2001).

Com base nos pressupostos anteriormente enunciados, apresentamos, seguidamente, um projecto de investigação, desenvolvido no âmbito duma dissertação de mestrado, realizada na Faculdade de Motricidade Humana por Isabel Lopes, sob orientação de Teresa Brandão. Consistiu na construção, aplicação experimental e avaliação do impacte de um programa de formação destinado a mães adolescentes com crianças consideradas em

Propostas de Intervenção Familiar para Crianças em Risco 233

risco psicossocial. Trata-se de um modelo inovador no nosso país, cujos objectivos fundamentais foram:

– Aumentar o nível e o tipo de informação das mães sobre o desenvolvimento e cuidados a prestar ao seu filho;
– Promover a interacção mãe-criança;
– Aumentar o sentimento de competência maternal;
– Reduzir o stresse maternal;
– Melhorar a qualidade do envolvimento familiar;
– Promover a criação de oportunidades para o estabelecimento e alargamento dos contactos entre mães, que habitam no mesmo bairro.

O formato do programa foi definido em função dos objectivos e de acordo com os estudos analisados na literatura, que referem que programas de curta duração em formato de grupos de pais parecem ser bastante positivos para este tipo de populações (e.g. Feldman, 1997; Fewell & Wheeden, 1998; Mahoney et al., 1998; Reppucci, Britner & Woolard (2001). Assim, optou-se por um programa com 12 sessões, num formato de tipo misto incluindo:

– Sessões de formação para pais (*Education Classes*);
– Grupos de suporte (*Support Groups*);
– Visitas domiciliárias.

Nas sessões, habitualmente com a duração média de 1h30m e frequência bissemanal, foram tratados os seguintes temas: Aprendizagem e desenvolvimento da criança; Rotinas e hábitos de higiene, alimentação e sono, importância da actividade lúdica, autoridade e disciplina, violência doméstica, protecção e segurança, identificação de crianças e jovens vítimas de maus-tratos. Foram também distribuídos folhetos informativos sobre algumas das temáticas abordadas, fornecidos por várias entidades públicas e ONGs.

De acordo com as recomendações mais actualizadas, relativamente à avaliação do impacto deste tipo de programas, foi concebido um modelo de avaliação multi-dimensional, tentando avaliar os efeitos em diferentes dimensões e incluindo também a análise do nível de satisfação das mães com os programas. Incluímos a avaliação de um grupo idêntico que designámos como Grupo Controlo (cujas mães não frequentaram as sessões anteriormente referidas).

As participantes neste estudo foram referenciadas, pelas Unidades de Intervenção Psicossocial, consistindo em 33 crianças consideradas em risco envolvimental e respectivas famílias, tendo acedido a participar no projecto de investigação 24 jovens mães com idades compreendidas entre os 14 e os 24 anos. Estas raparigas, que foram mães pela primeira vez durante a adolescência, tinham filhos, de ambos os sexos, com idades inferiores a 3 anos e residiam numa urbanização de realojamento social, nos arredores de Lisboa.

A maioria das mães (67%) tinha como fonte de rendimento um abono social – o rendimento mínimo, estava desempregada (75%). A maior parte era solteira (54%), vivendo em casa das suas mães ou familiares. As restantes 46% viviam com companheiro, sendo que apenas 29% destas tinham casa própria, vivendo as restantes também em casa de familiares. A maioria destas mães tinha apenas um filho (62,5%) e 29% tinha dois, sendo que apenas 17% frequentam uma creche, ficando os restantes (83%) no domicílio, ao cuidado das mães ou de familiares. A maior parte das referidas progenitoras (54%) eram adolescentes, com idades compreendidas entre os 14-19 anos e as restantes 46% tinham idades compreendidas entre os 20 e 24 anos. Não tinham completado a escolaridade obrigatória, tendo todas cessado os estudos quando engravidaram e eram originárias dos países africanos de língua oficial portuguesa, como, por exemplo, Angola, Guiné, Cabo Verde e S. Tomé. Trata-se, como vimos anteriormente de um grupo considerado por Reppucci, Britner e Woolard (op. cit), como de alto risco, para o qual este tipo de programas tem mostrado ser eficaz.

Tratando-se de uma amostra de conveniência, os sujeitos foram distribuídos por dois grupos distintos segundo uma técnica de emparelhamento por grupos que utilizou como critérios: a idade da mãe, o nível de instrução, a nacionalidade, bem como o sexo e idade da criança.

Os grupos foram designados como Experimental – cujos sujeitos participaram no programa, e Controlo – que não participaram, ficando em situação de espera.

Após as famílias terem sido referenciadas por serviços e associações de cariz social que intervêm nessa zona habitacional, as 33 mães foram contactadas individualmente, através de um telefonema e visita domiciliária, com o objectivo de divulgar do programa, auscultar do eventual interesse relativamente à participação no mesmo e determinar as temáticas prioritárias com vista à construção dos conteúdos do programa. Posterior-

Propostas de Intervenção Familiar para Crianças em Risco   235

mente, e apenas para as famílias que integraram este estudo, foram agendadas mais duas visitas domiciliárias para efectuar a recolha de dados referente ao pré-teste.

Com o objectivo de realizar a avaliação do impacto deste programa, como já referimos, de acordo com um modelo multidimensional, o presente estudo envolveu a aplicação dos seguintes instrumentos:

- Um questionário de caracterização da criança e da família (dados demográficos);
- Uma escala relativa à avaliação da Percepção Materna de Competência, o "Questionaire D'auto-evaluation de la Competence Educative Parentale" de Terrisse e Trudelle (1988): trata-se duma tradução canadiana do instrumento do original – "Parenting Sense of Competence Scale" de Gibaud-Wallston (1977). É um instrumento que pretende avaliar as percepções maternas de eficácia, de satisfação e de competência, relacionadas especificamente com a função parental. É constituído por afirmações relativamente às quais a mãe expressa o seu acordo ou desacordo através duma escala de 6 pontos. Através desta escala, é possível obter duas subescalas: Percepção Materna de Eficácia, e a Percepção Materna de Satisfação, e a cotação global para a Percepção Materna de Competência.
- Uma escala para avaliar a qualidade das experiências proporcionadas à criança, pela família, no âmbito do contexto domiciliário: "Home Observation for the Measurement of the Environment" de Caldwell e Bradley (1984). A versão utilizada para o escalão etário dos 0 aos 3 anos de idade é constituída por seis subescalas, cada uma das quais composta por vários itens, que avaliam:

A – Responsividade verbal e emocional da mãe (ou pai);
B – Aceitação do comportamento da criança;
C – Organização do envolvimento físico e temporal;
D – Fornecimento de brinquedos apropriados;
E – Envolvimento dos pais com a criança;
F – Oportunidades de variedade na estimulação diária.

A administração deste instrumento é realizada no contexto domiciliário permitindo realizar uma entrevista à mãe e uma observação directa de determinados aspectos estruturais e processuais do meio ambiente da criança.

236 *Intervenção com Crianças, Jovens e Famílias*

- Uma escala para avaliação do stress maternal, o "Parenting Stress Index – Short Form (PSI/SF)" (Abidin, 1990). Trata-se de um questionário constituído por itens sob a forma de afirmações relativamente às quais os pais indicam em que medida estão ou não de acordo através duma escala com 5 pontos (Likert). Inclui três subescalas que correspondem aos factores obtidos através de várias análises factoriais e são:

  A – Angústia Parental (*Parental Distress*), que se relaciona com o domínio exclusivamente parental tem a ver com parâmetros relacionados com a depressão, as restrições de papéis, o isolamento social e a relação com o cônjuge.

  B – Interacção disfuncional pais-criança (*Parent-child Dysfunctional Interaction*), contém itens que se relacionam com a aceitabilidade da criança pelos progenitores, a medida em que a criança reforça os progenitores e a qualidade da vinculação.

  C – Criança Difícil (*Difficult Child*), inclui itens que se relacionam com a capacidade de adaptação da criança, grau de exigência, humor, nível de distractibilidade e actividade.

- Um instrumento que permite avaliar as atitudes educativas dos pais, fornecendo indicadores de negligência e maus-tratos, o "Adult-adolescent Parenting Inventory" AAPI-2 de Bavolek e Keene (1999). Trata-se de um questionário constituído por itens sob a forma de afirmações relativamente às quais os pais indicam em que medida estão ou não de acordo através duma escala com 5 pontos (Likert). Os itens estão organizados em cinco subescalas:

  A – Expectativas inapropriadas
  B – Empatia
  C – Castigos corporais
  D – Regras incoerentes
  E – Inibição da autonomia

Os resultados obtidos através deste instrumento dão-nos indicação relativamente a perfis de comportamentos de risco indicadores de maus-tratos e negligência

- Por fim, e como forma de obtenção de medidas de validação social do estudo, foi construído um questionário, com o objectivo de ava-

Propostas de Intervenção Familiar para Crianças em Risco 237

liar o Grau de Satisfação dos Pais relativamente ao programa, a documentação recebida, bem como percepção da sua utilidade e importância.

Para comparar os grupos antes do início da intervenção, efectuar as análises estatísticas que permitiram verificar se existiam diferenças significativas entre os grupos Experimental e Controlo antes e após a intervenção, utilizámos o Teste t de Student, o Teste t de Pares ou os seus equivalentes não-paramétricos. Foram ainda realizadas análises da regressão para confirmar em que medida a participação no programa influenciou os resultados.

Apresentamos, seguidamente, os resultados referentes às variáveis utilizadas para avaliar a Percepção materna de competência em ambos os grupos, comparados nos pré e pós testes.

No que se refere ao Grupo Experimental, verificou-se uma descida dos valores médios do pré para o pós-teste (Mpré=34.5 – MPós=32.7), na subescala *Percepção materna de eficácia* (t =1.678; p=.128); uma subida significativa da primeira para a segunda avaliação (Mpré=33.4 – MPós= 36.8) na subescala *Percepção materna de satisfação* (t=-3.157; p=.012); e uma subida, embora não significativa do ponto de vista estatístico, no valor global da escala (Mpré=67.9 – MPós=69.5), *Percepção materna de competência* (t =-.826; p=.411).

Relativamente ao Grupo Controlo, verificou-se uma ligeira descida dos valores médios do pré para o pós-teste (Mpré=34.0 – MPós=33.3), na subescala *Percepção materna de eficácia* (t =.774; p=.473); uma ligeira subida (Mpré=36.3 – MPós=37.7) da primeira para a segunda avaliação na subescala *Percepção materna de satisfação* (t=-.7177; p=.488); bem como uma subida, também ligeira, (Mpré=70.4 – MPós=71.0), no valor global da escala – *Percepção materna de competência* (t =-.296;p=.773).

Estes resultados, corroborados pela análise da regressão, sugerem que o programa parece ter tido apenas efeito positivo, de dimensão relevante, no domínio relacionado com o sentimento de satisfação com a função maternal.

No que se refere à Qualidade do Envolvimento Familiar e em relação ao Grupo Experimental verificou-se uma subida significativa dos valores médios do pré para o pós-teste (Mpré=8.3 – MPós=10.8) na subescala *Responsividade verbal e emocional da mãe* (t =-4.038; p=.003**); uma subida, embora não significativa (Mpré=5.1 – MPós=5.6) na subescala

Aceitação do comportamento da criança (t=-1.464;p=.177); uma subida significativa no valor da subescala, *Organização do envolvimento físico e temporal* (Mpré=4.6 – MPós=5.9) (t=-4.993; p=.001**); outra subida, também significativa, na subescala *Fornecimento de brinquedos apropriados* (Mpré=0.9 – MPós=3.9) (t=-11.619;p=.000**); também na subescala *Envolvimento dos pais com a criança* (Mpré=2 – MPós=5.7) se registaram melhorias significativas (t=-7.467;p=.000**); *assim como na* subescala *Oportunidades para a variedade na estimulação diária* (Mpré=1.9 – MPós=2.4) (t=-3.00; p=.01**). O valor global da escala – *Total* (Mpré=22.9 – MPós=34.3) evidencia claramente uma subida altamente significativa entre os dois momentos de avaliação (t=-17.015; p=.000**).

Relativamente ao <u>Grupo Controlo,</u> verificou-se uma descida dos valores médios do pré para o pós-teste (Mpré=8.25 – MPós=7.75), na subescala *Responsividade verbal e emocional da mãe* (t =1.318; p=.214); uma descida da primeira para a segunda avaliação (Mpré=5.5 – MPós=4.67), na subescala *Aceitação do comportamento da criança (t=2.419; p=.034);* uma ligeira redução (Mpré=4.83 – MPós=4.75), nos valores da subescala *Organização do envolvimento físico e temporal* (t=.561; p=.586); enquanto que, relativamente ao *Fornecimento de brinquedos apropriados,* a variação é no sentido oposto, sendo o incremento bastante discreto (Mpré=2.25 – MPós=2.5) (t=-.583; p=.571). É visível uma ligeira descida na subescala *Envolvimento dos pais com a criança* (Mpré=2 – MPós=1.75) (t=1.915; p=0.082), o mesmo acontecendo com as *Oportunidades para a variedade na estimulação diária* (Mpré=2.33 – MPós=2.17) (t=.804; p=.438.); o valor global da escala evidencia uma subida – *Total* (Mpré=25.25 – MPós=23.58), embora não significativa, do ponto de vista estatístico (t=1.592; p=.140).

As análises estatísticas realizadas com base nos resultados obtidos através deste instrumento evidenciam a existência de diferenças significativas entre os grupos experimental e de controlo, quando comparados nos pré e pós testes, sugerindo que a participação no programa de formação de mães resultou em melhorias evidentes na qualidade do envolvimento familiar, particularmente em aspectos relacionados com a organização física do ambiente, a provisão de materiais e experiências adequadas, bem como a responsividade da mãe relativamente à criança. Onde o programa parece não ter tido o impacto desejado foi na dimensão relacionada com a aceitação dos comportamentos da criança, pelo menos nos itens avaliados através deste instrumento.

Quanto às variáveis utilizadas para medir o Stresse maternal, e no que se refere ao Grupo Experimental, verificou-se uma subida dos valores médios do pré para o pós-teste (Mpré=42 – MPós=45), na subescala *Angustia Maternal* (t =-.918; p=.383)*;* uma subida da primeira para a segunda avaliação (Mpré=33.4 – MPós=36.8), na subescala *Interacção Disfuncional* (t=-.600;p=.563)*;* uma subida, embora não significativa do ponto de vista estatístico, na subescala *Criança Difícil* (Mpré=41.8 – MPós=43.7), (t =-.988; p=.349)*;* o que também se observou no valor global da escala, que subiu bastante (Mpré=130.8 – MPós=136.7), (t =-1.461; p=.178), embora as diferenças não sejam significativas em nenhum dos casos.

Relativamente ao Grupo de Controlo, verificou-se uma descida dos valores médios do pré para o pós-teste (Mpré=39.3 – MPós=38.3), na subescala *Angustia Maternal* (t =1.076; p=.305)*;* uma descida significativa da primeira para a segunda avaliação (Mpré=56.3 – MPós=47), na subescala *Interacção Disfuncional* (t=3.342; p=.007*); outra descida, na subescala *Criança Difícil* (Mpré=44.6 – MPós=43.2), *(t =1.201; p=.255);* o que também se verificou no valor global da escala, o qual reduziu o bastante (Mpré=138 – MPós=128.6), (t =-2.377; p=.037*), para que as diferenças possam ser estatisticamente significativas.

Estes resultados demonstram elevados níveis de stresse para ambos os grupos avaliados, o que pode estar associado a outras variáveis como questões de ordem económica, situação profissional e conjugal, isolamento social, etc. O programa implementado não parece ter sido eficaz na redução dos níveis de stresse evidenciados pelas mães do grupo experimental.

Por último, e no que toca às atitudes parentais susceptíveis de indicarem potencial para abuso ou negligência, avaliadas através do "Adult-adolescent Parenting Inventory" *AAPI – 2*, o Grupo Experimental evidencia um ligeiro incremento nos valores da subescala *Expectativas inapropriadas* (Mpré=4.6 – MPós=4.7) (t=-.246; p=.811) e um aumento muito significativo na subescala *Empatia* (Mpré=2.0 – MPós=5.2) (t=-5.58; p=.000).Também a dimensão *Castigos corporais* regista alterações significativas (Mpré=3.7 – MPós=5.3) (t=-3.207;p=.011*); o mesmo se passando com as subescalas *Regras incoerentes* (Mpré=2.6 – MPós=5.70) (t=-5.894;p=.000**) e *Inibição da autonomia* (Mpré=4.30 – MPós=5.2) (t=-2.586;p=.029*).

No que concerne o Grupo de Controlo verificou-se uma descida dos valores médios do pré para o pós-teste na subescala *Expectativas inapropriadas* (Mpré=4 – MPós=3.75) (t=.414; p=.687)*;* uma ligeira subida na subescala *Empatia* (Mpré=2.5 – MPós=2.75) (t=-1.393; p=.191); uma ligeira subida na subescala *Castigos corporais* (Mpré=3.8 – MPós=4.08) (t=-.672; p=.515); uma ligeira descida nos itens relacionados com *Regras incoerentes* (Mpré=2.7 – MPós=2.33) (t=2.159; p=.054), bem como na subescala *Inibição da autonomia* (Mpré=4.0 – MPós=3.17) (t=2.030; p=.067).

Antes de concluir interessa referir que a interpretação dos valores obtidos, implica o recurso a resultados padronizados e que estes (para as diferentes subescalas) se situam numa escala de 1 a 10. Os valores entre 1 e 3 consideram-se abaixo da média e representam um elevado risco em termos de maus-tratos e negligência. Os valores entre 7 e 10 consideram-se acima da média, sugerindo que os pais prestam cuidados muito adequados e têm práticas educativas também muito adequadas e os valores intermédios, entre 4 e 6, representam as práticas da generalidade dos pais.

Deste modo, e com base nos resultados obtidos através do AAPI-2, e nos tratamentos estatísticos efectuados, podemos concluir que na sequência da participação no programa se processaram alterações significativas em alguns dos indicadores de potencial abuso e negligência. São particularmente interessantes, para o grupo experimental, as melhorias verificadas na subescala Empatia, bem como as melhorias registada nos valores das subescalas Castigos corporais e Regras incoerentes, que indicam que os valores baixos registados na primeira avaliação e que constituíam indicação de risco de abuso ou negligência, subiram significativamente, passando a enquadrar-se em valores considerados como indicadores de práticas parentais habituais e, portanto, desejáveis.

Finalmente, e no que se refere à validação social do programa, as mães participantes consideraram o programa como uma mais valia para as suas vidas e recomendando-o a outros pais e acentuado, entre outros, os seguintes aspectos:

– Melhorias em termos de conhecimentos e mudança de atitudes;
– Partilha de experiências com outras mães.

Alguns testemunhos das mães ilustram bem o significado que este programa teve para elas:

"...com o meu filho é muito difícil e eu senti-me muito apoiada. Agora tento não perder a paciência e não bater. Já brinco algumas vezes, o pior é que ele quer sempre e não me larga..."

Propostas de Intervenção Familiar para Crianças em Risco 241

"... para mim foi muito bom, eu estava sempre em casa, não conhecia muita gente, gostei muito do convívio e aprendi muitas coisas novas..."
"... eu já não grito tanto, tenho um pouco mais de paciência, mas é difícil porque nós os imigrantes temos menos paciência, temos que trabalhar muitas horas e chegamos muito cansados, a casa..."
"... gostei muito e achei muito bom para o meu desenvolvimento de mãe"

Parece-nos portanto que este tipo de programas, à semelhança do que se verifica na literatura (e.g. Reppucci, Britner e Woolard (2001); Fewell e Wheeden, 1998), parecem mostrar um enorme potencial para introduzir modificações nos contextos e padrões de interacção familiares. Referimo--nos particularmente a dimensões relacionadas com a qualidade do envolvimento familiar, nomeadamente a sua organização, a acessibilidade de materiais e a provisão de experiências adequadas ao nível de desenvolvimento da criança. Outro aspecto, não menos importante, tem que ver com a alteração das atitudes e práticas educativas parentais, particularmente as que mais se relacionam com uma probabilidade de abuso ou negligência, como os castigos corporais e as regras incoerentes. A este facto não serão alheias as melhorias que observamos nas dimensões relacionadas com uma maior empatia em relação à criança e com o aumento na satisfação com a função maternal. Incluir pois, a formação parental, no leque de serviços a prestar o mais precocemente a crianças e famílias em risco, poderá não só ser determinante no percurso de vida das mesmas, mas também ter efeitos sociais e económicos relevantes, prevenindo a ocorrência e/ou reduzindo a incidência de situações ou factores de risco, susceptíveis de implicarem um recurso continuado a serviços especializados, no âmbito médico, educativo ou sócio-juridico.

REFERÊNCIAS BIBLIOGRÁFICAS

ANASTOPOULOS, A., Shelton, T., DuPaul, G., & Guevremont, D. (1993). Parent training for attention-deficit hyperactivity disorder: Its impact on parent functioning. *Journal of Abnormal Child Psychology, 21,* 581-595.

BARNETT, D. (1997). The effects of early intervention on maltreating parents and their children. In M. Guralnick (Ed.), *The Effectiveness of early intervention* (pp. 147-170). Baltimore: Paul H. Brookes Publishing Co.

BAKER, B. (1989). *Parent training and developmental disabilities.* Washington: AAMR Monographs.

BOUTIN, G., & Durning, P. (1994). *Les interventions auprés des parents. Bilan et analyse des pratiques socio-éducatives.* Toulouse: Éditions Privat.

COOK, S. (2001). Parent Education and Family Support for the prevention of child maltreatment. In N. Reppucci, P. Britner & J. Woolard (Eds.), *Preventing Child Abuse and Neglect through Parent Education* (pp. 7-22). Baltimore: Paul H. Brookes Publishing Co.

COUTINHO, T. (1999). *Intervenção Precoce: Estudo dos efeitos de um programa de formação parental destinado a pais de crianças com Síndroma de Down.* Tese de Doutoramento. Lisboa, FMH.

COUTINHO, T. (2000). Percepções dos pais e dos profissionais sobre as necessidades e expectativas das crianças com necessidades especiais. In A. Fontaine (Org.), *Parceria Família – Escola e Desenvolvimento da Criança* (pp. 277-302). Porto: Edições ASA.

DALE, N. (1996). *Working with families of children with special needs – Partnership and practice.* London and New York: Routledge.

DICKER, S., Gordon, E (2006). Critical connections for children who are abused and neglected: Harnessing the New Federal Referral Provisions for Early Intervention. *Infants and Young Children, 19,* 170-178.

DINNEBELL. L. (1999). Defining parent education in early intervention. *Topics in Early Childhood Special Education, 19,* 161-164.

DUNST, C. (1999). Placing parent education in conceptual and empirical context. *Topics in Early Childhood Special Education, 19,* 141-147.

DUNST, C., & Trivette, C. (1994). Aims and principles of family support programs. In C. Dunst, C. Trivette & A. Deal (Eds.), *Supporting and streng-*

244 *Intervenção com Crianças, Jovens e Famílias*

thening families – Methods, strategies and practices (pp. 30-48). Cambridge: Brookline Books.

DUNST, C., Trivette, C., & Cross, A. (1986). Roles and support networks of mothers of handicapped children. In R. Fewel & P. Vadasy (Eds.), *Families of handicapped children – Needs and supports across the life span* (pp. 167--192). Austin: Pro-Ed.

DUNST, C., Trivette, C., Deal, A. (1994). Enabling and empowering families. In C. Dunst, C. Trivette & A. Deal (Eds.), *Supporting and strengthening families – Methods, strategies and practices* (pp. 2-11). Cambridge: Brookline Books.

FELDMAN, M. (1994). Parenting education for parents with intellectual disabilities: A review of outcome studies. *Research in Developmental Disabilities, 15,* 299-332.

FELDMAN, M. (1997). The effectiveness of early intervention for children of parents *with mental retardation*. In M. Guralnick (Ed.), *The Effectiveness of early intervention* (pp. 171-191). Baltimore: Paul H. Brookes Publishing Co.

FEWELL, R. (1995). Early education for disabled and at-risk children. In M. Wang, M. Reynolds & H. Walberg (Eds.), *Handbook of special and remedial education. Research and practice* (pp. 37-60). U.S.A.: Pergamon.

FEWELL, R., & Wheeden, C. (1998). A pilot study of intervention with adolescent mothers and their children: A preliminar examination of child outcomes. *Topics in Early Childhood Special Education, 18,* 18-25.

GURALNICK, M. (1997). Second generation research in the field of early intervention. In M. Guralnick (Ed.), *The efectiveness of early intervention* (pp. 5-21). Seattle: University of Washington, Paul H. Brookes Publishing Co.

HECKMAN, J. (2006). Investing in disadvantaged children is an economically efficient policy. Presented at the Forum on "Building the economic case for investments in preschool", organized by the Committee for Economic Development, 10 January 2006. New York. Disponível em www.ced.org/docs/report/report_2006prek_heckman.pdf

KAISER, A., Hancock, T., & Hester, P. (1998). Parents as co-interventionists: Research on applications of naturalistic language teaching procedures. *Infants and Young Children, 10,* 46-55.

KAISER, A., Mahoney, G., Girolametto, L., MacDonald, J, Robinson, C., Safford, P., & Spiker, D. (1999) Rejoider: Toward a contemporary vision of parent education. *Topics in Early Childhood Special Education, 19,* 173-176.

KOOP, C., & Krakow, J. (1983). The developmentalist and the study of biological risk: A view of the past with an eye toward the future. *Child Development, 54,* 1086-1108.

LOPES, I. (2005). Intervir para prevenir: efeitos de um programa de Formação Parental para jovens mães. Dissertação de Mestrado não publicada. Faculdade de Motricidade Humana da Universidade Técnica de Lisboa, Lisboa.

LUNDAHL, B., Risser, H., & Lovejoy, M. (2006). A meta-analysis of parent Training: Moderators and follow-up effects. *Clinical Psychology Review, 26*, 86-104.

MAHONEY, G., Kaiser, A., Girolametto, L., MacDonald, J, Robinson, C., Safford, P., & Spiker, D. (1999) Parent Education in Early Intervention: A Call for a Renewed Focus. *Topics in Early Childhood Special Education, 19*, 147-149.

MAGALHÃES, T. (2002). *Maus-tratos em Crianças e Jovens. Guia Prático para Profissionais*. Coimbra: Quarteto Editora.

MCCOLLUM, J. (1999). Parent education: What we mean and what that means. *Topics in Early Childhood Special Education, 19*, 131- 140.

MEISELS, S., & Wasik, B. (1992). Who should be served? Identifying children in need of early intervention. In S. Meisels & J. Shonkoff (Eds.), *Handbook of early childhood intervention* (pp. 605-632). New York: Cambridge University Press.

MOXLEY-HAEGERT, L., & Serbin, L. (1983). Developmental education for parents of delayed infants: Effects on parental motivation and children´s development. *Child Development, 54*, 1324-1331.

NICCOLS, A., & Mohamed, S. (2000). Parent training in groups: Pilot study with parents of infants with developmental delay. *Journal of Early Intervention, 23*, 133-143.

OLSON, H., & Burgess, D. (1997). Early intervention for children prenatally exposed to alcohol and other drugs. In M. Guralnick (Ed.), *The Effectiveness of early intervention* (pp. 109-145). Baltimore: Paul H. Brookes Publishing Co.

PENHA, M. (2000). *Crianças em Situação de Risco. Guia do Formando*. Lisboa: MTS/SESS-APSS/PROFISS.

REPPUCCI, N., Britner, P., & Woolard, J. (2001). Introduction. In, N. Reppucci, P. Britner & J. Woolard (Eds.), *Preventing Child Abuse and Neglect through Parent Education*. Baltimore: Paul H. Brookes Publishing Company.

SAMEROFF, A., & Seifer, R. (1983). Familial risk and child competence. *Child Development, 54*, 1255-1268.

SANTINELLI, B., Turnbull, A., Lerner, E., & Marquis, J. (1993). Parent to parent programs: A unique form of mutual support for families of persons with disabilities. In G. Singer & L. Powers (Eds.), *Families, disability, and empowerment. Active coping skills and strategies for family intervention* (pp. 27--57). Baltimore: Paul H. Brookes Publishing Co.

SPIEGEL-MCGILL, P., Reed, D., Konig, C., & McGowman, P. (1990). Parent education: Easing the transition to preschool. *Topics in Early Childhood Special Education, 9*, 66-77.

LUNDAHL, Risser, Lovejoy (2006). Verbal communication outcomes in Children with autism after in-home training. *Journal of Intellectual Disabilities Research, 50*, 139-150.

TJOSSEM, T. (1976). Early intervention: Issues and approaches. In T. Tjossem (Ed.), *Intervention strategies for high risk infants and young children* (pp. 3-17). Baltimore: University Park Press.

WAGNER, M., Spiker, D., & Linn, M. (2002). The Effectiveness of Parents as teachers program with low-income parents and children. *Topics in Early Childhood Special Education, 22*, 67-81.

WASIK, B., Ramey, C., Bryant, M., & Sparling, J. (1990). A longitudinal study of two early intervention strategies: Project CARE. *Child Development, 61*, 1682-1696.

AS TEORIAS IMPLÍCITAS DE AGENTES SOCIAIS SOBRE FAMÍLIAS POBRES: INTERVIR COM FOCO NA RESILIÊNCIA EM FAMÍLIA

Maria Angela Mattar Yunes
Fundação Universidade Federal do Rio Grande

Introdução

Este trabalho apresenta, primeiramente, uma discussão teórica sobre a questão da resiliência enquanto construto do atual escopo da Psicologia Positiva e recentemente estudado por psicólogos brasileiros. Em seguida, são discutidas as vicissitudes conceituais e metodológicas das investigações sobre resiliência em famílias e os riscos psicossociais decorrentes da pobreza. Na seqüência, são apresentados estudos que demonstram que os trabalhadores sociais apresentam "teorias implícitas" sobre a dinâmica familiar destes grupos. As categorias eleitas por eles para caracterizar as famílias pobres são: desestrutura, acomodação à situação de miséria, violência relacional, drogadição e negligência com as crianças. Os profissionais acreditam que este "modo de ser da família pobre" é transmitido através de gerações e perpetua as características familiares mencionadas. Este ideário pessimista dos trabalhadores sociais parece gerar uma prática profissional discriminatória e paralisada pelo caráter ideológico. Estes resultados sugerem que é preciso dar uma atenção especial às conseqüências do "conhecimento prático" destes agentes, através de programas de intervenção e educação que provoquem uma compreensão de pobreza enquanto fenômeno econômico, político e social que pode usurpar os direitos à cidadania e à felicidade.

248 *Intervenção com Crianças, Jovens e Famílias*

Considerações sobre o conceito de resiliência no Brasil

Resiliência é uma palavra utilizada, com freqüência, na Europa, Estados Unidos e Canadá. No Brasil, seu uso coloquial ou acadêmico ainda provoca estranhamento, principalmente no contexto das Ciências Humanas e Sociais. Oriundo da Física, o conceito de resiliência refere-se à capacidade de um material absorver energia sem sofrer deformação plástica ou permanente. Em Psicologia, os estudos datam de cerca de trinta anos e apesar da constante busca dos autores por precisão conceitual, ainda é ampla a diversidade de definições e enfoques. Deve ressaltar-se que resiliência é um construto prioritário de investigações dos cientistas adeptos da Psicologia Positiva, movimento que vem se consolidando há pouco mais de cinco anos. Este movimento científico e acadêmico caracteriza aportes da Psicologia contemporânea, que buscam compreender os aspectos potencialmente saudáveis dos seres humanos, em oposição à psicologia tradicionalmente voltada para a compreensão das psicopatologias. Isso não quer dizer que a Psicologia deva ignorar as doenças psíquicas e seus sintomas, mas que se possa construir uma ciência psicológica que estude tanto o sofrimento, quanto a felicidade, bem como as interações entre estas duas dimensões humanas (Seligman, Steen, Park, & Peterson, 2005).

Resiliência em famílias é um construto mais recente do que a resiliência individual e vem recebendo atenção específica nos últimos dez anos. Tanto no Brasil, como no exterior, os pesquisadores da resiliência em famílias vêm divulgando com freqüência cada vez maior e mais intensa as suas discussões. Os artigos teóricos, metodológicos e intervencionistas (Cecconello, 2003; De Antoni & Koller, 2000; De Antoni, Barone, & Koller, 2006; Garcia & Yunes, 2006; Hawley & DeHann, 1996; Libório, Castro, & Coelho, 2006; McCubbin, Thompson, Thompson, & Futrell, 1999; Walsh, 1996, 1998, 2003, 2005; Yunes, 2001, 2003, 2006; Yunes & Szymanski, 2005, entre outros) refletem que muitos pensadores desta temática julgam necessário revisar o foco das investigações sobre a resiliência no indivíduo e reconsiderar as contribuições da família para o desenvolvimento psicológico da saúde e do bem-estar individual e social (Rutter, 1985; Werner & Smith, 1982; Walsh, 1996, 1998; Yunes, 2003; Yunes & Szymanski, 2001). É fato que, em diferentes tempos, lugares e culturas, os estudos sobre família vêm enfatizando os aspectos deficitários e negativos da convivência familiar (Walsh, 1993). Portanto, o interesse pela resiliência familiar vem contribuir para reverter esse ciclo de raciocínio e trazer o foco para os aspectos sadios e de sucesso do mundo familiar. No entanto, ainda há muitas facetas deste construto em fases iniciais de investigação.

A pesquisa bibliográfica indica que foi ao final dos anos 80 que as questões sobre *coping,* competência, desafios e adaptação do grupo familiar começaram a ser divulgadas. Um dos primeiros trabalhos desta área foi publicado por McCubbin e McCubbin (1988) sobre a "tipologia de famílias resilientes". Os autores partiram da definição de que famílias "resilientes" são aquelas que resistem aos problemas decorrentes de mudanças e "se adaptam" às situações de crise. Os autores delinearam a importância de se olhar para o grupo familiar, sem esquecer a sua inserção e relação com a comunidade, e a importância de se incrementar programas públicos de apoio e atenção às famílias. A evolução desta efervescente discussão teórica e metodológica emergiu mais tarde, neste mesmo grupo de pesquisadores, com uma coletânea de resultados sobre resiliência em famílias, que vivem as mais diferentes situações de adversidades, tais quais: infertilidade (Daly, 1999), homossexualidade dos filhos (Allen, 1999), membros familiares portadores de doenças do tipo AIDS (Thompson, 1999) ou diabetes (Chesla, 1999) e condição familiar pós-divorcio (Golby & Bretherton, 1999). No que antecede estas notórias publicações, poder-se-ia afirmar que o potencial de pesquisas e suas idiossincrasias nessa área de conhecimento já haviam sido deflagrados quando alguns autores como Walsh (1996) e Hawley e DeHann (1996) passaram a preocupar-se em esclarecer, conceituar, definir e propor novas perspectivas teóricas para os estudos sobre resiliência em famílias. Pioneira na construção de um modelo teórico, Froma Walsh (1998, 2003, 2005) propõe que sejam estudados processos-chave da resiliência em famílias, que fundamentam a proposta de análise de "funcionamento familiar efetivo". A autora organizou seus conhecimentos na área e propõe um panorama conceitual de resiliência em três domínios: sistema de crenças da família, padrões de organização e processos de comunicação (Yunes, 2003, 2006; Walsh, 1998, 2003, 2005). Segundo a autora, estes processos podem estar organizados e expressar-se de diferentes formas e níveis, pois servem diferentes constelações, valores, recursos e desafios das famílias (Walsh, 1998). Estas afirmações sugerem a importância do estudo das histórias das famílias como estratégia de análise e compreensão dos processos de interpretações das situações de adversidade, que, por sua vez, "impelem ou impedem" indivíduos e grupos a buscarem soluções para suas dificuldades

(Yunes & Szymanski, 2005). Portanto, resiliência pode deixar de ser compreendida como uma característica individual para ser conceitualizada como uma qualidade ou mais um elemento sistêmico da unidade familiar. (Hawley & DeHann, 1996). Na ótica do desenvolvimento humano, e tratando-se de resiliência como importante sistema de adaptação, que visa a promover saúde e bem estar (Masten, 2001), não pode faltar menção à teoria bioecológica de desenvolvimento humano de Urie Bronfenbrenner (Bronfenbrenner & Morris, 1998), como importante sustentáculo teórico e metodológico destas discussões. Em 1998, Bronfenbrenner e Morris apresentaram um construto-chave, denominado *processo proximal,* que se define como uma forma particular de interação das pessoas em desenvolvimento com os seus ambientes imediatos. Estes processos que operam ao longo do tempo são os primeiros mecanismos que produzem e movem o desenvolvimento humano na dimensão da reciprocidade de influências e ocorrem nos diferentes sistemas de influência. Podem promover competências ou disfunções a depender das formas de interação entre pessoas e outras pessoas, objetos e símbolos que fazem parte dos ambientes de desenvolvimento. Portanto, é necessário compreender não apenas as complexidades das interações intrafamiliares, mas também das pessoas e famílias com os diferentes integrantes da rede de apoio social. Qual o papel desta rede no desenvolvimento dos processos de resiliência em famílias que vivem situações de pobreza e vulnerabilidade social e ambiental? A partir deste questionamento apresentamos algumas reflexões sobre a situação de pobreza como contexto de desenvolvimento humano.

Pobreza e Desigualdade social como contextos de desenvolvimento

Muitos autores reconhecem que pobreza e miséria são importantes fatores de risco universal (Luthar & Zigler, 1991; Luthar, 1999) e que privação econômica pode constituir-se em uma das principais fontes de risco sociocultural para o desenvolvimento humano (Garbarino & Abramowitz, 1992; Fincham, Grych & Osborne, 1994). Entretanto, é preciso implementar o conhecimento científico sobre os fatores de risco que se apresentam nestes contextos, ou seja, é necessário identificar e compreender as ameaças sociais e as adversidades que permeiam a vida e o cotidiano das comunidades de baixa renda. Cabe ressaltar que estes fatores são processuais, dinâmicos e subjetivos, pois o que é risco na condição de pobreza para um indivíduo, grupo familiar ou comunidade, pode ser percebido como desafiador e mobilizador de recursos para outros.

Mais uma vez, o olhar ecológico sugere a importância de se proceder uma análise macrossistêmica e reflexiva sobre as expressões de desigualdade social na sociedade brasileira. Talvez uma destas manifestações seja o que alguns autores denominam violência estrutural. De acordo com Minayo, a violência estrutural é "aquela que nasce no próprio sistema social, criando as desigualdades e suas conseqüências, como a fome, o desemprego, e todos os problemas sociais com que convive a classe trabalhadora" (Minayo, 1990, p. 290). Embora a compreensão desta violência requeira um pensamento com foco nos macrossistemas (Bronfenbrenner, 1979/1996), não se pode deixar de lado as demais dimensões contextuais de influência no desenvolvimento humano. Ao se tratar da questão em termos de macrossistema, percebe-se que muitas formas atuais de expressão de violência se enquadram "nos sistemas econômicos, culturais e políticos abusivos, que conduzem à opressão de grupos, classes, nações e indivíduos, a que são negadas conquistas da sociedade, tornando-os mais vulneráveis que outros ao sofrimento e à morte" (Minayo, 1994, p. 8). Isso significa pensar nos valores, nas crenças, nas práticas e nas tradições que reiteram e coíbem oportunidades de bem-estar e qualidade de vida a todos aqueles que integram os sistemas sociais numa comunidade. Mantendo a presente elaboração na esteira do raciocínio ecológico e sistêmico, é possível pensar também nas expressões de violência estrutural microssistêmica. Estas ocorrem através das conseqüências observadas no cotidiano de muitas famílias, que são: a obrigação de viver com salários irrisórios, abandonar as crianças pela impossibilidade de sustentá-las, ter crianças fora do ambiente escolar, por falta de escolas ou de condições de enviá-las, ter cuidados de saúde inadequados ou ausentes, não ter saneamento básico na sua comunidade e perder progressivamente os seus direitos sociais e civis adquiridos (Minayo, 1994). Autores americanos consideram que estas formas de viver se constituem em "ambientes socialmente tóxicos", que retratam a privação social e cultural a que estas populações de baixa renda estão submetidas (Garbarino & Abramovitz, 1992), muitas vezes por ciclos de gerações. Estes autores referem-se à pobreza e aos riscos socioculturais como ameaças ao desenvolvimento de crianças e adolescentes, exemplificados como "falta de comida, de afeto, de professores carinhosos, de boas condições de atendimento médico e de valores coerentes com progresso intelectual e competência social" (p. 35).

Através de uma análise de cunho sociológico, o francês Serge Paugan distingue pobreza de exclusão social, enfocando que o fenômeno da pobreza, geralmente, se remete às questões relativas às populações com dificuldades de sobreviver por baixa e insuficiente renda (Paugan, 1999). Segundo este autor, o termo exclusão mostra-se mais adequado por enfatizar processos com múltiplas causas, dentre as quais, Paugan sublinha o desemprego como um dos fatores desencadeantes dos sentimentos de "desqualificação social". É muito comum observar-se que a perda do emprego é associada a outras perdas (do casamento, dos bens materiais, etc.), podendo causar isolamento e sensação de vergonha. Na continuidade destas reflexões, poder-se-ia dizer que o desemprego é uma forma de violência estrutural, que pode, portanto, ser a causa de outras tantas formas de violência social e interpessoal. Parece pertinente questionar em que medida este aspecto, que afeta mais os homens do que as mulheres (Paugan, 1999), pode ser o desencadeante de outras formas de violência interpessoal e familiar, que, por vezes, culminam em práticas familiares educativas abusivas e episódios de violência relacional?

O trabalho antropológico de Sarti (1996) afirma que, na condição de pobreza, "a noção de ser trabalhador dá ao pobre uma dimensão positiva (p. 67) e que "o trabalho é o instrumento que viabiliza a vida familiar" (p. 73). Portanto, o trabalho dimensionado pela empregabilidade constitui-se num elemento de honra, com rendimento moral e que entrelaça as relações familiares e fortalece o sistema moral dos pobres. Compreender como se processam as relações familiares em casos prolongados de desemprego de responsáveis adultos, em famílias de baixa renda, pode contribuir para entender a violência interpessoal como reflexo ou a intensificação da violência estrutural (Minayo & Souza, 1999). A partir desta caracterização, pode-se, então, pensar numa forma de violência a que é submetido o "desempregado", por ser pressionado por uma ética moral rígida de sua classe social, ao mesmo tempo em que é desfiliado de seu papel social, mesmo que, muitas vezes, até se submeta a aceitar condições de trabalho desfavoráveis e "violentas" (Martins, 1999). Considerando-se que este fator seria o exossistema de crianças e adolescentes, na ótica da ecologia do desenvolvimento humano (Bronfenbrenner, 1979/1996), temos a constatação teórica das possíveis implicações na vida familiar.

O Estudo da Resiliência em Famílias Pobres

Na realidade, pouco se sabe sobre os processos e a dinâmica de funcionamento de famílias brasileiras que vivem situações de pobreza. Alguns estudos evidenciam que, muitas vezes, estes grupos familiares se mostram hábeis na tomada de decisões e na superação de desafios, transparecendo uma unidade familiar e um sistema moral bastante fortalecidos diante da proporção das circunstâncias desfavoráveis de suas vidas (Mello, 1995; Sarti, 1996; Szymanski, 1988). Conforme referido acima, não se pode negar que as condições indignas e a precariedade das contingências econômico-sociais castigam a maioria das famílias pobres brasileiras e isso pode afetar de forma adversa o desenvolvimento de crianças, adultos e suas comunidades. No entanto, isso não pode ser considerado regra sem exceção, pois, muitas vezes, estes grupos desenvolvem processos e mecanismos de proteção que garantem sua sobrevivência não só física, mas dos valores de sua identidade cultural, e conseguem transformar-se no contexto essencial de desenvolvimento para os seus membros.

Diante disso, parece interessante utilizar o vocábulo – *possibilidades* de resiliência –, expressão que sugere potencialidades que todos possuem para enfrentar situações de sofrimento e dor. Como exemplo destas possibilidades, temos os resultados obtidos por Garcia e Yunes (2006), numa pesquisa desenvolvida com famílias monoparentais lideradas por mulheres pobres do extremo sul do Brasil. As pesquisadoras constataram fatores de risco vividos por elas (monoparentalidade, moradia e alimentação inadequada, desemprego, renda indigna e instável, a vivência das perdas afetivas e a falta de uma rede de apoio social eficiente, entre outros). O dinamismo interacional dos riscos na presença de mecanismos de proteção atestam as habilidades de superação de situações familiares difíceis, muitas vezes, julgadas a partir de (pré) conceitos injustos ou crenças pessimistas sobre sua saúde psicológica e qualidade de vida. Os "fatores de proteção" encontrados na história das famílias referem-se ao senso de coesão familiar, identificado pela presença de vínculos afetivos e o sentimento de união entre os membros da família; o apoio afetivo e financeiro da família extensa; a explícita valorização do estudo e do trabalho por todos os membros das famílias; o olhar positivo, ou seja, a forte crença na perspectiva de melhoria das condições de vida futura; e a consciência política dos direitos como cidadãos e a disposição para reivindicação dos mesmos.

As "teorias implícitas" ou crenças dos trabalhadores sociais sobre as famílias de baixa renda

As teorias implícitas são representações mentais que formam parte do sistema de conhecimento dos indivíduos com base no acúmulo de experiências pessoais oriundas do contato com práticas culturais e formas de interação social (Rodrigo, Rodríguez, & Marrero, 1993). Outras terminologias, tais quais sistemas de crenças, esquemas ou ideologias, podem ser usadas para explicar esse conhecimento de natureza social. Em geral, todos os termos remetem a um conjunto relativamente homogêneo e racional de idéias, conceitos, imagens, normas, valores e produtos culturais. Os indivíduos ou grupos sociais que sustentam determinadas teorias implícitas deixam transparecer a sua relação com a realidade social através de comportamentos orientados pelo conteúdo de suas idéias. Com o objetivo de conhecer as crenças e teorias dos agentes sociais que lidam com famílias pobres num município do extremo sul do Brasil, uma equipe de pesquisadores do CEP-RUA da FURG, Centro de Estudos Psicológicos sobre Meninos e Meninas de Rua da Fundação Universidade Federal de Rio Grande, realizou investigações junto às famílias pobres -, para compreender suas necessidades e prioridades, e entrevistou trabalhadores sociais de diferentes formações, para conhecer seus pensamentos e percepções sobre o funcionamento familiar dos que vivem em condição de pobreza.

As agentes sociais entrevistadas nas pesquisas forneceram informações que subsidiam as reflexões deste trabalho (Yunes, 2001, 2004). Todas as participantes eram do sexo feminino e trabalhavam, direta ou indiretamente, com famílias pobres. Eram cuidadoras e dirigentes de instituições de abrigo, agentes comunitários de saúde, diretoras e professoras do ensino fundamental de bairros da periferia, assistentes sociais e profissionais do ambiente judiciário.

As famílias pobres que compõem o cotidiano do trabalho destas profissionais investigadas foram descritas como acomodadas e submissas à situação de miséria, além de "desestruturadas", não apenas pela sua configuração não-nuclear, mas também pelas características de violência nas relações intrafamiliares, de abandono, negligência das crianças e incidência do uso de drogas na família. As profissionais acreditam que estas características podem ser transmitidas através das gerações, o que perpetua os mitos familiares de "acomodação" e "desestruturação". Tal crença encontra suporte parcial na teoria dos "*scripts* da família", de Byng-Hall

As Teorias Implícitas de Agentes Sociais sobre Famílias Pobres   255

(1995). Segundo esse autor, através da vida em família, ensaiamos nossas vidas em nossas futuras famílias, replicando ou corrigindo os "*scripts*" de vida de nossos pais e experimentando várias maneiras de nos relacionarmos. Por alguma razão, as profissionais acreditam que as famílias pobres SEMPRE replicam (nunca corrigem) os *scripts* das gerações precedentes, sejam estes indicativos da "superação ou não-superação de dificuldades". Não foram encontradas em pesquisas brasileiras, evidências científicas que comprovassem a linearidade destas conclusões.

Ao descreverem famílias "que enfrentam as adversidades da pobreza e vivem bem", muitas profissionais apresentaram dificuldades em organizar suas idéias, pois parecia difícil fugir da configuração inicial de seus sistemas de crenças (formados por famílias pobres "acomodadas e desestruturadas") que insistiam em aparecer no seu discurso. Na opinião destas profissionais, as "famílias que superam" os desafios da pobreza podem encaixar-se em dois modelos não exclusivos: relacional e normativo ou organizador. O modelo relacional enfatiza a presença de pessoas significativas na dinâmica interna da família, tais como a mulher, no papel de mães ou avós e outros parentes femininos da família extensa. Talvez estas crenças tenham relação com algumas teorias de desenvolvimento feminino e masculino, que reforçam pressupostos, tais como: "Os valores de cuidado, apego, de interdependência, relacionamentos e atenção aos contextos são primordiais no desenvolvimento feminino. Os homens definem-se em termos de trabalho e carreira, e as mulheres tendem a definir-se no contexto das relações humanas e julgam a si mesmas em termos de suas habilidades de cuidar" (McGoldrick, Heiman e Carter, 1993, p. 412). Mas estas crenças podem, ao mesmo tempo, ter suas raízes nas concepções de pobreza e suas relações com chefia feminina nestes contextos. Segundo Sarti (1996), "as famílias desfeitas são mais pobres, e, num círculo vicioso, as famílias desfazem-se mais facilmente" (p. 45). O papel do homem como provedor na família é o mais afetado na pobreza (Montali, 1991). São as mulheres que lideram as famílias e a experiência das entrevistadas confirma este dado. A vulnerabilidade destas famílias chefiadas por mulheres é reconhecida por alguns pesquisadores (Lopes & Gottschalk, 1990), mas não o é integralmente por nossas profissionais, que percebem a mulher como "forte e poderosa" na dinâmica familiar monoparental, fato confirmado pelos resultados de uma pesquisa já referida acima neste mesmo texto (Garcia & Yunes, 2006). Outras questões relacionais apontadas pelas profissionais como indicativas de famílias, que "superam"

256   *Intervenção com Crianças, Jovens e Famílias*

as adversidades, são a presença de "mentores" e a afetividade nas interações com as crianças e com o ambiente. O modelo de processos de resiliência em família de Walsh (1998, 2003, 2005), apontado pela autora nas dimensões de "Processos de Comunicação", confirma este achado.

O segundo modelo de crenças das profissionais sociais enfoca as prioridades de ocupação e reforça o papel do estudo, do trabalho e das rotinas de organização e colaboração do grupo familiar. Estes aspectos também se alinham com uma outra dimensão do modelo de resiliência em famílias de Walsh (1998, 2003, 2005), denominada Padrões de Organização. Se focarmos a questão do trabalho, na perspectiva de Sarti (1996), tal qual apresentada em seu estudo sobre a moral dos pobres, temos que: "é através do trabalho que os pobres demonstram **não** serem pobres" (p. 66) e buscam, como trabalhadores, a dimensão positiva de sua identidade e a força moral para "quando caírem no buraco, se levantar" (p. 67). Os resultados da análise das entrevistas das profissionais, neste estudo, validam esta posição, na medida em que se pode encontrar na perspectiva daquelas que atendem as famílias a qualificação do "pobre estudioso e trabalhador" como aquele que "dá certo na vida". Mas demonstra também que as profissionais não reconhecem a perspectiva da exploração na forma como se organiza o trabalho na sociedade capitalista, nem tampouco os mecanismos da intitulada violência estrutural. No sistema de crenças das profissionais, o grupo familiar que "vive bem" tem maiores chances se estiver no modelo nuclear tradicional, onde juntos vivem, pai, mãe e filhos. Nas concepções estudadas por Szymanski (1988), em famílias de baixa renda, a família nuclear é uma expressão da "família pensada" como a "boa", a "natural" e a "certa". Pode-se constatar que tal ideologia não está apenas presente nas representações das próprias famílias pobres (Szymanski, 1988), mas faz também parte do ideário daqueles que atendem profissionalmente estas mesmas famílias de baixa renda e que talvez desqualifiquem aqueles que divergem do que julgam "certo".

Portanto, a compreensão da experiência das profissionais entrevistadas sugere que a maioria acredita que as famílias pobres têm escassas probabilidades de sucesso diante das adversidades da pobreza. O discurso das entrevistadas postula que sua clientela é formada basicamente por aqueles que "não superam" as adversidades. As profissionais entrevistadas revelaram de início suas idéias organizadas com base em preconceitos de pobreza e desvantagem socioeconômica, o que confirma a inspiração ideológica do construto da resiliência e a "patologização" da pobreza (Yunes

& Szymanski, 2003). Tais atitudes não são exclusividades de trabalhadores sociais brasileiros, pois o trabalho de Boyd-Franklin (1993), nos Estados Unidos, sobre a atitude de trabalhadores de saúde mental também mostrou que os profissionais naquele contexto apresentam uma visão de pessoas negras e pobres como "desmotivadas", "preguiçosas", "desorganizadas" e impossíveis de serem tratadas. Estas reflexões nos fazem pensar no modelo de relações que tem sido adotado por estas profissionais no seu dia-a-dia com as famílias pobres. Parece haver evidências suficientes de que a complementação diádica de papéis na linha de "culpabilizar a vítima" poderia servir para descrever o modelo das interações "técnicos e famílias pobres". Ao que parece, estas profissionais desconsideram a difícil trajetória política e social destas pessoas ao longo de um caminho de pobreza de oportunidades que vem de gerações anteriores. O resultado desta relação? Com toda certeza não tem sido o reconhecimento das reais dificuldades vivenciadas historicamente por estas famílias, nem tampouco a relação empática e genuína capaz de gerar o desenvolvimento de uma identidade positiva e a consciência transformadora nestes grupos. Ao contrário, esta atitude negativa e de descrédito das profissionais em relação às famílias parece agir no sentido de provocar uma atuação "paralisada" e governada por um sistema de crenças que dita: "Famílias pobres nada fazem para modificar sua condição de vida. Sendo assim, não há muito o que fazer por elas...". Desta forma, ao que parece, se depender destas trabalhadoras, a identidade destes grupos manter-se-á nos personagens da "desestrutura" e "desorganização", e a qualidade de vida destas populações permanecerá inalterada...

Portanto, estes resultados sugerem que é preciso dar uma atenção especial às conseqüências do "conhecimento prático" dos trabalhadores sociais, através de programas de educação que provoquem a compreensão de pobreza enquanto fenômeno econômico, político e social que pode usurpar os direitos à cidadania e à felicidade.

Considerações Finais

Os elementos encontrados em histórias de vida das famílias pobres se contrapõem claramente às crenças pessimistas dos agentes sociais que, em geral, se mostram reticentes quanto às possibilidades de superação das adversidades advindas da pobreza nestas populações. Com isso, nota-se que as famílias pobres, que compõem o cotidiano do trabalho dos agentes, são percebidas através de adjetivos que sublinham a vulnerabilidade e fragilidade da dinâmica familiar. As percepções otimistas de melhoria de vida e de superação das dificuldades ficam pouco salientes ou não são sequer mencionadas por esses profissionais. É relevante citar que os agentes sociais reconhecem que as famílias vivenciam uma diversidade de dificuldades e de condições de risco: experiência de fome, baixa escolaridade, analfabetismo, diferentes formas de violência, falta de segurança, instabilidade econômica, poucas oportunidades de emprego. Entretanto, deve-se ressaltar que estes e outros fatores, como também os mecanismos abstratos, invisíveis e implícitos de exclusão social, são advindos da extrema miséria, do desemprego e da carência de condições de moradia e recursos básicos necessários para a sobrevivência digna. Isso tudo está muito distante do alcance ou controle dessas populações. Na maioria das entrevistas, este olhar macrossistêmico (Bronfenbrenner, 1979, 1996) sobre a pobreza, dificuldades enfrentadas pelas famílias ou sobre a violência estrutural e social não se faziam presentes na descritiva dos profissionais.

A urgência na (re)formulação e (re)construção de programas públicos de educação, que visem a auxiliar a (re)elaboração de visões dos agentes sociais e suas práticas educativas fatalistas, deterministas e pessimistas nos levaram a propor encontros de reflexão com diferentes categorias de profissionais sociais: cuidadores de intituições de abrigo, agentes comunitários de saúde, conselheiros tutelares, profissionais do judiciário e professores do ensino fundamental.

O espaço conjunto em seminários, fóruns, jornadas e cursos temáticos garantiu momentos de reflexão sobre ações e atitudes do cotidiano relacional das díades e tríades trabalhadores sociais-crianças/adolescentes-famílias e propiciou trocas de experiências e informações sobre as diferentes dimensões do desenvolvimento psicológico. As observações preliminares pós-cursos levam a pensar que começam a apontar sentimentos mútuos de confiança, empatia e reciprocidade nestas interações. Há, ainda, indícios de que foram criados mecanismos de formação de uma rede humana interna, em cada local de trabalho dos agentes, que, associada à rede de atendimento externo, denota efeitos expressivos nos processos de vida de algumas famílias acompanhadas por nossos pesquisadores. Por exemplo, uma das instituições criou uma "Escola para pais" e tem promovido grupos semanais de diálogo. Outra instituição flexibilizou os horários de visitação para os pais. Os resultados evidenciam maior número de retorno de crianças para as famílias de origem ou reinserções familiares.

As propostas de intervenção almejaram sumamente reconstruir algumas crenças e práticas estereotipadas de atendimento às famílias, para redirecionar o foco das ações para os aspectos da saúde e resiliência das famílias. Notou-se que muitas das pessoas que assistiram os encontros estavam buscando informação e subsídios teórico-práticos para futuras intervenções em casos extremos e difíceis, como de abuso e violência sexual contra a criança ou adolescente.

Assim sendo, o conjunto harmônico de pessoas e de ambientes pode efetivamente oferecer proteção e desenvolvimento humano a todos os participantes. Conforme Juliano (2005), o trabalho conjunto torna as fronteiras das instituições mais permeáveis. A interação e o trabalho em rede dos atores sociais, certamente possibilita a efetiva proteção da criança e do adolescente, conforme prevê o ECA (Estatuto da Criança e do Adolescente, 1990). Sabemos que apenas isso não basta e que muitas outras ações, intervenções e programas de apoio ainda serão necessários para humanizar o atendimento às famílias pobres. Mas, parafraseando Bronfenbrenner (2005), é urgente intervir para tornar humanos os seres humanos...

REFERÊNCIAS BIBLIOGRÁFICAS

ALLEN, K. (1999). Reflexivity in qualitative analysis toward an understanding of resiliency among older parents with adult gay children. In H. McCubbin, E. Thompson, A. Thompson & J. Futrell (Eds.), *The dynamics of resilient families* (pp. 71-98). Thousand Oaks: Sage Publications.

BOYD-FRANKLIN, N. (1993). Race, class and poverty. In F. Walsh (Ed.), *Normal family processes* (pp. 361-376). New York: The Guilford Press.

BRONFENBRENNER, U. (1979). *The ecology of human development.* Cambridge: Harvard University Press.

BRONFENBRENNER, U. (1996). *A ecologia do desenvolvimento humano: experimentos naturais e planejados.* Porto Alegre: Artes Médicas.

BRONFENBRENNER, U. (2005). *Making Human Being Human: Biological Perspectives on Human Development.* Thousand Oaks: Sage Publications.

BRONFENBRENNER, U., & Morris, P. (1998). The ecology of developmental processes. In W. Damon (Ed.), *Handbook of child psychology* (pp. 993-1027). New York: John Wiley & Sons.

BYNG-HALL, J. (1995). *Rewriting family script: improvisation and systems change.* New York: Guilford Press.

CECCONELLO, A. (2003). *Resiliência e vulnerabilidade em famílias em situação de risco.* Tese de doutorado não-publicada, Curso de Pós-Graduação em Psicologia do Desenvolvimento, Universidade Federal do Rio Grande do Sul, Porto Alegre, RS.

CHESLA, C. (1999). Becoming resilient: skill development in couples living with non-insulin dependent diabetes. In H. McCubbin, E. Thompson, A. Thompson, & J. Futrell (Eds.), *The dynamics of resilient families* (pp. 99-133). Thousand Oaks: Sage Publications.

DALY, K. (1999). Crisis of genealogy: Facing the challenges of infertility. In H. McCubbin, E. Thompson, A. Thompson & J. Futrell (Eds.), *The dynamics of resilient families* (pp. 1-39). Thousand Oaks: Sage Publications.

DE ANTONI, C., Barone, L., & Koller, S. (2006). Violência e pobreza: um estudo sobre vulnerabilidade e resiliência familiar. In D. Dell'Aglio, S. Koller & M. Yunes (Eds.), *Resiliência e Psicologia Positiva: Interfaces do Risco à Proteção* (pp. 141-171). São Paulo: Casa do Psicólogo.

262   *Intervenção com Crianças, Jovens e Famílias*

DE ANTONI, C., & Koller, S. (2000). Vulnerabilidade e resiliência familiar: Um estudo com adolescentes que sofreram maus tratos intrafamiliares. *Psico, 31*, 39-66.

FINCHAM, F., Grych, J., & Osborne, L. (1994). Does marital conflict cause child maladjustment? Directions and challenges for longitudinal research. *Journal of Family Psychology, 8*, 128-140.

GARBARINO, J., & Abramowitz, R. (1992). Sociocultural risk and opportunity. In J. Garbarino (Ed.), *Children and families in the social environment* (pp. 35--70). New York: Aldine de Gruyter.

GARCIA, N. & Yunes, M. (2006). Resiliência familiar: baixa renda e monoparentalidade. In D. Dell'Aglio, S. Koller & M. Yunes (Eds.), *Resiliência e Psicologia Positiva: Interfaces do Risco à Proteção*, (pp. 117-140), São Paulo: Casa do Psicólogo.

GOLBY, B., & Bretherton, I. (1999). Resilience in postdivorce mother-child relationships. In H. McCubbin, E. Thompson, A. Thompson & J. Futrell (Eds.), *The dynamics of resilient families* (pp. 237-269). Newbury Park: Sage Publications.

HAWLEY, D., & DeHann, L. (1996). Toward a definition of family resilience: Integrating life span and family perspectives. *Family Process, 35*, 283-298.

JULIANO, M. (2005). *A Influência da Ecologia dos Ambientes de Atendimento no Desenvolvimento de Crianças e Adolescentes Abrigados*. Dissertação de mestrado não-publicada, Programa de Pós-Graduação em Educação Ambiental, Fundação Universidade Federal do Rio Grande, Rio Grande, RS.

LIBÓRIO, R., Castro, B., & Coelho, A. (2006). Desafios metodológicos para a pesquisa em resiliência: conceitos e reflexões críticas. In D. Dell'Aglio, S. Koller & M. Yunes (Eds.), *Resiliência e Psicologia Positiva: Interfaces do Risco à Proteção* (pp. 89-115). São Paulo: Casa do Psicólogo.

LOPES, J., & Gottschalk, A. (1990). Recessão, pobreza e família: A década mais do que perdida. *São Paulo em Perspectiva, 4*, 100-109.

LUTHAR, S. (1999). *Poverty and children's adjustment*. Thousand Oaks: Sage Publications.

LUTHAR, S., & Zigler, E. (1991). Vulnerability and competence: a review of research on resilience in childhood. *American Journal of Orthopsychiatry, 61*, 6-22.

MARTINS, J. (1999). A qualidade de vida e trabalho: o cenário atual do trabalho de enfermagem numa unidade de terapia intensiva. *Revista Texto e Contexto, 8*, 128-146.

MASTEN, A. (2001). Ordinary Magic: Resilience Processes in Development. *American Psychologist, 56*, 227-238.

McCUBBIN, H., & McCubbin, M. (1988). Typologies of resilient families: Emerging roles of social class and ethnicity. *Family Relations, 37*, 247-254.

As Teorias Implícitas de Agentes Sociais sobre Famílias Pobres 263

McCubbin, H., Thompson, E., Thompson, A., & Futrell, J. (1999). *The dynamics of resilient families*. Thousand Oaks: Sage Publications.

McGoldrick, M., Heiman, M., & Carter, B. (1993). The changing family life cycle: a perspective on normalcy. In F. Walsh (Ed.), *Normal family processes* (pp. 415-443). New York: The Guilford Press.

Mello, S. (1995). Família: perspectiva teórica e observação factual. In M.Carvalho (Ed.), *A família contemporânea em debate* (pp. 51-60). São Paulo: Educ.

Minayo, M. (1994). Violência social sob a perspectiva da saúde pública. *Cadernos de Saúde Pública, 10*, 4-19.

Minayo, M., & Souza, E. (1999). É possível prevenir a violência? Reflexões a partir do campo da saúde pública . *Ciência e Saúde Coletiva, 4*, 7-32.

Montali, L. (1991). Família e trabalho na conjuntura recessiva. *São Paulo em Perspectiva, 5*, 72-84.

Paugan, S. (1999). As formas elementares da pobreza nas sociedades européias. In M. Veras (Ed.), *Por uma sociologia da exclusão social: O debate com Serge Paugan* (pp. 81-96). São Paulo: Educ.

Rodrigo, M., Rodríguez, A., & Marrero, J. (1993). *Las teorias implícitas: Una aproximación al conocimiento cotidiano*. Madrid: Visor.

Rutter, M. (1985). Resilience in the face of adversity: protective factors and resistance to psychiatric disorder. *British Journal of Psychiatry, 147*, 598-611.

Sarti, C. (1996). *A família como espelho: Um estudo sobre a moral dos pobres*. Campinas: Autores Associados.

Seligman, M., Steen, T., Park, N., & Peterson, C. (2005). Positive Psychology Progress: Empirical Validation of Interventions. *American Psychologist,60*, 410-421.

Szymanski, H. (1988). *Um estudo sobre o significado de família*. Tese de Doutorado em Psicologia, Pontifícia Universidade Católica, São Paulo.

Thompson, E. (1999). Resiliency in families with a member facing AIDS. In H. McCubbin, E. Thompson, A. Thompson & J. Futrell (Eds.), *The dynamics of resilient families* (pp. 135-163). Thousand Oaks: Sage Publications.

Walsh, F. (1993). Conceptualization of normal family processes. In F. Walsh, (Ed.), *Normal family processes* (pp. 3-69). New York: The Guilford Press.

Walsh, F. (1996). The concept of family resilience: crisis and challenge. *Family Process, 35*, 261-281.

Walsh, F. (1998). *Strengthening family resilience*. New York, London: The Guilford Press.

Walsh, F. (2003). Family resilience: Framework for clinical practice. *Family Process, 42*, 1-18.

Walsh, F. (2005). *Fortalecendo a resiliência familiar*. São Paulo: Editora Roca.

Werner, E., & Smith, R. (1982). *Vulnerable but invincible: A longitudinal study of resilient children and youth*. New York: McGraw-Hill.

Werner, E., & Smith, R. (1992). *Overcoming the odds: High-risk children from birth to adulthood*. Ithaca and London: Cornell University Press.

Yunes, M. (2001). *A questão triplamente controvertida da resiliência em famílias de baixa renda.* Tese de doutorado, Curso de Pós-Graduação em Psicologia da Educação, Pontifícia Universidade Católica de São Paulo, São Paulo, SP.

Yunes, M. (2003). Psicologia positiva e resiliência: O foco no indivíduo e na família. *Psicologia em Estudo, 8*, 75-84.

Yunes, M. (2006). Psicologia positiva e resiliência: O foco no indivíduo e na família. In D. Dell'Aglio, S. Koller & M. Yunes (Eds.), *Resiliência e Psicologia Positiva: Interfaces do Risco à Proteção* (pp. 45-68). São Paulo: Casa do Psicólogo.

Yunes, M. & Szymanski, H. (2001). Resiliência: Noção, conceitos afins e considerações críticas. In J. Tavares (Ed.), *Resiliência e Educação* (pp. 13-42). São Paulo: Cortez.

Yunes, M., & Szymanski, H. (2003). Crenças, sentimentos e percepção acerca da noção de resiliência em profissionais da saúde e da educação que atuam com famílias pobres, *Psicologia da Educação, 17,* 119-137.

Yunes, M., & Szymanski, H. (2005). Entrevista reflexiva e grounded-theory: estratégias metodológicas para compreensão da resiliência em famílias. *Revista Interamericana de Psicologia, 39,* 439-431.

Yunes, M., Mendes, N., & Albuquerque, B. (2004). As interações entre os agentes comunitários de saúde e famílias monoparentais pobres: percepções e crenças sobre resiliência. *Revista Ciência, Cuidado e Saúde, 3*, 12-15.

Legislação Consultada

Estatuto da Criança e do Adolescente (1990). Lei N.º 8.069 de 13 de agosto de 1990. Porto Alegre: Corag.

FAMÍLIA E MUDANÇA SOCIAL: RECOMPOSIÇÃO DOS CONTEXTOS SÓCIO-FAMILIARES DA ADOPÇÃO

Isabel Dias[1]
Faculdade de Letras da Universidade do Porto

Resumo

Na presente comunicação, procede-se a uma análise das principais transformações ocorridas na família na sociedade portuguesa. Dá-se conta da existência de uma pluralidade de modelos familiares e de como tal compromete a busca permanente da dita "família ideal" no mercado da adopção.

Introdução

A análise da família actual não pode deixar de fazer referência à família de outrora. Porém, tal tem que ser feito de uma forma menos mistificada. A família tradicional era duplamente desigual: os homens dominavam as mulheres; os pais dominavam os filhos (Singly, 2004). Contudo, as transformações recentes da família, nas nossas sociedades, continuam a ser percepcionadas, por alguns, como "uma espécie de idade ouro perdida" (Segalen, 1999, p. 7).

Actualmente, a imagem da mulher no lar é menos frequente; a repartição dos papéis sexuais é mais incerta e variável; as crianças fazem, cada vez mais, a sua aprendizagem fora do círculo familiar; vêem os pais sepa-

---

[1] Socióloga. Professora Auxiliar no Departamento de Sociologia da Faculdade de Letras da Universidade do Porto e Investigadora no Instituto de Sociologia da mesma Faculdade (ISFLUP). E-mail: mdias@letras.up.pt

rarem-se – são mais elevadas as taxas de divórcio; e são inúmeros os jovens que vivem apenas com um dos pais (Vaillé, 2005, p. 33). São mais elevadas as taxas de recasamento; subiram os valores da coabitação; desceram os valores da fecundidade; aumentou a esperança média de vida; é maior a autonomia face aos laços de parentesco. A família encontra-se em mudança e democratizou-se.

As transformações recentes da família reflectem a vitalidade dos laços familiares contemporâneos. No nosso país, inúmeros estudos revelam que ela continua a ser representada como um valor fundamental e como um dos domínios mais importantes na vida dos indivíduos, em que mais confiança é depositada (Almeida, 2003, p. 52). Mais complexa, a família contemporânea é, também, mais exigente.

1. Algumas dinâmicas de mudança da família na sociedade portuguesa

A análise dos principais indicadores sócio-demográficos é reveladora de um processo de rápida modernização da estrutura familiar portuguesa. Do ponto de vista da dimensão e composição dos agregados familiares, o Censo realizado em Portugal, em 2001, revela um aumento do número de famílias clássicas (16% entre 1991 e 2001). Tal aumento não teve impacte na dimensão média da família, que passou de 3,1 (1991), para 2,8 pessoas por família (2001). As famílias com duas pessoas passaram a representar 28,4% do total de famílias clássicas. As mais numerosas (de 4 ou mais pessoas) perderam importância relativa. A proporção de famílias de seis ou mais pessoas diminuiu 3,3%. O casal com filhos continua a ser o núcleo familiar predominante, mas perdeu peso percentual no conjunto dos núcleos conjugais (3%). Aumentou, de facto, a importância relativa dos núcleos de casais sem filhos (28,8% em 1991; 30,9% em 2001) (Almeida, 2003, p. 55). As famílias unipessoais passaram de 13,8%, em 1991, para 17,3%, em 2001, e são compostas, sobretudo, por mulheres idosas (representam 39,5%, do total das pessoas sós) (Guerreiro, 2003, p. 43). Os divórcios aumentaram cerca de 90%, entre 1991 e 2001. Nesta última data, a taxa de divorcialidade situou-se em 1,8 divórcios por mil habitantes.

Ao nível da conjugalidade, o Censo de 2001 é revelador de três tendências importantes: o aumento das pessoas que vivem em casal, em particular os casais sem filhos; o avanço consistente dos casamentos de facto; a expressão significativa da recomposição familiar (Ferreira, 2003, p. 67).

Família e Mudança Social 267

Entre 1991 e 2001, houve um crescimento acima dos 200.000 casais, o que se traduziu numa variação de 8,3%. Cresceu a coabitação, registando-se entre os dois momentos censitários uma variação de 96,1% (ibid., p. 68). Em 2001, a recomposição familiar passou a ser quantificada, atingindo 1,7% do total dos núcleos familiares residentes de casais. Os casais recompostos revelam uma maior predisposição para a formação de famílias mais numerosas, em virtude da presença de filhos de um ou dos dois membros do casal.

As famílias monoparentais também viram crescer a sua importância relativa, passando, entre os dois momentos censitários, de 9,2% para 11,5%. No nosso país, a monoparentalidade tem permanecido uma situação essencialmente vivida no feminino. Tal advém do facto de, após uma separação ou divórcio, serem quase sempre as mulheres que ficam com a guarda dos filhos. Em 1991, cerca de 86% do total são mulheres que viviam com os filhos solteiros de qualquer idade, enquanto os homens não chegavam a representar 14% (Wall, 2003). Actualmente, existe uma diversidade de situações do ponto de vista sociológico: há famílias monoparentais que vivem isoladas e outras que residem com parentes; há mães solteiras muito jovens com filhos pequenos e mães viúvas a viver com filhos adultos; há pais sós inseridos no mercado de trabalho e outros que nunca trabalharam (ibid.).

A par destas dinâmicas de mudança na família em Portugal, importa registar, de igual modo, o adiamento da conjugalidade e da parentalidade, com repercussões ao nível do envelhecimento da população. Os homens e as mulheres casam cada vez mais tarde, assim como aumentou a idade média ao nascimento do primeiro filho. Esta passou, entre os dois períodos censitários, no caso das mulheres, de 24,3 anos para 26,1 anos e no caso dos homens, de 26,2 para 27,7 anos de idade.

Nos últimos anos, a conjugalidade tornou-se mais informal e passou a assumir diversas formas. O casamento deixou de estar associado ao projecto parental. A natalidade diminuiu e a maternidade, por opção, voltou, a partir de 1999, a ser tardia, devido à facilitação do acesso a contraceptivos e a uma maior segurança proporcionada por meios de diagnóstico mais seguros (Almeida et al., 2004). Nas últimas décadas, a fecundidade, em Portugal, diminuiu rapidamente. Passou do valor médio de 3,1 filhos por mulher em idade fértil, em 1960, para 1,5, em 1999 (ibid., p.22).

O aumento acentuado da participação feminina no mercado de trabalho é, de acordo com Wall e Guerreiro (2005), uma das mudanças que teve mais impacte, ao longo das últimas décadas, na organização da vida familiar (p. 303). Hoje, as mulheres portuguesas estão definitivamente instaladas no mercado de trabalho. Em 2001, a taxa de actividade feminina atingiu os 65%. Saliente-se que, entre as mulheres com idades compreendidas entre os 35 e os 44 anos, 80% encontram-se inseridas no mercado de trabalho (ibid.).

O conjunto de mudanças citadas põe em causa o velho "contrato de género", assente na segregação dos papéis sexuais. Este contrato tem vindo a sustentar profundas desigualdades entre os sexos. No domínio do mercado de trabalho, são três as principais desigualdades enfrentadas pelas mulheres: a segregação ocupacional; a sua concentração em empregos a tempo parcial; a disparidade ao nível de remunerações. Persistem ainda sérias desigualdades entre homens e mulheres em termos salariais. Estas auferem um salário médio inferior ao dos homens e encontram-se, geralmente, sobre-representadas, nos sectores com empregos pior remunerados, e sub-representadas, no topo da distribuição do rendimento (Giddens, 2004, p. 395). Em Portugal, a análise do ganho médio mensal dos trabalhadores por conta de outrem, nos estabelecimentos segundo o sector de actividade e o sexo, mostra-nos que a discriminação entre homens e mulheres continua a ser relevante. Em 2002, um homem auferia, no sector primário, um ganho mensal médio de 609 euros, para 487 ganhos pelas mulheres. No sector secundário, no mesmo período, um homem recebia mensalmente 783 euros, para 591 auferidos pelas mulheres. No terciário, o ganho médio mensal dos homens era de 1023 euros e o das mulheres era de 745 euros[2]. Como vimos, a discriminação agravou-se nestes dois últimos sectores de actividade.

A inserção massiva das mulheres no mercado de trabalho confronta-se, assim, com inúmeros constrangimentos, quer da esfera do trabalho e do emprego, quer da esfera familiar. Um desses constrangimentos prende-se com a existência de uma rede de guarda e de prestação de cuidados a crianças insuficiente. Portugal é um dos países em que a taxa de cobertura dos equipamentos públicos destinados às crianças é das mais baixas da União Europeia (Torres & Silva, 1998). Em países do Norte da Europa, como por exemplo a Noruega, Suécia e Dinamarca, as taxas de actividade das mães trabalhadoras estão associadas a uma forte rede de equipamen-

---

[2] Consultar *Anuário Estatístico de Portugal* (INE, 2004, p. 190).

tos sócio-educativos públicos e privados e outros apoiados pelo Estado (ibid.). Na ausência de tais equipamentos ou perante a sua insuficiência, são mais frequentes as situações das mães que não trabalham no exterior; que interrompem a sua actividade laboral ou que a praticam em regime de tempo parcial. Neste último caso, encontram-se países como a Alemanha, Inglaterra e muitos da Europa do Sul.

Globalmente, a tendência é para a manutenção da actividade profissional das mulheres, mesmo após o nascimento do segundo filho. Contudo, são acrescidas as tensões a que estas mães trabalhadoras passam a estar sujeitas. A manutenção da actividade profissional faz-se, para grande parte das mulheres, a par da manutenção das tarefas domésticas e dos cuidados com os filhos, o que se traduz na chamada "dupla jornada de trabalho" (Segalen, 1999). Mas nem por isso as mulheres deixam de ser alvo de discursos contraditórios, e até culpabilizantes, a propósito da maternidade e do seu papel na educação dos filhos (Fidalgo, 2003). São alvo, por um lado, de um discurso que promove a auto-realização e a autonomia, o que as conduz a manter-se profissionalmente activas; e, por outro, os profissionais da infância continuam a insistir na importância da relação entre mãe e filho (Segalen, 1999; Fidalgo, 2003). Hoje, muitas mulheres sentem-se cansadas pelo trabalho e culpabilizadas pela menor atenção que consideram dar aos filhos (Torres & Silva, 1998).

As modalidades de divisão sexual das tarefas ligadas à prestação de cuidados à criança são novamente reactivadas na parentalidade. Os "novos pais" cooperam mais com as mulheres na educação e na prestação de cuidados aos filhos. No entanto, os homens continuam a ser menos solicitados do que as mães. Quando tal sucede, é sobretudo no campo do simbólico (e.g. os jogos), da abertura ao mundo, da autoridade e da educação sexual dos rapazes (Delforge, 2006).

Os estereótipos de género encontram no processo de parentalidade um espaço privilegiado de reprodução. Reforçam a visão "naturalizada" do lugar de cada um e levam-nos a atribuir atributos maternais e paternais a cada sexo. Permitem, por isso, que os homens conservem o privilégio tradicional decorrente da definição social do seu estatuto: a mãe confere vida à criança; o pai dá-lhe sentido.

As modalidades de divisão sexual das tarefas ligadas à prestação de cuidados à criança são novamente reactivadas na parentalidade. Esta não é uma questão meramente biológica. Encerra um processo complexo de construção social, cultural e ideológica. Reflecte, por isso, as inúmeras resistências a uma verdadeira igualdade entre homens e mulheres, isto é, a uma efectiva reorganização do velho "contrato de género".

O conjunto de transformações referidas é revelador de uma forte dinâmica de mudança social vivida pelas famílias portuguesas, sobretudo a partir da década de 90. Com efeito, nos nossos dias, as gerações têm oportunidade de reforçar os laços que as unem, devido a uma maior convivência no tempo entre os membros de gerações diferentes (verticalização); os indivíduos divorciam-se mais, mas voltam a casar (monogamia serial); tendem a planear o nascimento dos filhos, devido a uma contracepção mais eficaz; podem optar por uma vida a sós ou com pessoas aparentadas de outra geração, sem que isso signifique abdicar dos seus projectos pessoais, familiares ou profissionais.

Por outro lado, a presença massiva da mulher no mercado de trabalho veio colocar novos desafios a uma relação que, sendo aparentemente natural, – mulher e prestação de cuidados aos filhos e à família – está profundamente imbuída de pressupostos normativos e ideológicos. A persistência da ideologia da domesticidade significa que muitas mulheres, apesar de serem profissionalmente activas, permanecem com maiores responsabilidades ao nível do trabalho doméstico e da prestação de cuidados à família, o que lhes acarreta enormes dificuldades de conciliação entre estas duas esferas.

Em suma, as sociedades contemporâneas caminham para uma pluralidade de modelos de vida em comum: casais hetero, homossexuais, famílias recompostas, filhos de diversas procriações. Nos nossos dias, são distintos e diversos os contextos da adopção e da parentalidade em geral. A pluralidade de modelos familiares existentes vem pôr em causa a busca permanente da dita "família ideal" no mercado da adopção, por parte das agências de serviço social.

Perante tais dinâmicas, a sociedade e os serviços sociais têm que encontrar novas soluções, sob pena das crianças perderem inúmeras oportunidades de adopção. Estas soluções passam, entre outras medidas, por uma maior tolerância e aceitação de "modelos familiares alternativos" candidatos à adopção. Tal não dispensa uma avaliação e monitorização cuidada das situações.

REFERÊNCIAS BIBLIOGRÁFICAS

ALMEIDA, A. (2003). Famílias. In A. Almeida (Ed.), *Portugal Social, 1991-2001* (pp. 51-68). Lisboa: Instituto Nacional de Estatística.

ALMEIDA, A. (Ed.), Vilar, D., André, I., & Lalanda, P. (2004). *Fecundidade e Contracepção. Percursos de Saúde Reprodutiva das Mulheres Portuguesas.* Lisboa: Instituto de Ciências Sociais.

DELFORGE, S. (2006). Images et representations du père et de la mère. *Informations Sociales, 132,* 100-105.

FERREIRA, P. (2003). Tendências e modalidades da conjugalidade. *Sociologia: Problemas e Páticas, 43,* 67-82.

FIDALGO, L. (2003). *(Re)construir a maternidade numa perspectiva discursiva.* Lisboa: Instituto Piaget.

GIDDENS, A. (2004). *Sociologia.* Lisboa: Fundação Calouste Gulbenkian.

GUERREIRO, M. (2003). Pessoas sós: Múltiplas realidades. *Sociologia: Problemas e Práticas, 43,* 31-49.

SEGALEN, M. (1999). *Sociologia da Família.* Lisboa: Terramar.

SINGLY, F. (2000). *Livres juntos. O individualismo na vida comum.* Lisboa: Publicações Dom Quixote.

SINGLY, F. (2004). Famille démocratique ou individus tyranniques. *Libération,* 27 Juillet.

TORRES, A., Ávila, P., Jesus, F., & Mendes, R. (2004). *Homens e mulheres entre família e trabalho.* Lisboa: Departamento de Estudos, Estatísticas e Planeamento.

TORRES, A., Silva, F. (1998). Guarda das crianças e divisão do trabalho entre homens e mulheres. *Sociologia: Problemas e Práticas, 28,* 9-65.

VAILLÉ, H. (2005). Sociologues, psychologues: bataille autour de la famille. *Sciences Humanes, 156,* 30-33.

WALL, K. (2003). *Famílias monoparentais.* Oeiras: Celta Editora.

WALL, K., & Guerreiro, M. (2005). A divisão familiar do trabalho. In K. Wall (Ed.), *Famílias em Portugal* (pp. 303-361). Lisboa: Instituto de Ciências Sociais.

ADOPCIÓN:
RECUPERACIÓN TRAS LA ADVERSIDAD INICIAL

Jesús Palacios / Yolanda Sánchez-Sandoval,
Esperanza León / Maite Román
Universidad de Sevilla

Cada año se lleva a cabo la adopción de un muy elevado número de niños. Aunque no existen estadísticas que permitan precisar un número exacto, se ha estimado que en los últimos años se han venido adoptando entre 120.000 y 150.000 niños por año en los países occidentales, cifra que incluye tanto las adopciones nacionales como las internacionales. El número da idea de la magnitud del fenómeno, de la gran cantidad de niños y de familias implicadas, así como de los muchos profesionales que intervienen para que la adopción sea posible.

La adopción ha venido a añadirse al cuadro de diversidad familiar que caracteriza a las sociedades occidentales contemporáneas. Al lado de las más habituales familias compuestas por un hombre y una mujer casados y con hijos nacidos de su unión, encontramos realidades familiares muy diversas: parejas no casadas, parejas separadas o divorciadas, monoparentalidad, parejas del mismo sexo, hijos fruto de la reproducción asistida... y familias adoptivas. De todas formas, conviene recordar que el alcance de la adopción va mucho más allá de nuestro tiempo, de nuestra cultura e incluso de nuestra especie. Por una parte, los biólogos han documentado la existencia de adopción en numerosas especies animales (mamíferos y aves) (Avital, Jablonka, & Lachmann, 1998). Por otra, ya el código de Hammurabi, de 1700 antes de Cristo, contenía regulaciones específicas de la filiación adoptiva. Finalmente, los estudios antropológicos han mostrado que la adopción es un hecho en muy diferentes culturas (Bowie, 2004; Volkman, 2005), siendo muchas las sociedades en las que las responsabilidades parentales se comparten o se reasignan por motivos

274 *Intervenção com Crianças, Jovens e Famílias*

muy diversos (derechos de propiedad de la tierra, formación de alianzas estratégicas, política matrimonial, creencias religiosas...).

Pero aunque la adopción sea un fenómeno con muy diversos y remotos antecedentes, nunca antes había suscitado tanto interés entre los investigadores interesados por la familia y el desarrollo humano. Ese interés se ha visto acrecentado en los últimos años como consecuencia del incremento de la adopción internacional, que ha llevado a familias occidentales a miles de niños y niñas procedentes de instituciones o de familias con las que habían pasado los primeros meses o años de sus vidas, frecuentemente en condiciones muy poco favorables. Se ha creado de esta forma una especie de laboratorio social y familiar en el que se pueden desarrollar investigaciones imposibles de realizar en las condiciones habituales de crianza y educación de los niños en sus familias. Por una parte, porque en la adopción las influencias genéticas y las ambientales son completamente diferentes, no dándose la acumulación de ambas influencias que se encuentra cuando los mismos padres que dan origen al niño son los que luego organizan su crianza, educación y estimulación. Por otra parte, porque la vida de la mayor parte de los niños está caracterizada por una gran continuidad, de manera, por ejemplo, que el tipo de estimulación y educación que reciben en su familia en los primeros meses es muy coherente con la estimulación y la educación que van a recibir en su familia durante el resto de su infancia. La adopción, por el contrario, está caracterizada por la profunda discontinuidad entre el entorno de partida (sea el entorno familiar, sea el institucional) y el ambiente educativo posterior, en el seno de la familia adoptiva.

La adversidad inicial forma parte de la historia de los niños y niñas adoptados, que antes de llegar a sus nuevas familias han pasado por experiencias en las que frecuentemente han coincidido circunstancias tales como embarazos no deseados y no controlados, partos y condiciones perinatales de riesgo, rechazo, abandono, maltrato, institucionalización, falta de estimulación, dificultades para el establecimiento de relaciones afectivas... La gravedad de estas circunstancias y el tiempo de exposición a ellas varía mucho de unos casos a otros, así como también es muy distinta la capacidad que cada niño o niña tiene para hacer frente a estas adversidades. Inevitablemente, a su llegada a la familia adoptiva el desarrollo de estos niños mostrará las huellas de la adversidad de partida, siendo entonces posible estudiar el grado de afectación, así como las variables relacionadas con un mayor o menor deterioro a la llegada a la nueva familia. Por otra parte, puesto que la adopción va a suponer un radical cambio de circunstancias para estos menores, se plantea entonces la cuestión de la recuperación tras la adversidad inicial: en qué medida los retrasos en el desarrollo se recuperan, qué circunstancias parecen asociarse a una mayor o menor recuperación, qué relación existen entre recuperación y tiempo con la familia adoptiva...

Al mismo tiempo que la investigación sobre adopción está llena de todas estas posibilidades, se enfrenta a algunas dificultades importantes. Una de las más señaladas tiene que ver con la muy escasa información de que se dispone respecto a las circunstancias del adoptado antes de su adopción. Normalmente, se dispone de muy pocos datos respecto a las circunstancias y la historia pasada de estos niños, siendo muy frecuente que apenas se cuente con informaciones muy genéricas relativas a la duración de su institucionalización, por ejemplo.

En los últimos años han sido muchas las investigaciones que han sacado partido de las ventajas que ofrece la adopción para poner a prueba preguntas e hipótesis que tienen interés para la psicología del desarrollo. Así, por ejemplo, se pueden citar las investigaciones de Michael Rutter y su equipo en relación con el estado al llegar y la evolución posterior de niños rumanos adoptados en Gran Bretaña (ver, por ejemplo, Rutter, 2005). También por este tipo de niños, pero adoptados en Estados Unidos, se han interesado las investigaciones de Judge (2003). El trabajo de Pomerleau et al. (2005), por su parte, se ha interesado por niños adoptados procedentes de China, el sudeste asiático y Rusia.

Por nuestra parte, hemos tenido la oportunidad de estudiar el estado al llegar y el desarrollo posterior de casi 300 niños llegados a España por la vía de la adopción internacional y procedentes de China, India, Rusia, Rumanía, Colombia y Guatemala. Estos países fueron elegidos porque en el momento del estudio representaban el 80% de las adopciones internacionales que en aquel momento se realizaban en España. Disponemos de información referida al estado físico y evolutivo a la llegada, así como de su situación en ambos aspectos un promedio de tres años después. Los datos obtenidos permiten responder a un buen número de preguntas en torno a la temática del impacto de la adversidad inicial y las posibilidades y límites de la recuperación posterior.

Muestra y metodología

En total, hemos estudiado a 289 niños y niñas procedentes de los seis países antes mencionados (China, India, Rusia, Rumanía, Colombia y Guatemala), adoptados por familias españolas entre 1993 y 2003 (la mayor parte, entre 1997 y 2001). De ellos, el 64% eran niñas y el resto eran varones (casi todos los adoptados en China eran niñas, mientras que el 64% de los adoptados en Colombia eran niños). La edad media en el momento de la adopción fue de 35 meses (los más pequeños de la muestra al llegar fueron los procedentes de Guatemala, con una media de 18 meses, mientras que los más mayores fueron los procedentes de Rusia, con una media de 51 meses).

La evaluación del estado al llegar de los niños se realizó utilizando información retrospectiva proporcionada por los adoptantes. Por un lado, la información relativa a su desarrollo físico (altura, peso y perímetro cefálico). Casi todos los padres tenían información sobre la altura y el peso al llegar, pero fueron bastantes menos (alrededor de 70) los que tenían información sobre perímetro cefálico. Por otro, la información relativa a su desarrollo psicológico se obtuvo utilizando una versión retrospectiva de la prueba de screening de las escalas Battelle para la evaluación del desarrollo psicológico de niños hasta 8 años de edad. Los padres suelen tener una memoria bastante vívida de lo que el niño era o no era capaz de hacer en el momento en que se incorporó a su familia y esta información permite una valoración que permite una aproximación a su estado evolutivo al llegar.

En el momento en que las familias fueron visitadas para el estudio (un promedio de tres años después de su llegada), se recogió información sobre su altura, su peso y su perímetro cefálico. Su desarrollo psicológico fue valorado con la escala Battelle en el caso de los que en aquel momento tenían 6 años o menos, mientras que los mayores de esa edad fueron evaluados con la prueba de inteligencia WISC-r. Por tanto, mientras que toda la información relativa al estado al llegar está recogida con Battelle, la información sobre el desarrollo en el momento del estudio está recogida con Battelle en el caso de los más pequeños y con WISC-r en el de los mayorcitos. Eso significa que mientras que los datos de los más pequeños se refieren a su nivel de desarrollo general (Battelle evalúa la adaptación personal y social, la motricidad, la comunicación, el desarrollo cognitivo, es decir, da una visión bastante global del perfil evolutivo infantil), los datos de los mayores están centrados en el desarrollo cognitivo, y, más en concreto, en las puntuaciones de cociente intelectual.

Estado de los niños a su llegada

Por lo que se refiere a su desarrollo físico, los niños de la muestra presentaban un importante retraso en todos los parámetros analizados. Como ejemplo, se puede utilizar la información referida a la altura al llegar. El gráfico siguiente muestra las desviaciones respecto a la media (cero) de los niños procedentes de los distintos países (el número entre paréntesis junto a cada país indica la edad media de los niños de ese país a su llegada).

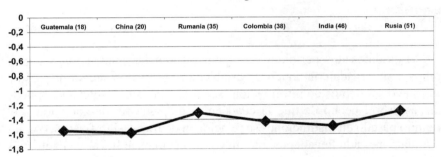

Altura a la llegada

Si se tiene en cuenta que, según los criterios de la Organización Mundial de la Salud (OMS), por debajo de dos desviaciones tipo respecto a la media se puede hablar de retraso muy grave o severo, la media encontrada en este grupo, en torno a -1.5, muestra la importancia del retraso físico con que llegaban. Como se ve, el retraso afectaba de forma relativamente similar a los niños y niñas procedentes de los distintos países de la muestra.

Por lo que se refiere al desarrollo psicológico, los datos referidos a la información retrospectiva obtenida con Battelle, hablan también de una importante afectación del desarrollo psicológico. El 43,5% llegó con puntuaciones iguales o inferiores a -2 desviaciones tipo, es decir, con un muy importante retraso. Se trataba, además, de un retraso con aspecto de generalizado, pues afectaba con porcentajes muy parecidos a los distintos ámbitos valorados en la prueba. La distribución por países de las puntuaciones muestra un perfil más heterogéneo que el observado en el gráfico anterior en relación con el desarrollo físico, como puede apreciarse a continuación.

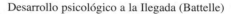

Desarrollo psicológico a la llegada (Battelle)

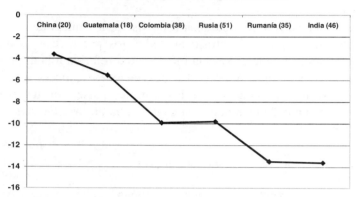

Los datos nos permiten poner en relación las puntuaciones de los niños a su llegada con aquellas variables de su historia previa respecto a las que disponemos de información. Entre los datos más relevantes puede destacarse el hecho de que la edad en el momento de la adopción y el tiempo pasado en instituciones se relacionan de forma significativa con las puntuaciones a la llegada: cuanto mayores los niños al llegar y cuanto más tiempo en instituciones, sus puntuaciones de desarrollo estaban más negativamente afectadas. Se trata, además, de dos variables claramente relacionadas, pues cuanto mayor sea el niño al llegar, tanto más tiempo habrá pasado en instituciones (la correlación entre ambos valores fue de .70). Cada año antes de la adopción parece suponer un retraso acumulativo en la edad mental de 4.5 meses. Lógicamente, cuantos más años hayan transcurrido, más el retraso acumulado. Lamentablemente, carecemos de datos fiables sobre la calidad de las instituciones en que los niños estuvieron o sobre los aspectos concretos de su vida familiar previa, por lo que no nos es posible determinar en qué medida no sólo el tiempo previo a la adopción, sino la calidad de las experiencias durante ese tiempo, son influyentes.

Recuperación tras la adversidad inicial

Como se ha indicado anteriormente, pasada una media de tres años tras su llegada a las familias adoptivas españolas, se estudio el estado actual de su desarrollo físico y psicológico. Como ya se ha indicado, el dato del desarrollo psicológico se refiere a desarrollo general en la muestra de los más pequeños (hasta 6 años) y a cociente intelectual por encima de esa edad.

Por lo que al desarrollo físico se refiere, puede afirmarse que ha habido un notable nivel de recuperación de los retrasos de partida. Si de nuevo utilizamos el dato de la altura, la gráfica siguiente ilustra la importancia de los cambios. Además, como puede apreciarse, se trata de una mejora que afecta a los niños procedentes de todos los países. Puede apreciarse que los niños y niñas procedentes de Guatemala y China no llegan a alcanzar los valores promedio (valor 0), pero con toda probabilidad ello se debe a que la talla final de su grupo étnico de origen es más baja que la de los países occidentales. Salvo los de estos dos países, el resto están claramente en el entorno de la media.

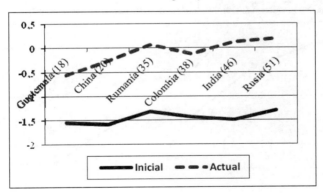

Altura a la llegada y actual

Algo muy parecido se observa en relación con el peso y el perímetro cefálico, por lo que puede afirmarse que la recuperación del desarrollo físico parece producirse de forma muy satisfactoria y completa en el curso de los tres primeros años tras la llegada a las familias adoptivas, lo que es bastante notable teniendo en cuenta el importante retraso a la llegada.

Por lo que se refiere a la situación al llegar, el 43,5% presentaba retrasos graves, como se indicó anteriormente; el 38,3% estaba en o sobre la media al llegar. Pasado un promedio de tres años, estos niños muestran una muy importante recuperación, pues el 62,3% se encuentra en o sobre la media. Estas muy importantes recuperaciones, sin embargo, no pueden hacer olvidar que, pasados tres años desde su llegada, el 17,2% sigue presentando retrasos muy significativos. Los datos parecen indicar, además, que los avances después del tercer año parecen ser menos significativos, por lo que es probable que en los aspectos considerados no se vayan a producir cambios muy significativos.

Si se comparan los datos de desarrollo psicológico a la llegada expuestos anteriormente con los datos obtenidos en el examen tres años después, el resultado se observa en el gráfico siguiente. En él se ilustra que ha habido una clara recuperación en los niños procedentes de todos los países, pues los meses de retraso han disminuido claramente. Pero se muestra también que la magnitud de la recuperación se relaciona con el estado al llegar, como lo muestra el paralelismo entre las dos líneas de la gráfica.

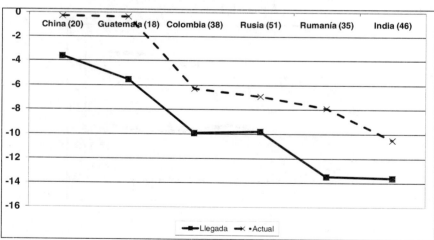

Desarrollo psicológico (Battelle y WISC-r)

Estos datos muestran claramente que la recuperación psicológica existe, pero que no es independiente de la situación de partida, sino que se relaciona estrechamente con ella. De hecho, las puntuaciones a la llegada y tres años después presentan una correlación de .52.

Conclusiones

Los resultados obtenidos en esta investigación ilustran una serie de aspectos de interés tanto en relación con la temática concreta de la adopción, como, más en general, en relación con el desarrollo psicológico tras la adversidad de partida.

Por lo que se refiere a la temática directamente ligada con la adopción, parece claro que se trata de una medida que cumple el objetivo fundamental de la protección infantil. Los niños y niñas adoptados llegan a sus nuevas familias después de un pasado marcado por la adversidad y, muy frecuentemente, tras una estancia significativa en instituciones de calidad sin duda diversa, pero en general no envidiable. Entre las secuelas de esas negativas experiencias, nuestros datos han documentado retrasos físicos y psicológicos muy significativos. Si la adopción no hubiera introducido una importante discontinuidad en las vidas de estos niños, con toda probabilidad esos retrasos hubieran continuado incrementándose, pues, como hemos mostrado anteriormente, cada año antes de la adopción supone un retraso acumulativo de 4.5 meses. La adopción viene, pues, a romper esa trayectoria negativa y a introducir un entorno de protección y estimulación que va a mejorar de forma muy significativa las perspectivas futuras de los niños y las niñas implicados. Y ello no sólo en los ámbitos que nosotros hemos explorado, sino también (y quizá de forma aún más importante) en otros como el desarrollo emocional y la salud mental general, cuyo pronóstico para los adoptados va a ser muy diferente antes y después de la adopción.

Merece la pena insistir en la importante contribución de la adopción al desarrollo de los adoptados. Las comparaciones adoptados-no adoptados ofrecen a veces una imagen incompleta de lo que la adopción significa. Como hemos mostrado en otro lugar (Palacios y Sánchez-Sandoval, 2005), buena parte de la investigación relacionada con la adopción se ha centrado precisamente en la comparación adoptados-no adoptados. Resulta poco sorprendente que los datos de muchas de esas investigaciones muestren que los adoptados no logran equipararse en sus puntuaciones (de inteligencia o de problemas de conducta, por ejemplo) a sus compañeros no adoptados. Las trayectorias vitales de unos y otros son muy diferentes, siendo lógico que quienes han tenido un pasado marcado por la adversidad y la estimulación inadecuada obtengan puntuaciones mejores que quienes han tenido un pasado caracterizado por la adversidad, la falta de estimulación, las rupturas en las relaciones con las personas más significativas... Pero frente a esta lógica que se fija sobre todo en el riesgo, la investigación sobre adopción pone cada vez más el énfasis en lo su potencial de protección. Es suficiente, como hemos hecho en otros estudios (Palacios, Sánchez-Sandoval y Sánchez, 1996), con comparar a los adoptados con los que hubieran sido sus compañeros si hubieran permanecido en instituciones, para darse cuenta del importante camino de mejora y recuperación recorrido por los adoptados.

Resaltar el papel de la adopción como medida de protección no puede llevar, sin embargo, a pensar que todo empieza de nuevo tras la llegada del niño a su familia adoptiva. Los adoptantes se hacen a veces la ilusión de que el contador del niño se pone a cero tras la adopción. En realidad, las cosas son bastante diferentes, pues el psiquismo humano carece de la opción de borrado del pasado. Al contrario, las experiencias pasadas forman parte de la arquitectura y de los contenidos de nuestro cerebro, y son la base sobre la cual se construyen las experiencias posteriores. Es sobre la base del pasado sobre la que se van integrando las nuevas y más estimulantes experiencias. Como ha señalado Hodges et al. (2005) a propósito del desarrollo emocional tras la adopción, las nuevas experiencias no borran las del pasado, sino que compiten con ellas. De manera que la estimulación más adecuada, el estilo de vida más sano y positivo, el entorno protector y afectuoso en que los niños y niñas van a crecer, va a aportar muchas nuevas posibilidades de desarrollo que competirán con las huellas dejadas por un pasado de mayor adversidad y menor estimulación.

La reflexión sobre el desarrollo humano en general y sobre las posibilidades de recuperación tras la adversidad parece, pues, bastante clara. Cuando han existido experiencias previas negativas, las nuevas experiencias más positivas introducirán una discontinuidad favorable y prometedora. Los efectos de esta discontinuidad serán probablemente más completos en unos ámbitos que en otros. Así, por ejemplo, nuestros datos muestran que la recuperación física es bastante completa. Muestran también que la recuperación psicológica es más limitada, al menos en los ámbitos por nosotros estudiados. Queda por ver en futuras investigaciones si, como suponemos, la recuperación en el ámbito del apego, las emociones y las relaciones sociales tiene un recorrido más largo y completo que el observado en nuestros datos, algo escorados hacia lo intelectual y para los que, como hemos indicado, parecen observarse incrementos poco significativos a partir del tercer año.

De todas formas, la discontinuidad introducida por las nuevas experiencias no es absoluta, sino que debe ponerse en relación con las experiencias pasadas. Los datos expuestos en este capítulo han ilustrado claramente la importante relación entre los datos al llegar y los obtenidos unos años después, particularmente en los aspectos psicológicos por nosotros estudiados.

Finalmente, la duración de la adversidad no parece un asunto menor, pues lógicamente cuanto más tiempo se haya prolongado, más negativos serán sus efectos. Sin embargo, los datos de nuestro estudio muestran que no es suficiente con saber la edad en el momento de la adopción, pues algunos niños que llegan con edades más tempranas obtienen peores resultados que otros llegados más mayores. Aunque la tendencia general de los datos es que a mayor edad, más adversidad acumulada, las diferencias medias entre países ilustradas en los gráficos de este capítulo muestran que probablemente las circunstancias previas a la adopción (y no sólo la duración de la exposición a ellas) juegan un papel significativo.

En suma, los datos expuestos muestran el importante nivel de deterioro físico y psicológico con que los niños procedentes de adopción internacional se incorporan a sus nuevas familias. Muestran también la muy significativa recuperación que promueven las nuevas y más favorables circunstancias familiares tras la adopción, así como el hecho de que esa recuperación no es absoluta y que, al menos en lo que a los contenidos psicológicos analizados se refiere, guarda una significativa relación con el punto de partida. La adopción aparece así como una muy favorable medida de protección que introduce una muy favorable discontinuidad en la vida de unos niños y niñas cuyos inicios estuvieron marcados por la adversidad. El psiquismo humano, sin embargo, parece no conocer discontinuidades absolutas, por lo que la adversidad pasada sigue jugando un cierto papel en el desarrollo posterior, particularmente cuando se prolongó durante más tiempo. La investigación posterior deberá mostrar si estos datos son correctos y deberá interesarse por los ámbitos del desarrollo social y emocional apenas cubiertos por nuestra investigación.

REFERENCIAS BIBLIOGRÁFICAS

AVITAL, E., Jablonka, E., & Lachmann, M. (1998). Adopting adoption. *Animal Behavior, 55*, 1451-1459.

BOWIE, F. (Ed.) (2004). *Cross-cultural approaches to adoption*. London: Routledge.

HODGES, J., Steele, M., Hillman, S., Henderson, K., & Kaniuk, J. (2005). Change and continuity in mental representations of attachment. In D.M. Brodzinsky & J. Palacios (Eds.), *Psychological issues in adoption. Research and practice* (pp. 93-116). Westport: Praeger.

JUDGE, S. (2003). The impact on early institutionalization on child and family outcomes. *Adoption Quarterly, 7,* 31-98.

POMERLEAU, A., Malcuit, G., Chicoine, J., Séguin, R., Belhumeur, C., Germain, P., Amyot, I., & Jéliu, G. (2005). Health status, cognitive and motor development of young children adopted from China, East Asia, and Russia across the first 6 months after adoption. *International Journal of Behavioral Development, 29,* 445-457.

PALACIOS, J., & Sánchez-Sandoval, Y. (2005). Beyond adopted-nonadopted comparisons. In D.M. Brodzinsky & J. Palacios (Eds.), *Psychological issues in adoption. Research and practice* (pp. 117-144). Westport: Praeger.

PALACIOS, J., Sánchez-Sandoval, Y., & Sánchez, E. (1996). *La adopción en Andalucía*. Sevilla: Consejería de Asuntos Sociales.

RUTTER, M. (2005). Adverse preadoption experiences and psychological outcomes. In D.M. Brodzinsky & J. Palacios (Eds.), *Psychological issues in adoption. Research and practice* (pp. 67-92). Westport: Praeger.

VOLKMAN, T. (Ed.) (2005). *Cultures of transtational adoption*. Durham: Duke University Press.

O ACOLHIMENTO FAMILIAR EM PORTUGAL: CONCEITOS, PRÁTICAS E (IN)DEFINIÇÕES

Paulo Delgado
Universidade Portucalense
Pós-doutorado da Universidade do Minho (Metaforma)

Acolhimento Familiar

O Acolhimento Familiar baseia-se no pressuposto de que a criança tem necessidade e o direito de viver num espaço familiar personalizado, que as instituições, muitas vezes sobrelotadas, não podem proporcionar. São muitos os países que têm procurado assegurar que o Acolhimento Familiar seja a colocação preferencial nas situações de retirada da família, perspectiva que tem, fundamentalmente, em conta as necessidades da criança. Desde o início do desenvolvimento, o Acolhimento Familiar tem a capacidade para ir de encontro às suas necessidades, enquanto proporciona o contacto com a sua família biológica (Kelly & Gilligan, 2000).

Em Inglaterra e no País de Gales, a proporção de crianças acolhidas passou de um terço para dois terços, nos últimos 20 anos. O acolhimento residencial passou, por sua vez, de três quartos das colocações, em 1975, para menos de 20%, em 1998. Na Irlanda do Norte, 80% das crianças retiradas da sua família encontram-se em acolhimento familiar e, na Irlanda, a percentagem de crianças em acolhimento familiar passou dos 50% para os 75%, de 1977 a 1997. Este crescimento fez-se a expensas do acolhimento residencial (ibid.). A adopção, pelo contrário, permanece um privilégio para uma minoria nos sistemas do reino Unido. Na Inglaterra e no País de Gales, por exemplo, a proporção de crianças colocadas em adopção em cada ano, alcançou, por vezes, os 5%.

Na Escócia (Delgado, 2006a), e de acordo com os dados apresentados pelo *Scottish Executive National Satistics Publications,* do total de crianças em acolhimento, aproximadamente 68% encontravam-se em famílias e apenas 32% em instituições. Esta divisão expressa a tendência de crescimento do acolhimento familiar, em detrimento do acolhimento residencial que se verificou na última década. Em 1993, as crianças acolhidas em família representavam apenas 54% do total das crianças colocadas sob medida de protecção.

O Acolhimento Familiar não resulta, apenas, de uma intervenção pública, ou oficial, corporizada no processo administrativo ou judicial. Há situações informais de colocação, quando uma família pede ajuda a outros adultos em que confiam, nos momentos em que atravessam graves dificuldades, apesar da crescente dificuldade na utilização dessa rede de apoio, pela excessiva nuclearização da família do meio urbano, pela migração para outros lugares e consequente afastamento das redes naturais e pela marginalização social (Barjau, 1996). O acolhimento informal, que resulta do acordo directo entre famílias, de amigos, de vizinhos ou mesmo na família alargada, encontra-se excluído do objecto central deste estudo, que tem como âmbito a colocação de crianças em risco, retiradas das suas famílias e colocadas noutras, no desenrolar de processos administrativos ou judiciais controlados e promovidos pelas entidades competentes e assente na celebração de um contrato. O acolhimento informal ou privado, na expressão de Triseliotis, Sellick & Short (1995), é incontrolável, porque resulta do interesse das partes, nem a administração deve intervir, por respeito ao princípio da privacidade, a não ser que dele resulte a ameaça ao desenvolvimento e à segurança da criança envolvida.

Em Portugal, encontravam-se acolhidas 6480 crianças, em 4731 famílias de acolhimento, de acordo com os dados incluídos no Estudo de caracterização do Acolhimento Familiar (IDS / CNPCJR, 2002). A solicitação apresentada junto da Segurança Social para a consulta do estudo não foi aceite, por razões que não foram explicadas. Deste universo, apenas cerca de 32% não tinham laços de parentesco entre si, ou seja, 1533 famílias e 2112 crianças. Em 2004, e de acordo com os dados recolhidos no Relatório apresentado pela Comissão de Assuntos Constitucionais, Direitos, Liberdades e Garantias (2006), o número de crianças acolhidas baixa para 6277 e o número de famílias para 4408. A quantidade de famílias de acolhimento sem laços de parentesco permanece estável (1558), registando-se uma quebra no número de famílias de acolhimento com laços de parentesco (passam a ser 2850, quando eram 3198 em 2002).

O Acolhimento Familiar em Portugal: Conceitos, Práticas e (In)definições 289

O número praticamente estável do número de crianças institucionalizadas (Quadro 1) reflecte a tendência do sistema de privilegiar o acolhimento residencial.

Quadro 1: Evolução recente do n.º de crianças acolhidas em instituição

EQUIPAMENTO	1997	2004
CAT	804	1682
LAR	9561	8001
TOTAL	10365	9683

Fonte: Relatório apresentado pela Comissão de Assuntos Constitucionais, Direitos, Liberdades e Garantias (2006)

Esta interpretação é reforçada se considerarmos as medidas aplicadas pelas CPCJ às crianças e jovens acompanhados nos processos instaurados em 2004 (ibid.): 635 foram colocadas em lares ou Centros de Acolhimento Temporário, contra apenas 234 colocadas em famílias de acolhimento (cerca de 27%).

Essa diferença ainda se acentua nas medidas aplicadas nos processos de promoção e de protecção na fase de aplicação da 1.ª medida findos em 2004 (ibid.): 548 colocadas em lares ou Centros de Acolhimento Temporário contra apenas 105 colocadas em famílias de acolhimento (cerca de 16%).

A faixa etária predominante das crianças acolhidas situava-se, em 2002 (IDS / CNPCJR, 2002), entre os 6 e os 12 anos e eram escassas as situações de orfandade, pois somente 5% das crianças eram órfãs de ambos os pais. Na grande maioria dos casos são os próprios pais que contribuem para ou constituem inclusivamente, por acção ou omissão, voluntária ou involuntária, o perigo para a criança. Do total das crianças, aproximadamente 40% declarou que gostaria ficar a viver com a família de acolhimento contra apenas cerca de 15%, que declarou desejar viver no futuro com o seu pai ou mãe biológicos.

O tempo de permanência das crianças em acolhimento familiar fornece dados bem significativos. Cerca de 9% das crianças encontravam-se acolhidas até dois anos de estadia, o que significa que 91% das crianças já vivem na sua família de acolhimento há mais de dois anos. Destas, 46,3%

das crianças com mais de 10 anos já vive na sua família de acolhimento há mais de 10 anos, num intervalo de permanência que vai dos 10 aos 20 anos.

As famílias de acolhimento, por seu turno, caracterizavam-se pelos baixos níveis de rendimentos (50% auferem até 500 euros mensais), pelos baixos níveis de escolaridade (70% só tem até o 1.º ciclo) e pelo nível de envelhecimento (apenas 23% têm menos de 44 anos e 20% tem mais de 65 anos).

As qualidades do Acolhimento Familiar que lhe conferem potencial para satisfazer um conjunto diversificado de necessidades da criança são, na perspectiva de Kelly & Gilligan (2000, p. 8) as seguintes:

- oferece um espaço familiar
- mantém a criança na comunidade
- proporciona a oportunidade de desenvolver relações estreitas com a família de acolhimento
- permite à criança continuar vinculada e identificada com a família biológica
- pode incluir a família biológica na protecção da criança
- pode oferecer apoio na transição para a vida adulta
- garante acompanhamento e apoio da entidade de enquadramento para a criança e a família de acolhimento.

Em contrapartida, o Acolhimento Familiar pode defrontar-se com inúmeras dificuldades, entre as quais:

- a ocorrência de maus tratos no seio da família de acolhimento
- a mudança contínua de família de acolhimento, com colocações sucessivas e ineficazes
- o esquecimento do «processo» pelos técnicos dos serviços Sociais, sobrecarregados de trabalho e de medidas
- a realização de pressões para que as famílias de acolhimento adoptem as crianças acolhidas
- a opção por medidas com carácter definitivo ou mais permanentes, sem que os pais tenham tido a oportunidade para efectuar as mudanças necessárias
- o adiamento de uma decisão com carácter definitivo ou mais permanente para se concederem sucessivas oportunidades aos pais, prolongando o processo no tempo
- a ruptura familiar ou o eclodir de uma situação de crise na família de acolhimento em resultado da colocação ou da dinâmica familiar

O Acolhimento Familiar em Portugal: Conceitos, Práticas e (In)definições   291

– a exclusão da família biológica por parte dos acolhedores e a negação da história e do passado da criança
– a inexistência do suporte que as famílias de acolhimento necessitam, ao nível financeiro, no acompanhamento das colocações, e no acesso aos recursos sociais, como a saúde, o apoio médico especializado, a educação, a inexistência de formação contínua e inicial, entre outros
– o regresso a casa dos pais, sem que tenham ocorrido as mudanças necessárias para garantir a segurança e o desenvolvimento da criança.

Estas dificuldades são acentuadas pelo ingresso no acolhimento de casos mais complicados, o que sucede, na perspectiva de Amorós e Palácios (2004, p.235), pelos resultados dos programas de intervenção familiares, que permitem conservar as situações menos complexas no seio da família e pela perspectiva que, gradualmente ganha expressão, de que o Acolhimento Familiar constitui uma alternativa à institucionalização, mesmo para casos de crianças com sérias dificuldades. E a busca da reunificação familiar "implica muitas mais complicações do que as derivadas de uma separação radical e definitiva".

O acordo da família biológica e a sua colaboração no cuidado e na educação da criança acolhida é, sem dúvida, uma peça fundamental neste processo, contribuindo para a integração na família de acolhimento e aumentando as probabilidades de regresso a casa. Deve-se ter presente, contudo, que esta voluntariedade não existe num significativo número de casos e que dela não pode depender a colocação. Mesmo supondo que se reúnem as condições óptimas, que permitem aos Serviços Sociais oferecer a ajuda adequada antes da separação, durante a permanência e na preparação do regresso, há inúmeros casos em que a família biológica não consegue reunir as condições necessárias para assegurar a reintegração. Por todos estes motivos, o Acolhimento Familiar não se pode definir apenas como um meio, como um recurso ao serviço de um fim incerto e, muitas vezes, impossível de atingir. Como afirma Berridge (2001a, p. 169), o Acolhimento Familiar distingue-se da Adopção, porque esta "é uma solução permanente, enquanto a primeiro é mais temporário e a maior parte das crianças acaba, *eventualmente,* por regressar às suas famílias biológicas".

Triseliotis, Sellick e Short (1995, p.1), por seu turno, apesar de associarem o Acolhimento Familiar a uma natureza temporária, reconhecem que "por várias razões, uma minoria de crianças ficará no Acolhimento Familiar por muitos anos, talvez nunca regressando às suas famílias".

A reunificação é a prioridade, mas, se tal não for possível, restam duas alternativas: a Adopção ou o Acolhimento Familiar permanente. Pode acontecer também que o Acolhimento Familiar termine abruptamente, de forma inesperada, numa situação de ruptura, geralmente como resultado da acumulação de uma série de acontecimentos, de acordo com a investigação nesta área, que associa estas rupturas ao insucesso da medida. Se essa consideração é relevante, para Berridge (1997, p. 33), não é a única, nem necessariamente a mais importante: "de facto, tal como noutras relações, as colocações que continuam não são necessariamente enriquecedoras; e aquelas que terminaram podem, todavia, ter tido consideráveis recompensas".

Das famílias de acolhimento, exige-se que cuidem das crianças acolhidas, construindo com elas um relacionamento consistente, benéfico para a sua auto-estima e identidade, que lhe permita desenvolver no futuro relacionamentos frutíferos. Nesse percurso, têm, muitas vezes, de ajudá-las a ultrapassar problemas e dificuldades, ajudando-as com o seu amor e carinho e respeito. Devem, ao mesmo tempo, reconhecer que a criança regressará, hipoteticamente, um dia a sua casa, ou poderá mudar para uma resposta diferente, exigências e expectativas contraditórias, envolvendo "sentimentos e emoções profundos e complexos" (Triseliotis, Sellick & Short, 1995, p. 2).

As crianças, por sua vez, associam o Acolhimento Familiar a situações «erradas» que acontecem nas suas famílias, à intervenção de outra família para tomar conta delas, à mudança e à instabilidade (ibid.).

Os mesmos autores identificam um conjunto de factores que prenunciam o resultado do Acolhimento Familiar e que se associam à criança, às famílias de acolhimento, aos técnicos dos Serviços Sociais e à família biológica. Contudo, "os efeitos do Acolhimento Familiar resultam de uma complexa interacção entre as características, a situação e as acções das crianças, das famílias de acolhimento, dos pais, dos técnicos, entre muitos outros" (Berridge, 2001b, p. 244) e, deste modo, nunca se podem antecipar com uma certeza absoluta.

Acolhimento Familiar e Acolhimento Institucional

Neste ponto, vamos centrar a atenção nas vantagens e desvantagens que são atribuídas às principais medidas de colocação, o Acolhimento Institucional, na evolução recente que tem sofrido, na forma como se interre-

O Acolhimento Familiar em Portugal: Conceitos, Práticas e (In)definições   293

laciona com o Acolhimento Familiar e nos desafios que se lhes colocam, no presente imediato e no futuro próximo.

Na perspectiva legal, o acolhimento em instituição consiste na colocação da criança ou jovem aos cuidados de uma entidade que disponha de instalações e equipamento de acolhimento permanente e de uma equipa técnica que lhe garanta os cuidados adequados às suas necessidades e lhe proporcione condições que permitam a sua educação, bem-estar e desenvolvimento integral (art. 49.° LPCJP). À semelhança das outras medidas de colocação, só deve ser utilizada quando qualquer uma das outras medidas se revelar insuficiente para afastar ou cessar o perigo que ameaça a criança.

Ao Acolhimento Institucional associa-se, com frequência, uma imagem negativa, decorrente das características das instituições, do impacto da colocação na criança ou no jovem e da expressão maioritária que assume no sistema português de protecção.

Idealmente, as estruturas de vida dos lares devem aproximar-se, tanto quanto possível, das que caracterizam o contexto familiar, o que significa que devem estar organizados em grupos de dimensões reduzidas e integrar um baixo número total de utentes, de modo a evitar-se a massificação no acolhimento, condições que, todavia, na maioria dos casos, não são cumpridas.

Entre as características negativas das instituições de acolhimento, González (1996) e Bullock (1999) identificam:

- Aprendizagem de condutas desviadas ou ilegais
- Taxa de rotação de pessoal elevada
- Incapacidade de resposta a dificuldades específicas, como certos tipos de deficiências
- Falta de pessoal especializado
- Carência de recursos e ao nível das instalações
- Rotina e massificação
- «Lei do mais forte»
- Despersonalização
- Relações afectivas inadequadas e atmosfera desumanizada
- Regulamentação rígida
- Pouca abertura ao meio
- Discriminação e desagregação familiar
- «Síndroma institucional»

São, igualmente, avançadas outras explicações para o declínio da colocação institucional: o declínio das instituições, de um modo geral, no padrão social, as dificuldades de organização; os custos associados ao acolhimento residencial e a série de escândalos ocorridos nos últimos anos, em diferentes países, envolvendo abusos sexuais e físicos das crianças institucionalizadas.

No Relatório das audições efectuadas no âmbito da "avaliação dos sistemas de acolhimento, protecção e tutelares de crianças e jovens" (2006, p. 24), da autoria da Comissão de Assuntos Constitucionais, Direitos, Liberdades e Garantias, afirma-se a importância de se apostar no "desenvolvimento do paradigma da desinstitucionalização para combater a tendência institucionalizadora, depositária dominante; a relação personalizada é fundamental e a intervenção familiar deve ser privilegiada".

A institucionalização de menores tem sido alvo de várias críticas, por constituir uma ruptura com o meio ambiente em que a criança está inserida e por gerarem espaços «artificiais», distantes da realidade em que deveriam ser integrados todos os sujeitos, como cidadãos de plenos direitos. No prisma ecológico, a integração social implica, necessariamente, «viver em sociedade», sob pena de aquela nunca ser alcançada na sua plenitude. Estes argumentos, entre outros, fundamentam a procura de soluções alternativas à colocação institucional, como medidas de apoio educativo e de suporte à família, ou a colocação na família alargada, visando responsabilizar a comunidade pelos seus membros, bem como a manutenção dos laços de parentesco, no pressuposto de que a solução dentro do contexto familiar é sempre preferível. O acolhimento ou internamento ficam reservados aos casos em que é imprescindível afastar o menor, no seu próprio interesse, do seu meio familiar e social.

São inúmeros os trabalhos de investigação que se referem às consequências da institucionalização, "particularmente, se é prolongada e particularmente se ocorre em instituições que não respondem às necessidades infantis de estimulação e de afecto, tendo consequências negativas e a longo prazo para muitas das crianças afectadas". E estas consequências negativas não se limitam, segundo Amorós e Palacios (2004, p. 55), às más instituições, mas à institucionalização em si mesma, "porque a investigação também documentou o caso de crianças que passaram por instituições de melhor qualidade e que apresentavam problemas e dificuldades que bem se podiam relacionar com as experiências institucionais iniciais".

O Acolhimento Familiar em Portugal: Conceitos, Práticas e (In)definições 295

Esta perspectiva é contrariada, ou pelo menos atenuada, por outros autores e estudos, que sublinham os aspectos positivos da medida e as oportunidades que ela comporta. Martins (2006, p. 107), por exemplo, escreve que "a colocação extra-familiar deve ser entendida não apenas como o suprimento estrito de uma falha ao nível do contexto parental, mas como uma oportunidade de ganhos efectivos, tanto para a criança como para a família".

Fuertes & Fernández (1996) enunciam um conjunto de vantagens da institucionalização em relação a outras medidas, nomeadamente:

- Menor probabilidade de interrupção
- Liberta a criança de relações afectivas estreitas com outros adultos diferentes dos da sua família
- Inserção num contexto mais estruturado e dotado de especialistas, capazes de responder a determinadas problemáticas
- Evita o «conflito de lealdades»
- A relação profissional estabelecida com os profissionais da instituição é menos afectiva e mais tranquilizadora para a família biológica
- Facilita o contacto entre a criança e os seus pais
- Representa um contexto mais adequado para determinadas intervenções de âmbito terapêutico.

Profissionalizar e qualificar as intervenções, garantindo um acolhimento adequado ao desenvolvimento da criança é a palavra de ordem, de modo a qualificar a prática (Martins, 2006). Por outro lado, é no espaço institucional dotado de parâmetros adequados às finalidades educativas que a criança encontra, nalguns casos pela primeira vez, atenção, carinho, convivência, e bondade. Entre outros aspectos positivos, podemos referir ainda a aprendizagem do valor e da importância do esforço, da recompensa e da capacidade de reflexão sobre os seus próprios actos e sobre as suas consequências. A estes pontos devemos ainda associar a satisfação de necessidades básicas, como a alimentação, o vestuário, a higiene e a segurança.

Quais os vectores de actuação que se colocam ao acolhimento em instituição, quais os obstáculos que tem de procurar ultrapassar? Porque "uma criança não pode ser tirada de um sítio onde está mal para outro pior, o que significa que as práticas de acolhimento têm que ser ajustadas à rea-

296   *Intervenção com Crianças, Jovens e Famílias*

lidade, têm que satisfazer, tanto as suas necessidades de afecto como de autoridade, (...) em permanência" (Comissão de Assuntos Constitucionais, Direitos, Liberdades e Garantias, 2006, p. 28). Que desafios se colocam para garantir essa competência?

Fernández & Fuertes (2000) apresentam as seguintes perspectivas de evolução do acolhimento residencial:

- Diminuição do tempo de permanência na instituição
- Diminuição do número de crianças acolhidas em residências
- Aumento da idade média das crianças nas instituições
- Alteração nos aspectos arquitectónicos, localização e tamanho das instituições
- Alterações nas equipas
- Diversificação das instituições
- Definição das condições mínimas pela Administração
- Importância da Família.

Bullock (1999), por sua vez, destaca como principais variáveis no acolhimento residencial:

- a existência de um maior número de jovens com problemas de saúde
- com deficiências
- com problemas de comportamento
- custos crescentes do sector
- uma maior preocupação com os direitos das crianças acolhidas
- redução do número de crianças e do tempo de estadia.

No Relatório em análise (Comissão de Assuntos Constitucionais, Direitos, Liberdades e Garantias, 2006, p. 30), apontam-se os seguintes objectivos:

- reduzir o tempo da estadia e evitar a permanência das crianças, uma vez que "os lares não devem receber mais que 8 a 10 crianças"
- reduzir o número de crianças institucionalizadas
- critérios de funcionamento e de financiamento
- avaliação, supervisão e acompanhamento das instituições, de cada caso e das famílias envolvidas
- reduzir a dimensão das instituições

O Acolhimento Familiar em Portugal: Conceitos, Práticas e (In)definições 297

- equipas pluridisciplinares e profissionalizadas com modelos educativos e terapêuticos adequados
- aumentar o número de vagas para situações de emergência e para situações difíceis
- as equipas têm de ser preparadas para trabalharem com as famílias.

A estes caminhos, acrescento ainda alguns vectores de actuação no âmbito da colocação institucional, que reforçam ou ampliam os anteriores (Delgado, 2006b, p.85):

- promover a formação/especialização dos auxiliares de acção educativa
- desenvolver projectos que assegurem o reforço do espírito de grupo
- assegurar a aprendizagem do conceito de responsabilidade
- procurar conciliar a liberdade e o afecto com a autoridade
- promover a intervenção educativa centrada na família e no meio
- garantir a participação da criança
- desenvolver processos de avaliação.

A instituição de acolhimento deve evitar a despersonalização e a massificação, deve procurar transmitir hábitos de conduta e o afecto de que estas crianças são tão carenciadas, sem lhes exigir, em contrapartida, que se adaptem a regulamentos rígidos e autoritários. Deve estar inserida na comunidade e não provocar a discriminação familiar, isto é, espera-se e deseja-se que o Acolhimento Institucional se torne menos «institucionalizado» (Borland et al., 1998). Dele se espera, por isso, que combata a monotonia e que evite a lei do mais forte, procurando percorrer o difícil caminho, que passa entre a permissividade e a autoridade, a desorganização e a agressividade. Educar não é só dar o amor e o carinho de que as crianças são tão carentes, mas garantir a aprendizagem da contrariedade e da frustração, que a vida lhes reserva, como a todos.

Cumpre-nos, agora, abordar o outro tipo de acolhimento. Para Triseliotis et al. (1995, p. 1), o Acolhimento Familiar consiste numa família "tomar conta das crianças de outras pessoas por uns dias, semanas, meses ou anos, em troca de uma mesada e de um salário", oferecendo uma experiência de vida familiar que os seus pais não podem proporcionar, até que estes possam receber as suas crianças de volta". Se a criança tem o seu desenvolvimento ameaçado no contexto da sua família natural, será preferível encontrar-lhe uma família de substituição, que partilhe com ela laços de afectividade e de privacidade.

O Acolhimento Familiar não é a panaceia, não é melhor do que as outras medidas: é complexa, mas se for bem aplicada pode ser uma boa medida. Como observam Amorós e Palácios (204, p. 57), "a família não é boa por ser uma família, mas porque oferece no seu interior um tipo de relações estreitas, personalizadas e estáveis, marcadas pelo afecto, compromisso e atenção contínua". Por outro lado, a defesa do Acolhimento Familiar face ao acolhimento residencial não se deve basear no baixo custo, mas nos seus méritos, afirmam Triseliotis, Sellick e Short (1995). Até porque o Acolhimento Familiar não é uma opção de baixo custo, se entrarmos em linha de cálculo com os custos «encobertos» da divulgação, da selecção, da formação e do acompanhamento, que envolvem recursos humanos e materiais, para não referir serviços médicos especializados.

As medidas de colocação estão inter-relacionadas. Conforme observámos noutro momento (Delgado, 2006b), a institucionalização não deve ser considerada como um último recurso, mas como a medida mais adequada para determinados grupos de crianças, cujas principais características os autores descrevem em pormenor. Esta medida deve, inclusivamente, ser considerada, nalguns casos, a única disponível ou existente, um direito para as crianças e jovens, se o acolhimento for aconselhado pelo seu interesse superior (Bullock, 1999). Tudo depende das suas necessidades. E se estas apontarem para o Acolhimento Institucional, haverá, posteriormente, que definir os seus objectivos, o seu tipo, a sua duração, a existência de medidas complementares, o seu regime, etc.

O acolhimento faz parte de um conjunto de medidas que se podem utilizar complementar ou alternativamente, actuando sobre a criança, a sua família e o seu ambiente (Campo & Panchón, 2000). Do Acolhimento Familiar, podem, por diferentes motivos, sair crianças para a instituição, mas também, e sobretudo no caso português, podem sair muitas crianças da instituição para o Acolhimento Familiar. Constituindo respostas interdependentes, têm, todavia, perfis específicos, não intercambiáveis, apesar de serem utilizadas, com frequência, como recursos equivalentes (Berridge, 1997). Martins (2006, p. 111) alerta precisamente para o perigo de se «desinstitucionalizar a qualquer custo, desenvolvendo-se possibilidades em alternativa, sem a necessária ponderação da sua adequação às solicitações específicas".

O Acolhimento Familiar em Portugal: Conceitos, Práticas e (In)definições   299

Um dos principais desafios que se coloca a ambas as medidas, se não mesmo o principal, é precisamente "investir na responsabilização e no profissionalismo, combatendo o auto-didactismo: a boa vontade e o voluntariado não são suficientes" (Comissão de Assuntos Constitucionais, Direitos, Liberdades e Garantias, 2006, p. 25).

O Acolhimento Institucional só tem a ganhar com o aumento de expressão do Acolhimento Familiar: pelo repto que lhe coloca e pela possibilidade de qualificar a sua resposta, que a «pressão do excessivo número de crianças institucionalizadas» não lhe oferece actualmente. O Acolhimento Familiar, por seu turno, não é uma escolha residual, que sobra, quando, nem a adopção, nem o regresso a casa, é possível. Não é a última escolha, ocupa o seu lugar, a par das restantes medidas de colocação, com um estatuto semelhante.

Reiteramos a ideia de que o Acolhimento Familiar e o Acolhimento Institucional não são medidas antagónicas. Pelo contrário, têm o seu lugar e a sua finalidade específica. Mas idealmente, na nossa perspectiva, o sistema deveria encaminhar-se, no sentido de assegurar que o primeiro e principal lugar de colocação para as crianças seja uma família.

Desafios para o Acolhimento Familiar em Portugal

Num sistema de protecção com uma forte cultura de institucionalização, enraizada na tradição assistencial de influência católica e no papel prevalecente da intervenção do Estado na esfera social (Delgado, 2001), o Acolhimento Familiar assumiu, ao longo dos anos, uma visibilidade reduzida, apesar de, por essa via, se assegurar a colocação de um número significativo de crianças. Mais recentemente, com a reforma ocorrida no final dos anos 90, na sequência da publicação das novas leis de protecção e de tutela educativa, assume-se a prevalência da família, em detrimento da colocação institucional, encarada como uma medida de último recurso para os casos em que as medidas a cumprir no meio natural de vida ou as outras medidas de colocação sejam insuficientes.

Em suma, o Acolhimento Familiar é uma medida de protecção consagrada legalmente, onde se encontram colocadas um pouco mais de um terço das crianças em regime de colocação (mas apenas aproximadamente 14%, considerando apenas as famílias de acolhimento não familiares e de acordo com os dados referentes a 2004), dispõe de regras próprias, que estabelecem os princípios fundamentais do seu funcionamento, nomeadamente os relativos às finalidades que prossegue, às entidades competentes, à selecção, ao acompanhamento e à contratualização. De âmbito nacional, o Acolhimento Familiar é da responsabilidade da Segurança Social, a quem compete promover, financiar e avaliar a medida, por intermédio dos seus Centros Distritais e dentro destes, pelas Equipas Locais, acompanhada pela Santa casa da Misericórdia, no caso de Lisboa e por outras entidades que se candidatem para desenvolver a medida.

No nosso ponto de vista, o Acolhimento Familiar assume, no modelo que incorpora e na prática que corporiza, alguns traços essenciais, em que podemos destacar os relacionados com a visibilidade, a generalidade, o humanitarismo e a transitoriedade.

O Acolhimento Familiar tem *pouca visibilidade* no sistema e na comunidade, quase passando despercebido, se comparado com a informação e os dados disponibilizados sobre a adopção ou a colocação institucional.

Este carácter oculto do Acolhimento Familiar, mesmo que involuntário ou inconsciente, contribui fortemente para o desconhecimento geral sobre a medida, que é frequentemente confundida com a colocação nas amas ou com a adopção. Como consequência lógica desta situação, surgem as dificuldades no recrutamento, na selecção de novas famílias de acolhimento e no próprio acompanhamento e gestão das colocações existentes. A ampla divulgação das boas práticas, das regras aplicáveis, dos deveres e dos direitos de cada uma das partes envolvidas seria benéfica para a promoção da medida e para a prática dos que nela estão envolvidos diariamente.

O Acolhimento Familiar caracteriza-se, em segundo lugar, pela *generalidade*. O sistema distingue basicamente dois tipos de acolhimento: o acolhimento em famílias com ou sem laços de parentesco e o acolhimento de curta ou longa duração, uma vez que a terceira classificação, que separa o lar familiar do lar profissional, ainda se encontra por definir. O perfil e as competências das famílias são basicamente os mesmos, não tendo em consideração factores como o tempo de permanência, a idade, a problemática que caracteriza a criança ou o percurso no sistema de protecção.

O *humanitarismo* é o terceiro traço que pretendemos comentar e que está inter-relacionado com os anteriores, mas principalmente com o reduzido montante que as famílias têm direito a receber, associado ao regime de descontos a que estão obrigadas, acabando por suportar uma grande

O Acolhimento Familiar em Portugal: Conceitos, Práticas e (In)definições 301

parte das despesas resultantes do acolhimento. No Acolhimento Familiar, prevalecem ainda os bons sentimentos, em detrimento da profissionalização, a vontade de ajudar sobrepõe-se à aprendizagem das técnicas e dos saberes adequados para ajudar.

A *transitoriedade,* associada à previsibilidade do regresso à família biológica, é o último traço do perfil aqui traçado. Há inúmeras circunstâncias em que a protecção da criança exige outra resposta. A par da adopção e da institucionalização, ou da criação de condições para autonomização de vida, no caso dos jovens mais velhos, deve consagrar-se na lei uma modalidade de Acolhimento Familiar prolongado, em que se preveja, cumpridos certos requisitos, a estadia da criança acolhida até à maioridade ou independência de vida. Contrariava-se, deste modo, a ideia de que o Acolhimento Familiar é sempre temporário e de que o regresso à família natural é sempre possível, sendo só uma questão de tempo, o que não acontece, na prática, em muitos casos.

A medida do Acolhimento Familiar tem inúmeros aspectos positivos. Para além dos que já foram referidos, convém assinalar o reduzido número de colocações em famílias de acolhimento, pois uma vez acolhida, a criança fica normalmente integrada na família, conseguindo-se evitar a colocação sucessiva em várias famílias. Esta estabilidade, quando associada à segurança, ao amor e à aprendizagem escolar, contribui sem dúvida para o seu melhor desenvolvimento. Por outro lado, o sistema pode evitar, na sua futura evolução, uma tendência burocrática para a excessiva pormenorização de procedimentos, que impedem ou dificultam a melhor resposta e dificultam o natural relacionamento entre a família de acolhimento e a criança acolhida, pelo receio de eventuais alegações de abuso sexual. Acrescente-se, por fim, a uniformidade do valor que as famílias recebem, sem variações regionais potencialmente injustas e discriminatórias.

Pelo exposto, poder-se-á afirmar que a reflexão sobre o Acolhimento Familiar passará pela ponderação de um conjunto de vectores, entre os quais, se incluem os seguintes:

- promover a medida por intermédio de iniciativas que aumentem o conhecimento sobre o Acolhimento Familiar, no âmbito científico, no domínio da intervenção técnica e no espaço mais amplo da divulgação geral
- conceber e divulgar materiais informativos sobre o Acolhimento Familiar, como os manuais de procedimento, os folhetos, as bro-

302 *Intervenção com Crianças, Jovens e Famílias*

churas ou os cartazes, dirigidos, numa parte, ao público em geral e, noutra parte, a grupos mais específicos (crianças acolhidas, famílias de acolhimento, técnicos de acompanhamento, professores, etc.)

- caminhar no sentido da especialização, ao nível dos tipos de famílias de acolhimento, do sistema remuneratório, do processo de selecção e da formação preparatória e contínua
- aumentar o montante dos apoios previstos como compensação pelo acolhimento para um nível que permita fazer face às despesas com as crianças acolhidas e/ou repensar o regime fiscal e o regime de descontos obrigatórios
- questionar o humanitarismo, que caracteriza a lógica e a finalidade da medida face à orientação técnica, científica e necessariamente humanista da profissionalização da actividade
- consagrar o Acolhimento Familiar prolongado, que preveja a estadia da criança acolhida até à maioridade ou independência de vida
- promover a formação inicial e a formação contínua das famílias de acolhimento
- actualizar e aperfeiçoar o quadro normativo aplicável à medida
- incentivar a participação das crianças na realização de actividades apropriadas à sua idade, especialmente no contexto comunitário e promover a sua autonomia atribuindo-lhe um poder crescente na tomada de decisões
- garantir aos Centros Distritais e às Equipas locais a possibilidade de elas próprias desenvolverem estudos deste tipo, da sua iniciativa e da sua responsabilidade, integrados nos processos de auto-avaliação
- procurar aperfeiçoar modelos de boas práticas, que orientem a relação entre a família de acolhimento e a família biológica, a criança acolhida e a família biológica, das famílias de acolhimento entre si e a cessação dos períodos de acolhimento.

Estamos convencidos de que o Acolhimento Familiar é uma medida com grandes potencialidades e que pode abranger inúmeras crianças, que não podem continuar a viver no seio da sua família, por períodos de tempo relativamente curtos ou prolongados, até à sua autonomia. Para certos casos, a melhor resposta será, com certeza, a adopção. Para outros, o melhor será a colocação institucional. Sobram muitos outros, cuja experiência de vida num ambiente familiar, num contexto de estabilidade, de segurança e de «normalidade» que, associada à construção e manutenção de fortes laços afectivos, pode ajudar à superação dos maus tratos, à recuperação física e psicológica das crianças e a promover o seu bem-estar e desenvolvimento integral, conceito que, no nosso entendimento, remete, forçosamente, para a participação, responsabilidade e autonomia no exercício da cidadania.

O Acolhimento Familiar encontra-se, entre nós, numa encruzilhada, onde não pode permanecer. Recuar seria um erro, considerando a expressão que as diferentes medidas de colocação têm no nosso sistema, os resultados desta pesquisa e de outros estudos e as conclusões retiradas na comparação que efectuamos com outros países, no âmbito do projecto de investigação que nos ocupa. Antes de avançar, contudo, antes de apostar na generalização da medida, antes de se procurar alterar modos de pensar e procedimentos profundamente enraizados na matriz cultural vigente, a preceder a atribuição de recursos humanos e de meios materiais indispensáveis para tornar o Acolhimento Familiar uma alternativa válida e capaz, há que definir o que se pretende da medida, qual é a sua finalidade, quais são os pressupostos em que assenta e quais são as novas regras e procedimentos em que se fundamenta.

REFERÊNCIAS BIBLIOGRÁFICAS

Amorós, P., & Palacios, J. (2004). *Acogimiento Familiar*. Madrid: Alianza Editorial.

Barjau, C. (1996). Acogimiento familiar, un medio de protección infantil. In J. Ochotorena & M. Arruabarrena (Orgs.), *Manual de protección infanti*l (pp. 359-392). Barcelona: Masson.

Berridge, D. (1997). *Foster care. A research review*. London: The Stationery Office.

Berridge, D. (2001a). Foster families. In P. Foley, J. Roche & S. Tucker (Eds.), *Children in society. Contemporary theory, policy and practice* (pp. 169-176). New York: Palgrave.

Berridge, D. (1999b). Work with Fostered Children and their Families. In M. Hill (Ed.), *Effective Ways of Working with Children and their Families* (pp. 240--255). London: Jessica Kingsley Publishers.

Borland, M., Pearson, C., Hill, M., Tisdall, K., & Bloomfield, I. (1998). *Education and care away from home*. Glasgow: The Scottish Council for research in education.

Bullock, R. (1999). Work with Children in Residential Care. In Hill, Malcolm (Ed.), *Effective Ways of Working with Children and their Families* (pp. 256--269). London: Jessica Kingsley Publishers.

Campo, J., & Panchón, C. (2000). La intervención socioeducativa en un contexto institucional. In P. Amorós & P. Ayerbe (Orgs.), *Intervención educativa en inadaptación social* (pp. 197-226). Madrid: Sintesis.

Comissão de Assuntos Constitucionais, Direitos, Liberdades e Garantias (2006). *Relatório das audições efectuadas no âmbito da "avaliação dos sistemas de acolhimento, protecção e tutelares de crianças e jovens*. Lisboa: documento fotocopiado.

Delgado, P. (2001). Da Inocência para a responsabilidade: a inclusão social de menores no quadro legal português. *Revista Jurídica da Universidade Portucalense Infante D. Henrique, 6*, 81-92.

Delgado, P. (2006a). Mas depois quero voltar». Families for Children: o Acolhimento Familiar em Glasgow. *Revista Infância e Juventude, 3*, 33-158.

DELGADO, P. (2006b). *Os Direitos da Criança – Da participação à responsabilidade: O sistema de protecção e educação das crianças e jovens*. Porto: Profedições.

FERNÁNDEZ, J., & Fuertes, J. (2000). *El acogimiento residencial en la protección a la infancia*. Madrid: Ediciones Pirámide.

FUERTES, J., & Fernández, J. (1996). Recursos residenciales para menores. In J. Paúl & M. Arruabarrena, *Manual de Protección Infantil* (pp. 393-446). Barcelona: Masson.

GONZÁLEZ, E. (Org.) (2006). *Menores en Desamparo y Conflicto Social*. Madrid: Editorial CCS.

IDS/CNPCJR (2002). *Famílias de Acolhimento. Características, motivações e enquadramento institucional*. Documento fotocopiado.

KELLY, G., & Gilligan, R. (2000). *Issues in Foster Care*. London: Jessica Kingsley.

MARTINS, P. (2006). A qualidade dos Serviços de Protecção às crianças e jovens – as respostas institucionais. *Revista Infância e Juventude, 6*, 103-114.

TRISELIOTIS, J., Sellick, C., & Short, R. (1995). *Foster Care: Theory and practice*. London: Batsford.

LA INTERVENCIÓN DE LOS PROFESIONALES EN EL ACOGIMENTO FAMILIAR

Pere Amorós Marti
Universidad de Barcelona

Durante los años 60 en los países desarrollados se produce una tendencia hacia la desistitucionalitzación, gracias a los trabajos de Spitz (1962) y Bowlby (1951, 1969, 1973) que remarcaron la importancia de las repercusiones de las carencias afectivas provocadas por los procesos de institucionalización. Los trabajos de Bowlby encargados por la Organización Mundial de la Salud "Carencias maternas y Salud mental" tuvieron una fuerte repercusión en las políticas sociales. En particular al ámbito de las alternativas institucionales, produciéndose un cambio importante de la macro a la micro institución. En España no es hasta mediados de los 70 que no se producen estos cambios.

En España, no será hasta el año 1975 cuando se crearán los primeros servicios de acogida familiar en el sentido moderno del término. En Barcelona y Girona se inicia una nueva modalidad de acogida familiar, los llamados acogimientos "temporales", acogimientos que en la terminología actual llamaríamos con previsión de retorno. De una forma lenta se fueron utilizando estos acogimientos en la Comunidad de Valencia, el País Vasco, Madrid, Canarias, Aragón, etc.

En resumen, en esta primera fase podríamos destacar que no existía una cultura de acogida familiar, que la alternativa más utilizada eran los acogimientos en centros (Colectivos infantiles) y que la modalidad más utilizada era el acogimiento preadoptivo, aunque ya se comenzaba atisbar los acogimientos con previsión de retorno como una perspectiva más abierta a una intervención integral, tanto con el niño y la niña acogidos como con su familia biológica.

La sistematización de la metodología de intervención (1987-1995)

En España, la ley 21/1987, de 11 de noviembre por la que se modifican determinados artículos del Código Civil y de la Ley de Enjuiciamiento Civil en materia de adopción, amplía el abanico de medidas de protección y regula el acogimiento familiar, señalando ya en su preámbulo: "se ha estimado que la figura posee la sustantividad necesaria para ser digna de incluirse en el Código Civil, con lo que también se logrará unificar prácticas divergentes y difundir su aplicación". Esta Ley favoreció la creación de programas de acogida familiar en el 60% de las diversas Comunidades Autónomas (Amorós, 1989).

En esta fase los acogimientos en familia ajena que más se realizaban continuaban siendo los preadoptivos, aunque ya comenzaban la utilización de acogimientos en familia extensa. Para los acogimientos de tipo permanente se utilizaban majoritariamente los centros residenciales.

Es a principios de los 90 cuando confluyen varios factores que potencian los programas de preservación familiar y del acogimiento familiar en las Comunidades Autónomas más innovadoras:

- Formación de los profesionales.
- Cambio en la utilización de los programas de protección y adecuación a las características de los niños y niñas en situación de desprotección.
- Determinación de la metodología de intervención.
- Elaboración de guías, instrumentos y programas.

Formación de los profesionales

La motivación de los profesionales, la sensibilización de los responsables políticos por estos nuevos recursos y la creación del Centro de Estudios del Menor del Ministerio de Asuntos Sociales potenció la formación de los profesionales, el intercambio de experiencias y la elaboración de procedimientos o materiales que facilitasen el proceso de intervención. Se realizaron innumerables cursos, jornadas y encuentros de formación dirigidos a los diferentes profesionales de los servicios de protección y de entidades colaboradores. También se potenció la creación de materiales e instrumentos para la selección y formación de familias de acogida (Amorós, 1989; Amorós, Fuertes, Roca 1994). Esta formación facilitó una mayor

La Intervención de los Profesionales en el Acogimento Familiar 309

adecuación de los acogimientos, un acompañamiento más adecuado al niño y a la familia de acogida y evidenció que era preciso dedicar muchos más esfuerzos a la intervención con la familia biológica como elemento fundamental para la reunificación del niño o la niña con su familia.

Cambio en la utilización de Programas de protección de menores.

La confianza adquirida en los primeros años de funcionamiento del acogimiento familiar y la legislación específica por parte de diferentes comunidades autónomas favoreció que algunos de los niños y niñas que estaban en instituciones tuviesen la posibilidad de utilizar un recurso más normalizado e individualizado como era el acogimiento familiar. La modalidad de acogida familiar más utilizada fue el acogimiento en familia extensa, modalidad que en muchas ocasiones ha sido producto del reconocimiento de una situación de hecho.

Paralelamente al acogimiento en familia extensa, también se generalizaron los acogimientos con previsión de retorno y los acogimientos permanentes, surgiendo al mismo tiempo los programas de acogida familiar especializado, dirigido a la atención y cuidado de niños con "particularidades" o necesidades especiales.

Elaboración de una metodología de intervención

La asunción de nuevos retos requería un planteamiento más riguroso de las diferentes fases del programa de acogida, particularmente en lo que pertenece a las campañas de captación y los procesos de selección/formación. En este sentido se diseñaron campañas de captación con la utilización de medios de comunicación de mases. Referente al proceso de selección se pasó de un modelo de valoración de familias por medio de entrevistas a un modelo de selección/formación en el cual se ofrece a las familias acogedoras la oportunidad de tomar conciencia de lo que representa el acogimiento familiar y se les facilita la posibilidad de conocer sus propias limitaciones o potencialidades para valorar si son o no capaces de asumir el reto del acogimiento. Para posibilitar este modelo de selección/formación se elaboró el Programa de formación para las familias acogedoras (Amorós, Fuertes, Roca, 1994), impulsado por la Comunidad de

Castilla y León y editado por el Ministerio de Asuntos Sociales. Distribuido ampliamente entre las diversas comunidades autónomas españolas, el programa ha sido utilizado ampliamente en los procesos de selección/ /formación con las futuras familias acogedoras.

La potenciación de los programas de preservación y del acogimiento familiar (1996-2007)

En esta última etapa también confluyen diversos factores que facilitan la potenciación de los programas de preservación familiar y los de acogida familiar.

- La Ley orgánica 1/1996 de Protección jurídica del menor.
- El programa de acogimiento impulsado por la Fundación La Caja con el nombre genérico de "familias canguro".
- El cambio en el concepto del acogimiento.

La Ley orgánica 1/1996 de Protección jurídica del menor

Este periodo viene marcado por la publicación de la Ley Orgánica 1/1996 de 15 de enero "de Protección jurídica del menor, de modificación parcial del Código Civil y de la Ley de enjuiciamiento Civil", con la que se ha pretendido abordar de una manera más adecuada la protección a la infancia. En la ley, las necesidades de los menores son el eje de sus derechos y su protección. "Concibe a laso personas menores de edad como sujetos activos, participativos y creativos, cono capacidad para modificar su propio medio personal y social; de participar en la búsqueda y satisfacción de sus necesidades y en la satisfacción de laso necesidades de los demás" (preámbulo).

La ley también contempla la adecuación de modalidades diferentes segun las condiciones de temporalidad. Se reconoce el acogimiento simple para aquellas situaciones en las cuales se prevé el retorno del niño o la niña a su hogar y el acogimiento permanente, para aquellos casos en los que la edad u otras circunstancias del niño o la niña o su familia aconsejan dotarlo de una mayor estabilidad, ampliando la autonomía de la familia acogedora respeto las funciones derivadas del cuidado del menor, mediante la atribución por el juez de aquellas facultades de tutela que faci-

La Intervención de los Profesionales en el Acogimento Familiar   311

liten el cumplimiento de sus responsabilidades. También se reconoce la modalidad del acogimiento preadoptivo, principalmente para favorecer un periodo de adaptación al niño y a la familia mientras se eleva una propuesta de adopción.

Por otra parte, también se contempla la necesidad de ampliar las actuaciones ante las llamadas situaciones de riesgo, por medio de los programas de preservación familiar, que permiten una intervención en el propio entorno del menor sin necesidad de sacar el niño o la niña de su casa.

El programa "Familias canguro" de la Fundación la Caixa

La Fundación la Caixa puso en marcha al 1997 un programa llamado "Familias Canguro" que trataba de llenar un vacío existente en la sociedad española para niños y familias en situación de riesgo. La iniciativa se fue desarrollando en colaboración con diferentes comunidades autónomas, diputaciones y consejos insulares: Andalucía, Aragón, Asturias, Mallorca, Canarias, Cantabria, Castilla-La Mancha, Castilla y León, Catalunya, Extremadura, La Rioja, Madrid, Vizcaya y Valencia.

Familias canguro es un programa que pretende ayudar en resolver el problema de muchos niños y niñas que tienen que ser separados de sus familias, para los quién se considera inadecuado vivir en instituciones de protección y para los quién además no es posible plantearse la adopción, ya que no se dan en ellos circunstancias que lleven a una rotura definitivo con su familia de origen, sino que, por el contrario, dicha familia es una de las opciones de futuro. A lo largo de estos años, y bajo la denominación genérica del programa, se han creado nuevas modalidades de acogida familiar o se han diversificado modalidades ya existentes. Entre las innovaciones podemos destacar los acogimientos de urgencia-diagnóstico, los acogimientos de inmigrantes, los programas de intervención familiar con las familias biológicas, el programa piloto de formación dirigido a familias extensas y a los jóvenes acogidos y el programa de formación para familias acogedoras de urgencia-diagnóstico (Amorós, Palacios, Fuentes, León, 2003).

A partir del año 1998, probablemente bajo la influencia de la nueva regulación legal, el impulso de la Fundación La Caixa en colaboración con las diferentes comunidades autónomas y una política social más de acuerdo con los principios de individualización y normalización, se ha producido una mayor potenciación de los acogimientos familiares.

Cambio en el concepto del acogimiento

A lo largo de estos últimos años, en los países y regiones con más tradición en la utilización del recurso de acogida familiar se han producido cambios de gran magnitud en la concepción del acogimiento familiar. Los cambios más significativos han sido:

- Mediante el acogimiento familiar se pretende dar una atención complementaria en el tamaño en que los padres no puedan darla. No se trata de sustituir a la familia biológica, sino de complementar la tarea que ellos temporalmente no pueden realizar. Esta lógica ha llevar en potenciar los programas de intervención con las familias biológicas para facilitar el retorno del niño o la niña.
- En cuanto a los destinatarios del acogimiento familiar se han ampliado los tipos de niños y niñas susceptibles de ser acogidos. El acogimiento familiar se ha abierto a quien no pueden a los que pueden presentar ciertas "particularidades" o necesidades especiales: discapacidades físicas, psíquicas o sensoriales, problemas de comportamiento, grupos de hermanos, etnias diferentes a la mayoritaria, enfermedades crónicas, adolescentes, inmigrantes, etc.
- Se han buscado modalidades que permitan la no institucionalización de los niños, en particular los más pequeños, creando los acogimientos de urgencia-diagnóstico que permiten una atención inmediata para los niños menor de 6 años.
- Se han comprendido mejor las causas que provocan una situación de desprotección. Los resultados de las investigaciones han indicado que el funcionamiento de los padres está influenciado por sus recursos personales (historia del desarrollo, personalidad), las características del niño (temperamento, salud, estado de desarrollo, edad), y las fuentes de estrés y apoyo contextuales (relación matrimonial, red social, trabajo) (Belsky, 1993; Belsky & Vondra, 1989; Bronfenbrenner, 1987; Quinton & Rutter, 1988).
- La falta de recursos externos, el paro, una vivienda inadecuada y las situaciones de marginalidad también se consideran factores de riesgo que pueden afectar a la calidad de la paternidad y la maternidad (Elder & Caspi, 1988; Jones, 1990). A pesar de eso, el enfoque actual subraya que los defectos o debilidades de un factor pueden compensarse con los efectos protectores de otro factor o de

otros factores. El maltrato se concibe como el resultado de factores de riesgo acumulados y acompañados por una deficiencia de los factores de protección compensatorios (Belsky & Vondra, 1989).

Cambio en las actitudes de los profesionales

La experiencia, los conocimientos y los resultados de las investigaciones han facilitado que los profesionales que trabajan en el ámbito de protección de la infancia hayan ido cambiante su actitud hacia la utilización de los programas de acogida familiar. Nos queda mucho camino para recorrer pero lo que se ha iniciado en este corto espacio de tiempo de 30 años nos plantea la posibilidad de seguir trabajando en ésta línea, superando dificultades y asumiendo nuevos retos. Gracias al impulso de los profesionales, el acogimiento familiar se está convirtiendo, poco a poco, en una alternativa importante en el ámbito de protección a la infancia.

Aspectos relevantes de la intervención profesional

Para destacar algunos de los aspectos fundamentales que nos permitan de manera simultánea sacar algunas conclusiones de todo cuanto hemos analizado y formular algunas propuestas de actuación, destacaremos algunos aspectos que nos parecen esenciales si el funcionamiento de los programas de protección a la infancia pretenden estar a la altura de los retos.

En primer lugar, organización y planificación ya que en el proceso de protección son muchos los agentes que intervienen y muchos los procesos implicados. Sólo desde una organización más potente de los servicios y desde una minuciosa planificación de las actuaciones es posible acercarse a la respuesta adecuada a las exigencias de la buena práctica. Por la cantidad y diversidad de profesionales que están implicados, por el hecho que intervienen la entidad pública, un número creciente de entidades colaboradoras, profesionales que esporádicamente se relacionan con alguno de los implicados en una situación de protección, etc., la organización de los programas de protección puede fácilmente convertirse en un conjunto de intervenciones profesionales mal estructuradas, y con carencias de la necesaria coordinación.

Cuando un sistema o una realidad es fuerte y sólido, la debilidad de las estructuras de su entorno puede que no sea un grave problema. Pero cuando se trabaja con realidades de una enorme fragilidad y complejidad, la falta de planificación y coordinación se convierte en una amenaza para el éxito de los muchos esfuerzos que pueden estar poniéndose.

En segundo lugar, diversificación, para realidades tan diversas y necesidades tan heterogéneas a las cuales la protección a la infancia y la justicia juvenil tienen que responder, disponer de respuestas estándar resulta claramente insuficiente. La diversificación a la que hacemos referencia afecta, en primer lugar, a los diferentes programas y modalidades existentes, que tienen que ser suficientes para dar respuesta adecuada a la variedad de hipótesis que la realidad y la intervención sobre ella plantean. Pero afecta también a las actividades profesionales que tienen que llevarse a cabo con los padres de los niños y jóvenes, con las familias de acogida, con los educador/as y otros profesionales y, por supuesto, con los niños y jóvenes mismos; afecta a los tipos de soporte, por ejemplo, o a la frecuencia y modalidad del proceso de intervención.

Lógicamente, como mayor sea la diversificación, más riesgo hay de fragmentación y caos. Por este motivo el tercer aspecto que nos importa subrayar sea el de la coordinación. La fragmentación y, sobre todo, la descoordinación entre los agentes de la intervención y entre los servicios que se inician resulta una fuente de continua confusión y frustración para los implicados (Stukes, Chipungu y Bent-Goodley, 2004). etc.

Finalmente, el criterio último del buen funcionamiento del sistema está en su eficacia, o sea, en su capacidad para responder de forma adecuada a los objetivos planteados y para atender adecuadamente a las necesidades de los implicados, muy particularmente la infancia y la juventud. Porque es evidente que la eficacia del sistema no consiste en emplazar a uno niño o una niña en un programa, sino a ser capaz de responder adecuadamente a la numerosa y compleja diversidad de retos que a todos los implicados en el proceso se los plantean.

Pero la reflexión sobre las necesidades del sistema que organiza y desarrolla los programas no puede ser completa si no incluye una referencia a los profesionales que protagonizan las muchas intervenciones que en el proceso de protección están implicadas. Sin duda, Bass et al. (2004) aciertan cuando afirman que sin profesionales bien preparados ni los mejores planteamientos pueden conducir al éxito. El trabajo de los profesionales es de una gran complejidad, pues tienen que tomar decisiones mucho importantes teniendo presentes las necesidades, las demandas, las expectativas y los conflictos de las diferentes partos implicadas. Tienen que plantar cara a situaciones con un gran dinamismo y muchos cambios, así como reacciones emocionales intensas (en los otros, y en ellos mismos).Una buena formación tanto inicial como continuada parece un requisito indispensable para el buen ejercicio profesional.

Pero no es sólo cuestión de formación, porque igualmente importante para los profesionales es estar inmersos en redes o grupos de trabajo que permitan el intercambio de conocimientos y experiencias que puedan ser utilizados en la práctica profesional cotidiana. Tales redes forman parte de los servicios de soporte a los profesionales implicados, que pueden también beneficiarse mucho de la supervisión de otros profesionales con mayor experiencia y tal vez mayores conocimientos.

No tiene que olvidarse que, como han señalado Stukes, Chipungu y Bent-Goodley (2004) la competencia y eficacia de los profesionales depende en parte de sus características y capacidades individuales, pero también de la organización del sistema en su conjunto. En otras palabras, el buen funcionamiento de los programas de protección a la infancia es sólo en parte responsabilidad de los profesionales implicados, dependiendo también de forma importante de quién tienen la capacidad de organizar los servicios y de abastecer los recursos, o sea, de los responsables de las políticas sociales.

Y si hemos defendido que los profesionales tienen que dar la palabra y, en la medida del posible, hacer partícipes a los implicados en la toma de decisiones que los conciernen, justo es aplicar aquí el mismo razonamiento a propósito de los profesionales y de su papel en la organización y planificación de los servicios, que no pueden hacerse eficaz y seriamente ignorante la experiencia y las perspectivas de quién en ellos trabajan y, frecuentemente, de quién mejor conocen la realidad, sus necesidades y limitaciones. Porque los profesionales tienen que estar no sólo para ejecutar los diseños que se determinen, sino también para contribuir en conformar y en enriquecer éstos diseños sirviéndose de sus conocimientos y experiencia.

Relacionado en parte con este problema se encuentra la necesidad de fomentar la investigación sobre los diferentes programas de protección a la infancia. Como en el caso anterior, una investigación que puede servir para responder a la curiosidad de los investigadores, pero que tiene como objetivo última la mejora de los programas. Porque si la práctica profesio-

316 *Intervenção com Crianças, Jovens e Famílias*

nal genera una gran cantidad de experiencias personales de máximo valor, tiene en sí mismo más dificultades para generar conocimiento compartido y contrastado. Para ello, el papel de la investigación es insustituible. Una investigación que será tanto más rica y aprovechable cuanto menos alejada esté del trabajo que los profesionales realizan y de las necesidades y problemas de los protagonistas de el acogimiento familiar. Saber más para intervenir mejor es una de las llaves del progreso en todos los ámbitos. La formación y consolidación de equipos de investigación especializados es seguramente la vía más prometedora en éste sentido, equipos que hoy mejor que nunca pueden beneficiarse de las redes de investigación y documentación que las nuevas tecnologías de la comunicación han puesto a nuestra disposición.

Es mucho lo que necesita ser investigado entorno de la protección a la infancia. Por una parte, la investigación descriptiva para permitirnos conocer mejor la realidad de los diferentes programa, las suyas datos, problemas, recursos y tendencias. Por otra parte, la investigación básica para analizar algunos de los procesos llave en el desarrollo de los diferentes programas. También resulta necesario, la investigación atada a la evaluación del impacto de las intervenciones profesionales, como la evaluación de la eficacia de los programas de formación o la de las innovaciones en acogimiento familiar, como se hizo, por ejemplo, a propósito del programa Familias canguro (Amorós et al., 2003.). Finalmente, la realización de investigaciones de carácter cooperativo para el desarrollo de programas de formación dirigidos a futuras familias adoptivas o de acogida familiar, así como programas de soporte para las familias extensas y los adolescentes acogidos, como los realizados últimamente por el grupo GRISIJ de la Universidad de Barcelona (Amorós, Palacios, 2005). Aún el campo de la protección a la infancia y la justicia juvenil es entre nosotros un vasto territorio inexplorado que está a la espera de iniciativas de investigación que ayuden a conocerlo mejor y, por lo tanto, a mejorarlo.

REFERENCIAS BIBLIOGRÁFICAS

AMORÓS, P. (1989). *Situación Actual de los Servicios de Adopción y Acogimiento Familiar. El proceso de selección*. Madrid: Ministerio de Asuntos Sociales. Dirección General de Protección Jurídica del Menor.

AMORÓS, P., Fuertes, J., & Roca, M. (1994). *Programa para la formación de familias acogedoras*. Madrid: Ministerio de Asuntos Sociales y Junta de Castilla y León.

AMORÓS, P., Palacios, Fuentes, N., & León, E. (2000). *Familias Canguro. Informe de evaluación*. Barcelona: Fundació La Caixa.

AMORÓS, P., Palacios, J., Fuentes, N., & León, E. (2003). *Programa de formación para familias acogedoras de urgencia. Barcelona*: Fundació La Caixa

AMORÓS, P., Palacios, J., Fuentes, N., León, E., & Mesas, A. (2003). *Familias canguro. Una experiencia de protección a la infancia*. Barcelona: Fundación La Caixa.

AMORÓS, P., & Palacios, J. (2004). El acogimiento familiar. Madrid: Alianza Editorial.

AMORÓS, P., & Palacios, J. (2005). Programa de formación para el acogimiento en familia extensa. Barcelona: Fundació "la Caixa".

BASS, S., Shields, M., & Behrman, R. (2004). Children, families and foster care: analysis and recomendations. *The Future of Children, 14*, 5-29.

BELSKY, J. (1993). Etiology of child maltreatment: A developmental-ecological analysis. *Psychological Bulletin, 114*, 413-434.

BELSKY, J., & Vondra, J. (1989). Lessons from child abuse: The determinants of parenting. In D. Cicceti & V. Carson (Eds.), *Child maltreatment. Theory and research on the causes and consequences of child abuse and neglet* (pp. 153-202). Cambridge: Cambridge University Press.

BOWLBY, J. (1951). *Maternal Care and mental health*. Ginebra: OMS.

BOWLBY, J. (1969). *Attachment and loos. Vol. I. Attachment*. London. Hogart Press.

BOWLBY, J. (1973). *Attachment and loos. Voll. II. Separation, anxiety and anger*. Londres: Hogart Press.

BRONFRENBRENNER, U. (1987). *La ecologia del desarrollo humano*. Barcelona: Paidós.

CHIPUNGU, S., & Bent-Goodley, T. (2004). Meeting the challenges of contemporary foster care. *The Future of Children, 14*, 75-93.

ELDER, G., & Caspi, A. (1988) Economic stress in lives: developmental perspectives. *Journal of Social Issues, 44*, 25-45.

JONES, L. (1990). Unemployment and child abuse. *Families in Society: The journal of Contemporary Human Service, 71*, 579-588.

QUINTON, D., & Rutter, M (1988). *Parenting breakdown. The making and breaking of intergenerational links*. England: Avebury.

SPITZ, R. (1962). A propos de la genese des composantes du surmoi. *Revue Française de Psychanalyse,* tomo XXVI, n.° 6, nov-dic.